本书系广州市哲学社会科学发展“十四五”规划2021年度共建课题
（课题编号：2021GZJD01）

大数据时代个性化广告效果宏观评估模型研究

黄琦翔 著

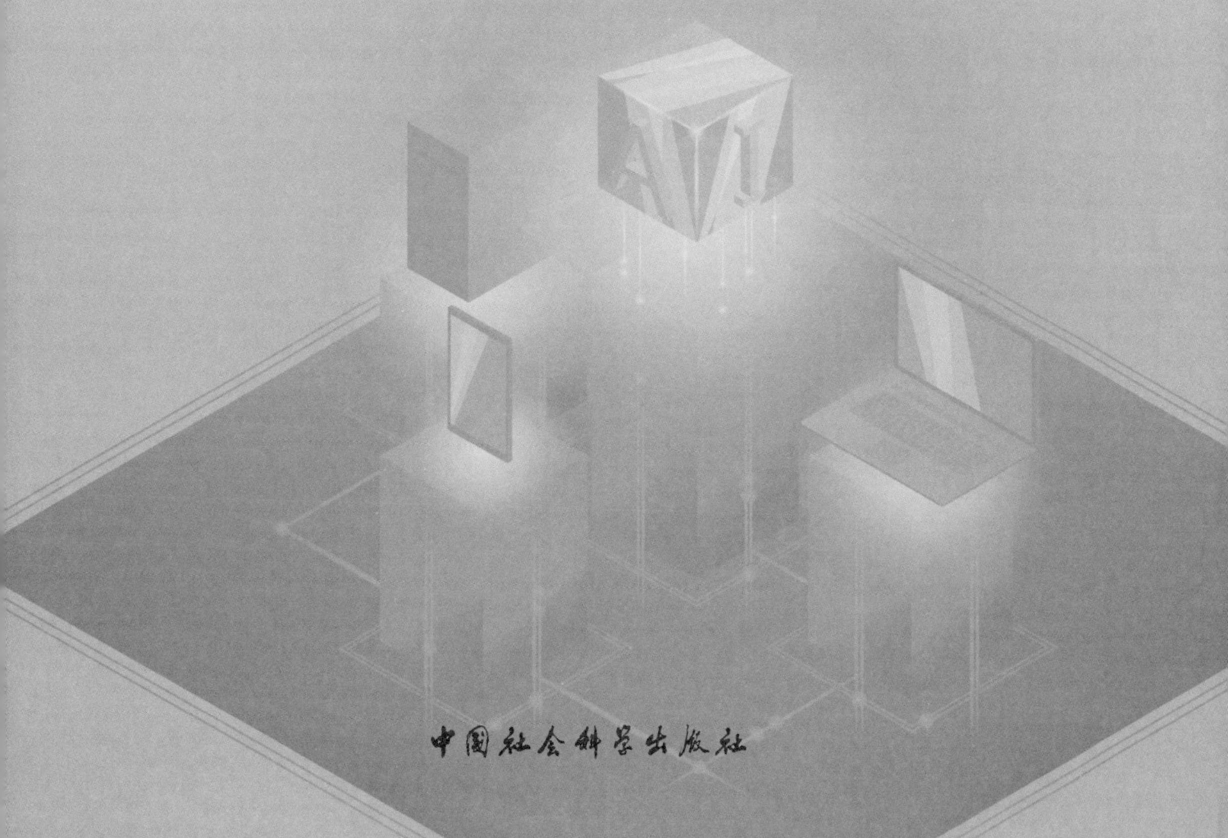

中国社会科学出版社

图书在版编目(CIP)数据

大数据时代个性化广告效果宏观评估模型研究/黄琦翔著. —北京：中国社会科学出版社，2022.9

ISBN 978-7-5227-0648-1

Ⅰ.①大… Ⅱ.①黄… Ⅲ.①广告—效果—评价 Ⅳ.①F713.8

中国版本图书馆 CIP 数据核字(2022)第 137302 号

出 版 人 赵剑英
责任编辑 陈肖静
责任校对 刘 娟
责任印制 戴 宽

出 版 中国社会科学出版社
社 址 北京鼓楼西大街甲 158 号
邮 编 100720
网 址 http://www.csspw.cn
发 行 部 010-84083685
门 市 部 010-84029450
经 销 新华书店及其他书店

印 刷 北京明恒达印务有限公司
装 订 廊坊市广阳区广增装订厂
版 次 2022 年 9 月第 1 版
印 次 2022 年 9 月第 1 次印刷

开 本 710×1000 1/16
印 张 16.75
插 页 2
字 数 235 千字
定 价 88.00 元

目　录

第一章　绪论

第一节　研究缘起

在1900年的美国小镇，街角杂货铺老板熟知每一位顾客的姓名、家庭成员、朋友圈、消费喜好与习惯等信息①，并据此推销相应的产品。这种“精准”的“个性化”营销方式，是拥有近两百年历史的广告业孜孜以求的终极目标。一直以来，广告界流传着一个“哥德巴赫猜想”——“我知道在广告上的投资有一半是无用的，但问题是我不知道是哪一半”。随着大数据时代的到来，技术重构了广告业，基于大数据技术的个性化广告出现了。它创新了广告主与目标消费者的对接形式，提出了一种新的广告投放模式——“用户购买”。理论上来讲，个性化广告能让广告主“精准”地找到目标消费者，推送高相关性的广告信息，对广告效果进行实时监测和优化，借助算法不断进行迭代，进而实现广告效果的最大化，提升了广告主的资金使用效率。相比之下，传统“媒体购买”的广告却显得过于“狂轰滥炸”和价格高昂。正因为有如此“魔力”，近年来，大数据个性化广告受到广告主的争相追捧，带动了该产业的迅猛发展。来自全球化金融公司的从业人员D在接受笔者的深度采访时说：“现在几乎所有的在线广告都

① Zabin, J., Brebach, G., *Precision marketing: the new rules for attracting, retaining, and leveraging profitable customers*, John Wiley & Sons, 2004, p. 24.

在谈精准，谈个性化……”2017 年 6 月 1 日，拥有“互联网女皇”之称的华尔街证券分析师 Mary Meeker 发布 2017 年互联网趋势报告①，指出在线广告的增速正在不断提升，2016 年的增长率为 22%，比 2015 年增加 2%，在不到 6 个月时间内，全球互联网广告开支即将超越电视广告开支，包括 Facebook、Google、Snap 等在内的全球领先在线广告平台正在不断打造更为精准的可衡量广告。新兴技术强大的“魔力”甚至让有的广告业界人士认为“传统广告”已经落伍，关于“传统广告正在消亡”的言论一时间甚嚣尘上：2013 年 3 月 6 日，《哈佛商业评论》在当期封面文章中高呼“传统广告已死”。

不可否认的是，基于大数据技术的个性化广告技术变革是具有进步性的，拥有先发优势的广告技术公司及其人员逐渐占据了这个行业的主导地位，而传统 4A 广告代理公司也正处于“技术转型”的关口。然而，这也带来了一系列新的问题。在个性化广告发展高歌猛进的同时，2016 年，全球最大的广告主宝洁计划减少在 Facebook 上“精准广告”的投放量，其背后原因在于宝洁对个性化广告效果的质疑：宝洁曾推出一款空气清洁剂，将广告的目标消费者群体锁定在宠物拥有者和大家庭，但产品销量却不佳；而当宝洁将广告目标对象扩大到 Facebook 和其他地方所有 18 岁以上的人群，却提升了这款产品的销量。大型品牌广告主的实践遭遇挫折，以往的“广而告之”反而比“精准投放”带来了更好的效果，个性化广告的效果并未如业界描绘得那么精准而神奇，于是这一领域开始进入反思调整期。

在此背景下，基于大数据技术的个性化广告效果的影响因素是什么？与传统广告相比具有哪些特殊性？个性化广告效果评估应具体从哪些维度开展？这成为本书需要进行解答的关键问题。

目前，少有业界研究者对基于大数据技术的个性化广告效果进行深入的理论研究，致使个性化广告效果问题悬而未决。在学术界，尤

① Meeker, M., *Internet Trends* 2017, Code Conference, 2017, pp. 11－41.

其在国内，关于个性化广告效果的研究仍然处于初级阶段，系统性、理论性的效果研究不足。究其原因，主要有以下两点：第一，个性化广告涉及的技术问题较为复杂，加之受业界导向的影响，一方面，广告学者前期纷纷将研究焦点放在技术和算法问题，忽略了效果问题。另一方面，在早期阶段，个性化广告技术更新变化较快，相对不稳定，致使广告学者难以进行系统性深入研究。因此，无论是在业界，还是在学界，基于大数据技术的个性化广告效果都是一个亟待研究的课题。

本书试图系统、思辨地对大数据时代个性化广告效果进行研究，探讨在整个个性化广告投放过程中，哪些因素可能影响广告的效果，从宏观维度提出并论证个性化广告效果评估模型。具体来说，本书探寻的目标又可以分为如下几个子问题：

1. 相比小数据时代的广告，大数据时代个性化广告及其效果有哪些新兴的变化？

2. 在大数据时代，个性化广告效果的影响因素是什么？

（1）广告主如何控制、影响着广告投放效果？

（2）业界公认的个性化广告最重要的驱动力——广告技术如何控制、影响着广告投放效果？

（3）互联网赋权带来了用户地位前所未有的提升，那么个性化广告的消费者用户如何控制、影响着广告的投放效果？

3. 大数据时代个性化广告效果宏观评估模型是什么？换言之，研究者应当从哪些方面入手，剖析及评价个性化广告的效果？

第二节　概念阐释

一　大数据

近年来，“大数据”成为多个学科中最为热门的研究领域，“大数据+”效应也在广泛而深刻地影响着各行各业的发展。“大数据”最早是一个技术词汇，指的是无法在一定时间内使用传统常规数据处理工具进行捕捉、存储、处理和管理的巨量数据集合。1998 年，硅图（SGI）公司首席科学家 John Mashey[①] 在一次大会上首次提出“Big Data”这个概念，但他仅限于将其用来描述一个现象，而真正最早提出“大数据时代”已经到来的是美国咨询公司麦肯锡。2011 年，麦肯锡发布研究报告，让这个概念迅速得到了广泛的传播。在定义大数据特征方面，IBM[②] 认为大数据具有以下四个特点：“海量”（Volume）、“多样”（Variety）、“真实”（Veracity）和“高速”（Velocity），这获得了国内许多学者的认同。为了区别大数据与小数据的不同，《大数据时代》[③] 指出了大数据时代带来了三个重大的思维转变：（1）由小数据时代的随机抽样到大数据时代的“全样本”；（2）追求复杂的数据，允许不精确的存在；（3）不探求数据之间的因果关系，而关注相关关系。

在广告营销领域，“大数据的核心特征即‘一切皆可量化’，人的语言文字、声音影像、生活消费、地理位置等都能以数据的形式记录和收集，甚至连人的沟通和关系、经历和情感，也可以数据化”[④]。一旦获得了这些大数据，“便能够为个性化广告的创作提供丰富的信息”[⑤]。于是，大数据也就拥有了商业价值，咨询研究机构 Gartner[⑥] 将“大数据”定义为一种能够加强洞察力、决策力和过程自动化的信息资产。

---

① Mashey, B. J. R., *Big data and the next wave of infrastress*, USENIX meeting, 1998.

② IBM Big Data and Analytics Hub, The four V's of big data, http://www.ibmbigdatahub.com/infographic/four-vs-big-data, Retrieved on 2017-11-08.

③ 维克托·迈尔-舍恩伯格、肯尼思·库克耶：《大数据时代：生活、思维与工作的大变革》，盛杨燕、周涛译，浙江人民出版社 2013 年版，第 52 页。

④ 鞠宏磊：《大数据时代的精准广告》，人民日报出版社 2015 年版，第 25 页。

⑤ Nesamoney, D., *Personalized digital advertising: How data and technology are transforming how we market*, Pearson FT Press, 2015, p. 112.

⑥ Gartner IT Glossary, Big data, http://www.gartner.com/it-glossary/big-data, Retrieved on 2016-12-20.

因此，根据研究所需，笔者更多地参照“大数据”在广告领域的含义，尝试作出如下定义：大数据是一切可以被量化、收集、处理，并能进一步为个性化广告的创作和投放提供丰富信息基础的数据信息。

二　个性化广告

有关大数据时代互联网广告的概念，目前业界和学界比较常用的有以下几种：“精准广告（Precision Advertising 或 Accurate Advertising）”“定向广告（Targeted Advertising）”“计算广告（Computational Advertising）”和“个性化广告（Personalized Advertising）”。

首先，“精准广告”是目前国内学界和业界广泛使用的一个概念，主要原因是它强调了个性化广告的“精准”效果，有助于实现商业目的。2004 年业界便已经开始探讨广告的精准性，但是“精准广告”的描述比较模糊，经常与“精准营销”混为一谈，“更有‘广告的精准营销’这一说法”[①]。2013 年以来，大数据技术的兴起为“精准广告”增添了新的时代内涵：“基于大数据的精准广告指的是依托互联网广告网络及广告交易平台，应用大数据信息检索、受众定向及数据挖掘等技术对目标消费者数据进行实时抓取与分析，针对消费者个性化特征和需求而推送具有高度相关性商业信息的传播与沟通方式。”[②] 但是，“大数据精准广告”无法解决的终极问题是：何为“精准”？怎样的“精准度”才能谓之“精准”呢？这一问题尚未有研究予以论证。其次，“计算广告”最早由美国工程院院士、前雅虎副总裁 Andrei Broder[③] 提出，国内则是由数据科学家刘鹏首开《计算广告学》课程，

---

① 杨莉明、徐智：《社交媒体广告效果研究综述：个性化、互动性和广告回避》，《新闻界》2016 年第 21 期。

② 鞠宏磊、黄琦翔、王宇婷：《大数据精准广告的产业重构效应研究》，《新闻与传播研究》2015 年第 8 期。

③ Broder, A. Z., *Computational advertising and recommender systems*, ACM Conference on Recommender Systems, 2008, pp. 1 – 2.

其核心问题“是为一系列用户与环境的组合找到最合适的广告投放策略以优化整体广告活动的利润”[①]。由于“计算广告”是由计算机科学、信息科学、统计学、微观经济学等学科进行融合、交叉后所出现的一个新兴学科，其学科背景决定了这个概念更多的是强调“计算”对于广告的作用，即广告的算法与技术问题，例如：行为定向广告的建模，因此不适宜本书的研究语境。最后，“定向广告”是基于定向技术而进行投放的一种广告，是“针对某一类细分人群进行投放的广告[②]”，例如：地理定向、人群定向、行为定向等，在大数据时代到来以前便已被大量使用。定向技术的确能细分广告投放，但它只是实现广告“千人千面”的重要技术之一，而且与今时今日的“千人千面”广告相比，它的细分程度更为粗糙。

国外的研究者更多采用“个性化广告（Personalized Advertising）”这一概念描述根据不同用户特征差异化推送广告的投放方式。因此，为了更为准确、中立地界定这类广告，也为了更好地展开与国外研究的学术对话，本书将采用“个性化广告”一词。在本书中，基于大数据技术的个性化广告指的是运用大数据挖掘与受众定向等技术收集、分析消费者信息，针对每一个特定（潜在）消费者的个性化特征和需求，差异化推送高相关性商业信息的广告传播方式。它的投放目标是在合适的场景（时间、地点甚至天气）下，将合适的广告推送给合适的用户，进而实现广告投放的“千人千面”。

三　广告效果

20世纪20年代至40年代，随着研究工具的不断进步，以及实证范式的确立，大众传播研究的热点逐渐从功能主义取向转变为效果研

① 刘鹏、王超：《计算广告——互联网商业表现的市场与技术》，人民邮电出版社2015年版，第23页。

② 杨莉明、徐智：《社交媒体广告效果研究综述：个性化、互动性和广告回避》，《新闻界》2016年第21期。

究。效果研究指的是“通过定量的方式，研究大众传播的内容、渠道或其他属性对受众所产生的影响”①。从定义的角度来看，传播效果的内涵有狭义与广义之分。狭义的传播效果考察的是传播活动实现传播者意图的程度，而广义的传播效果则涵盖了传播活动产生的一切影响和后果②。

在广告领域，广告效果的定义包括如下几种：广告的终极目标是促进销售，说服消费者购买产品，所以广告效果也即认为是销售效果③；广告在受众心理或认知层面产生的效果④，即广告的心理效果，不一定能直接促进销售；广告的传播效果，即广告通过媒体成功传递、到达受众端的效果⑤⑥；以及一些难以被测量的“潜在效果”，或者是社会效果⑦。所以，狭义来说，广告效果指的是广告活动实现广告主投放意图的程度，即广告投放前后消费者购买情况的转变；广义来说，广告效果指的是广告活动产生的一切影响和后果，包括可被测量的及不可被测量的效果。

广告传播是一种有意识、有目的的传播行为。站在广告传播者（广告主）的视角，笔者认为，本书所指的“广告效果”应是狭义的广告效果，即广告活动实现广告主投放意图的程度。也就是说，广告活动是否满足广告主预设的目标。

克劳德·霍普金斯⑧认为，广告的唯一目标是促进销售。然而，广告销售效果的显现，往往不是立竿见影的：根据笔者深度访谈的数据，

① 刘海龙：《大众传播理论：范式与流派》，中国人民大学出版社2008年版，第172页。

② 王晓华：《广告效果测定——效果评估理论与运用》，中南大学出版社2004年版，第4页。

③ 宋若涛：《广告效果分析》，郑州大学出版社2008年版，第54页。

④ 李晶、昌蕾、吴文涛：《广告效果测评理论与方法》，社会科学文献出版社2014年版，第6页。

⑤ 陈培爱、覃胜男：《广告媒体教程》，北京大学出版社2005年版，第67页。

⑥ 李晶、昌蕾、吴文涛：《广告效果测评理论与方法》，社会科学文献出版社2014年版，第7页。

⑦ 李晶、昌蕾、吴文涛：《广告效果测评理论与方法》，社会科学文献出版社2014年版，第7页。

⑧ 克劳德·霍普金斯：《科学的广告+我的广告生涯》，华文出版社2010年版，第8页。

所有深访用户都认为自己并非一看到广告就立刻产生购买行为。前人大量的研究显示：只有消费者看到广告后，在心理层面上发生了转变，才可能进一步付诸行动。Robert J. Lavidge 和 Gary A. Steiner 认为，尽管直接销售结果可以很好地进行测量，但它始终是一个不完整的测量指标[①]。因此，站在广告接受者（消费者）的视角，笔者认为，广告效果既包括了消费者实施了购买行为，即销售效果，也包括了消费者对商品发生态度转变的心理过程，即心理效果，但归根结底，销售效果只是心理效果过程的最后一个环节。

因此，笔者认为，个性化广告效果指的是广告活动实现消费者在心理层面上对广告商品发生购买态度转变的程度。

第三节　文献综述

一　广告效果研究

广告效果研究至今已有逾 100 年的历史，经历了认知心理学、大众传播、市场营销等多个研究视角的转变，融汇了多个学科和领域的知识，带来了广告效果研究的丰富性。

（一）广告效果研究的历史演进

1. 广告心理效果研究（19 世纪末至 20 世纪初）

19 世纪末至 20 世纪初，早期的广告效果研究主要从心理学研究视角展开，多数采用心理学认知实验方法研究广告效果。最早的广告效果测评研究发生于 1895 年，美国心理专家 Harlow Gale[②] 首次采用问卷调查的方法，对消费者的行为和心理进行测评，开启了运用科学研

---

① Lavidge, R. J., Steiner, G. A., A model for predictive measurements of advertising effectiveness, *Journal of Marketing*, 1961, 25 (6): 59 - 62.

② Eighmey, J., Sar, S., Harlow Gale and the origins of the psychology of advertising, *Journal of Advertising*, 2007, 36 (4): 147 - 158.

究方法评估广告效果的时代。此后，Harlow Gale[①] 在《Psychological Studies by Harlow Gale》一书中将大量心理学原理与广告学实践进行结合，较为系统地分析了广告引起消费者的兴趣进而影响其购买行为的方式。1898 年，Elmo Lewis 提出了 AIDA 法则，是广告效果研究中最为基础的理论框架[②]。

2. 广告传播效果研究（20 世纪中叶至 20 世纪 80 年代）

20 世纪 60 年代以后，一方面，生产大繁荣，大量商家借助广告推销产品，广告业得到较大发展；另一方面，自 20 世纪 20 年代以来，大众传媒业逐渐兴盛，实证范式逐渐得到确立，传播学领域出现一系列经典的媒介效果实证研究案例，如宣传研究、说服研究。对传播效果的研究带动了广告效果的研究：对传播效果的理论认识，经历了“魔弹论”到“有限效果论”，再到“条件效果论”的转变，影响了人们对广告效果的认识。这一阶段的广告效果研究更多地侧重对广告传播效果的研究，并且开始将精准性以及科学、量化的测量指标引入广告效果测评。在这一阶段，最为经典的广告效果评估模型是 Russell Colley 提出的 DAGMAR 模式。Colley 认为，广告效果是分层产生的，在消费者认知过程的每一阶段，广告投放都具有不同的意义[③]，而且他也将广告效果初步与科学的量化指标联系起来。在业界，大型广告公司、媒体公司、市场调查机构等也开始进行广告效果研究，日本放送协会 NHK、加拿大广播公司 CBC 等对电视收视率进行预测，而 Nielsen 等市场调研机构对广播电视的视听率进行调查，日本电通等广告公司成立了专门从事广告效果调研的部门。

3. 系统广告效果研究（20 世纪 90 年代至 21 世纪初）

随着广告效果研究的发展，学界和业界对广告效果的认识也在不断深化。20 世纪 80 年代以来，广告效果领域出现一种新的观念：整

① Gale，A. H.，*Psychological Studies by Harlow Gale*，Kessinger Publishing，1900/2009.

② 宋若涛：《广告效果分析》，郑州大学出版社 2008 年版，第 32 页。

③ 宋若涛：《广告效果分析》，郑州大学出版社 2008 年版，第 33 页。

合营销传播（IMC）。90 年代初，Don E. Schultz[①] 提出了整合营销理念，其核心在于信息的整合，通过将各渠道的传播信息进行最优组合，形成闭环，系统、有序地开展营销计划。基于这种理念，广告效果研究者不仅关注销售量、阅读率、收听率等单一的测量指标，也开始关注广告的综合效应。因此，这一阶段的广告效果研究较为系统和全面，包括了对涉及广告效果多个变量的分析，如即时效果和长期效果，心理效果和传播效果等。

此外，在这一阶段，信息及互联网技术取得了较大发展，因而带动了广告效果研究方法的创新。技术人员建立起互联网广告的效果评估模型、算法和数据库，为基于大数据技术的个性化广告效果研究搭建了雏形。

（二）广告效果的研究方向

广告效果研究经历 100 多年的发展及多个学科的影响，涌现出许多经典的广告效果分析理论与研究。经过文献梳理，广告效果研究主要涉及以下三个方向：理论模型、影响因素与测评方法。

1. 广告效果理论模型

作为广告效果研究的基础，许多基于实证研究的早期经典传播学研究及认知心理研究对广告效果研究产生了一定的影响。Hovland 及其同事[②]开展的“说服性传播”效果研究，提出了一个学习模型（Learning model），认为人们的新态度都需通过学习获得，而注意（Attention）、理解（Comprehension）和接受（Acceptance）是学习过程中重要的三个变量。学习模型的实质是刺激—反应模型，其基本假设是由于新的反应会给人们带来更大的利益，所以人们才会改变自身的态度。学习模型为理解广告受众态度的转变提供了理论基础，也成为许多广告效果模式与法则的雏形。

---

① Schultz, D. E., *Integrated Marketing Communications*, *Integrated marketing communications*, NTC Business Books, 1992, pp. 99 – 104.

② 卡尔·霍夫兰、欧文·贾尼斯、哈罗德·凯利：《传播与劝服——关于态度转变的心理学研究》，张建中、李雪晴、曾苑等译，彭增军校，中国人民大学出版社 2015 年版，第 230—241 页。

最早的广告效果评估模型是19世纪末由美国学者Elmo Lewis提出的AIDA法则[①][②]，描绘了消费者接受广告、改变态度、付诸行动的心理过程。该法则认为，广告对消费者的影响会经历一个线性过程：最初，消费者会注意（Attention）到某一特定的广告，随后产生兴趣（Interest），对广告的商品或服务有了一定的态度认识，于是产生需求欲望（Desire），最后决定采取行动（Action），完成购买行为。这个法则最大的意义在于让广告效果的评估不再模糊，有了清晰明确的过程和步骤。此后，越来越多的学者在AIDA法则的基础上进行补充，不断完善了这个模型，增加了包括满意（Satisfaction）、记忆（Memory）、信任（Conviction）等元素。

1961年，Russell Colley提出了另一个经典广告效果评估模式DAGMAR模式[③][④]，认为成功的广告便是在正确的时候，花费正确的成本，将想要传达的信息与态度，传达给正确的人。为了实现广告效果，广告主需要首先明确广告目标，具体可以划分为四个步骤：认识（Awareness），让消费者认识该广告或产品；理解（Comprehension），让消费者对广告及产品有进一步理解；确认（Conviction），让消费者对广告及产品感到认同；行动（Action），最终促成消费者的购买行为。这四个广告目标初步为广告效果的测评建立起科学的量化指标，之后，这个模式也得到了其他学者的补充与完善。

AIDA法则和DAGMAR模式，以及这两者的延伸模式，被总结为基于广告效果阶梯模型（The Hierarchy of Effects Model in Advertising）而展开、延伸得来的一系列广告效果评估模型[⑤]。该模型认为[⑥]："态

---

① 宋若涛：《广告效果分析》，郑州大学出版社2008年版，第32页。

② Barry，T. E.，The development of the hierarchy of effects：an historical perspective，*Current Issues & Research in Advertising*，1987，10（1）：251－295.

③ 宋若涛：《广告效果分析》，郑州大学出版社2008年版，第33页。

④ Lavidge，R. J.，Steiner，G. A.，A model for predictive measurements of advertising effectiveness，*Journal of Marketing*，1961，25（6）：59－62.

⑤ Barry，T. E.，The development of the hierarchy of effects：an historical perspective，*Current Issues & Research in Advertising*，1987，10（1）：251－295.

⑥ Lavidge，R. J.，Steiner，G. A.，A model for predictive measurements of advertising effectiveness，*Journal of Marketing*，1961，25（6）：59－62.

度，是个体对一定对象所持有的相对稳定的心理反应倾向"，包括认知、情感和行为三个要素[①][②]。在广告的作用下，广告受众依次经历这三个元素：认知—情感—行为，如同爬升阶梯一般，两个阶梯之间存在着递进关系。如今，广告效果阶梯模型仍然广泛应用于广告心理学和消费者行为学的实证研究，认知、情感和行为这三个元素作为因变量用以衡量广告受众心理发生的变化过程——即广告对人产生的效果。

随着互联网广告的发展，传统的广告效果评估模型难以准确衡量新媒体环境下广告的真实效果，在广告效果阶梯模型的基础上，互联网广告效果评估理论与模型也随之出现。2005 年，日本电通公司提出了 AISAS 法则，即注意（Attention）、兴趣（Interest）、搜索（Search）、行动（Action）、分享（Share），在最早的 AIDA 法则的基础上强调了搜索（Search）和分享（Share）的重要性。2011 年，互联网数据中心 DCCI 提出了另一种用户消费行为模式 SICAS 模式，将消费者行为划分为五个方面：品牌与用户的相互感知（Sense）、产生兴趣和互动（Interest & Interactive）、建立连接和交互沟通（Connect & Communication）、行动和沟通（Action）、体验分享（Share）。该模式强调了在与消费者的互动中，广告效果不断得到增加，因此传播与连接（Connect & Communication）、分享（Share）成为这个模式中的关键。2013 年，刘德寰[③]提出了 ISMAS 模式，即 Interest（兴趣）、Search（搜索）、Mouth（口碑）、Action（行动）和 Share（分享），不仅在搜索和分享的基础上加入了口碑（Mouth）指标，而且强调了"对于移动互联网下习惯了主动使用媒体的消费者，兴趣（Interest）成了一切的核心"。这些

① Michael L. Ray, Alan G. Sawyer, Michael L. Rothschild, Roger M. Heeler, Edward C. Strong, Jerome B. Reed, *Marketing communication and the hierarchy of effects*, New Models for Mass Communication Research, 1973, pp. 147 – 176.

② Wijaya, B. S. , The development of hierarchy of effects model in advertising, *International Research Journal of Business Studies*, 2012, 5 (1): 73 – 85.

③ 刘德寰、陈斯洛：《广告传播新法则：从 AIDMA、AISAS 到 ISMAS》，《广告大观：综合版》2013 年第 4 期。

法则都是提出者基于工作经验或研究经验提出的，因此，不断有营销专家或机构提出新的模式，呈现“百家争鸣”的态势，但难以形成较为统一的认识。

广告效果阶梯模型及其延展是从受众心理变化视角展开的广告效果评估模型研究。此外，在互联网时代，Shelly Rodgers 和 Esther Thorson 从用户缘何使用互联网出发，结合功能主义和结构主义视角，从消费者控制（Consumer-Controlled）和广告主控制（Advertiser-Controlled）两个层面，探讨消费者用户如何处理网络广告，提出了互动广告模型（The Interactive Advertising Model）。最初，研究者在使用与满足理论（Uses and Gratification Theory）的基础上，认为消费者在上网时具有一定动机，因而选择了不同的网络功能，并根据目的的不同，采取不同的认知状态“严肃—放松”对广告进行认知。消费者控制了广告媒介的选择，以及广告信息处理心理状态，接下来，广告主对广告本身进行控制，包括广告类型、广告格式和广告特性三个要素。最后，在处理广告信息后，消费者控制最终的结果——即消费者反应。消费者可能忘却广告，也可能进行点击、注册和购买行为。这一模式较为创新地将广告受众放在一个环境中——而非仅关注受众的心理变化，认为广告效果不仅受广告受众的影响，而且也受广告受众所处的环境影响。广告受众在广告环境中接触的各个元素（如广告类型、广告格式），受到了广告主的控制。①

2. 广告效果影响因素

对广告效果影响因素的研究，也是广告效果研究中重要的组成部分。整体上来说，影响广告效果的因素非常繁多，包括传者、内容、媒介、受众等多个环节，贯穿了整个信息传播过程②。从传者角度，

---

① Rodgers, S., Thorson, E., *The interactive advertising model: how users perceive and process online ads*, Routledge, 2000, pp. 41 – 60.

② Kvitastein, O., Grønmo, S., Factors moderating advertising effectiveness as reflected in 333 tested advertisements, *Journal of Advertising Research*, 1991, 31 (5): 42 – 50.

企业品牌形象、产品品牌形象、原产国形象①、广告代言人②等都可能影响广告的效果；从内容角度，广告的声音③、图画④、文字⑤、颜色⑥、诉求方式、叙事框架⑦等都对广告效果有一定影响；从媒介角度，不少研究从媒介情境⑧、媒介属性⑨、媒介语境⑩、媒介排期决策、媒介互动性⑪等方面对广告效果进行研究；从受众角度，不少学者从消费者对媒介的态度、媒介使用情况、使用媒介时的参与度、影响媒介使用的情绪状态⑫、需求响应、隐私关注、信息感知控制⑬、人口统计学⑭等角度对广告效果的影响因素进行探讨。此外，还有学者根据不同的广告类型，分析影响广告效果的因素，包括植入式广告⑮、搜

---

① 杨一翁、孙国辉：《国家、公司和产品品牌形象对消费者态度与购买倾向的作用机制——基于运动品牌的数据》，《经济管理》2013 年第 1 期。

② 周象贤：《名人广告效果的影响因素及其理论探讨》，《心理科学进展》2009 年第 4 期。

③ Park，C. W.，Young，S. M.，Consumer response to television commercials：the impact of involvement and background music on brand attitude formation，*Journal of Marketing Research*，1986，23（1）：11－24.

④ 韩雪峰：《平面广告背景对广告效果影响的实验研究》，《中国报业》2012 年第 24 期。

⑤ Pieters，R.，Wedel，M.，Attention capture and transfer in advertising：brand，pictorial and text size effects，*Journal of Marketing*，2004，68（2）：36－50.

⑥ Meyers-Levy，J.，Peracchio，L. A.，Moderators of the impact of self-reference on persuasion，*Journal of Consumer Research*，1996，22（4）：408－423.

⑦ 丁汉青、王军、刘旻：《公益广告效果研究：自变量与因变量的梳理与确认》，《郑州大学学报》（哲学社会科学版）2015 年第 4 期。

⑧ 杨英新：《节目类型对广告框架效果影响的实验研究》，《广告大观：理论版》2013 年第 3 期。

⑨ 王昕：《基于移动端的新媒体广告效果分析》，《中国报业》2014 年第 12 期。

⑩ 杨英新：《“有意味”的携带者：媒介语境对广告说服效果的影响》，《新闻知识》2012 年第 8 期。

⑪ Stewart，D.，Pavlou，P.，*The Effects of Media on Marketing Communications*，Media Effects：Advances in Theory and Research，2009，pp. 362－401.

⑫ Stewart，D.，Pavlou，P.，*The Effects of Media on Marketing Communications*，Media Effects：Advances in Theory and Research，2009，pp. 362－401.

⑬ 康瑾、郭倩倩：《消费者对互联网行为定向广告的感知价值研究》，《国际新闻界》2015 年第 12 期。

⑭ 丁汉青、王军、刘旻：《公益广告效果研究：自变量与因变量的梳理与确认》，《郑州大学学报》（哲学社会科学版）2015 年第 4 期。

⑮ 喻国明、李彪、丁汉青：《植入式广告效果的测定原理与方法——基于认知神经科学方法的研究》，《安徽大学学报》（哲学社会科学版）2012 年第 1 期。

索引擎广告[1]、网络横幅广告[2]等。

根据互动广告模型，可以发现，上述广告效果的影响因素主要可以分为两类：广告主控制的影响因素，如广告产品和品牌、广告内容、广告媒介、广告类型等，和消费者控制的影响因素，如媒介使用态度、参与度、隐私关注等。

3. 广告效果测评方法

作为一项实证研究，广告效果的测评方法一直受到广泛关注，测评仪器与技术也在不断随着科技的发展而进步。广告效果研究方法主要包括两个大类：定量研究和定性研究。

（1）定量研究

从小数据时代的传统广告到大数据时代的个性化广告，定量研究方法一直在广告效果研究领域占据着重要地位。传统的定量研究方法主要包括问卷调查、实验法、结构访谈法、内容分析法等，拥有大量经典的研究与案例。首先，问卷调查法是最常见也是运用最为广泛的广告效果定量研究方法，其主要形式包括人员访问、电话访问、邮寄访问、网页问卷调查、电子邮件问卷调查、弹出式问卷调查等。比如：喻建良曾经采用问卷调查法从三个维度（信源、广告本身和受众）对网络横幅广告效果的影响因素进行调查[3]；张红霞曾经采用问卷调查法对代言人国别属性与产品国别色彩的关系对广告效果的影响进行研究[4]。其次，实验法是认知心理学常用的一种实证研究方法，也常用于广告效果研究，主要包括实验室实验和实地实验两种。欧璐曾采用实验法对比书媒广告和报纸广告的广告效果[5]；

① 张芃：《搜索引擎广告效果影响因素研究》，硕士学位论文，山东大学，2010 年。

② 喻建良、罗长青：《网络横幅广告效果影响因素研究》，《湖南大学学报》（社会科学版）2006 年第 3 期。

③ 喻建良、罗长青：《网络横幅广告效果影响因素研究》，《湖南大学学报》（社会科学版）2006 年第 3 期。

④ 张红霞、张益：《国别属性重要吗？代言人与广告效果关系研究的新视角》，《心理学报》2010 年第 2 期。

⑤ 欧璐：《书媒广告的广告效果探析——实验法比较书媒广告与报纸广告的效果》，《青年记者》2010 年第 32 期。

陈瑞曾经设置了一个控制组与六个对照组考察反酒后驾车广告的说服效果[①]。再次，观察法也是广告效果研究的重要方法，指的是对消费者的购买行为和使用行为进行观察，包括人工观察和机器观察两种方法。然而，根据曾琼对1979年至2013年期间基于新闻传播学CSSCI期刊论文的实证分析，发现这三十多年间中国广告研究无一例采用观察法[②]。最后，内容分析法也是一种定量研究方法，是对广告内容进行客观的量化分析，包括胡长兰、吴辉等人曾采用内容分析进行广告研究[③④]，而林升梁曾对国内外逾百篇在广告领域采用内容分析的论文进行梳理，其中多数样本发表于2000年至2010年期间，足见内容分析法应用之广泛[⑤]。

随着科技的进步，在大数据时代，广告效果的定量研究无论在方法层面或是在技术层面，都有了较大的创新与提升。在方法层面，社会学的社会网络分析法成为一种新兴的广告效果研究方法，用于分析消费者之间的行为关系。比如：张宝明曾经借助社会网络分析对博客广告位置进行选择[⑥]；刘晓燕曾经对微博线上网络结构进行分析，考察企业社会化营销的效果[⑦]。在技术层面，如今的广告效果研究拥有了大量先进的设备与仪器，如眼动仪、脑电波传感器、多种数据追踪技术等。比如：朱郭奇曾用眼动仪分析平面广告的影响因素[⑧]，喻国

① 陈瑞、李小玲、林升栋：《反酒后驾车广告的说服效果：规避伤害与克制冲动》，《国际新闻界》2016年第3期。

② 曾琼、张金海：《中国广告学知识生产研究方法检视——基于新闻传播学CSSCI期刊论文的实证分析》，《现代传播——中国传媒大学学报》2015年第10期。

③ 胡长兰：《〈南方周末〉家电广告诉求方式及其变化分析——1998—2007年〈南方周末〉家电广告内容分析》，《中国报业》2011年第4期。

④ 吴辉：《上海市民报纸广告诉求的主导性文化价值——基于对1998—2007年〈新民晚报〉广告的内容分析》，《新闻大学》2009年第3期。

⑤ 林升梁、吴晓玲：《国内外内容分析法在广告研究领域中的应用综述》，《广告大观：理论版》2012年第2期。

⑥ 张宝明：《博客广告投放位置的社会网络分析与选择》，《商场现代化》2008年第31期。

⑦ 刘晓燕、郑维雄：《企业社会化媒体营销传播的效果分析——以微博扩散网络为例》，《新闻与传播研究》2015年第2期。

⑧ 朱郭奇、孙林岩、崔凯：《基于眼动行为分析方法的平面广告效果影响因素研究》，《管理评论》2012年第9期。

明曾经将脑电波、肤电、肌电等认知神经科学实验法引入广告效果研究[①]。此外，在大数据时代，数据追踪成为个性化广告运作的基础，Web 网络日志分析、基于 LBS 的地理位置分析、基于室内 WiFi 的数据挖掘等技术都为进一步研究和分析广告效果提供了技术支持。

（2）定性研究

在广告效果研究中，定性研究属于无结构探索性研究方式，用以发现问题及补充定量研究的不足。常见的广告效果定性研究方法主要包括访谈法和影射法两种，而访谈法又可进一步分为深度访谈和焦点小组，影射法也可划分为词语联想测试法、句子和故事完型法、漫画测试法、照片归类法等。深度访谈指的是与选定的消费者进行一对一的长时间非结构化交流，其耗时长且样本不一定具有代表性，但却能对一个问题进行深入探讨。焦点小组则有多人参与（通常 8—10 人），由主持人带领，针对一个问题进行探讨，相互启发，但往往也容易受到群体压力的干扰，产生“沉默螺旋”效应。例如：童清艳曾采用深度访谈法对控制实验的结果加以佐证和深化[②]，姚曦曾经采用深度访谈和焦点小组两种方法对国际品牌文化传播的影响因素进行探索[③]。影射法源于心理学研究，通过词语联想、故事、漫画、照片等形式，让消费者表达内心的感受和情感，绕过了受访者的防御机制，使数据更为客观。

（3）衡量广告效果的指标

此外，关于采用什么指标对广告效果进行衡量，也是广告效果测评过程中重要的环节，决定了研究者应当以什么标准收集数据，并以什么视角分析广告效果。小数据时代的传统广告效果研究主要采用的

---

① 喻国明、李彪、丁汉青：《植入式广告效果的测定原理与方法——基于认知神经科学方法的研究》，《安徽大学学报》（哲学社会科学版）2012 年第 1 期。

② 童清艳、钮鸣鸣：《“触媒”时代受众自治的“纸媒”社会化媒体特征——以城市生活类周报 iPhone 形态为中心的实证研究》，《新闻与传播研究》2012 年第 5 期。

③ 姚曦、王佳：《国际品牌跨文化传播的影响因素模型与提升路径——一项基于扎根理论的探索性研究》，《新闻与传播研究》2014 年第 3 期。

指标有：回忆、劝服力、讯息可信度、对产品的了解程度、兴趣和态度、购买意向、品牌选择、曝光量、订购量等，而互联网出现以后，早期的互联网广告效果测量沿用了传统媒体衡量广告传播效果的测量方式，即曝光量，而后又引入了点击量等指标。然而，点击量作为单一的评估指标，受到了许多质疑。比如：Brittany Darwell 曾认为点击量不是品牌广告主应该使用的正确指标①。又如：横幅广告的曝光会对消费者产生影响，但不一定能促成点击②。随着数据追踪技术的不断进步，如今在广告效果研究领域，又出现了包括访问量、用户黏性、参与度、理解度、反馈、到达率、频次、注册量等一系列新的广告效果衡量指标。与点击率的争论相似，其他指标也相继受到学界和业界的质疑和争论。因此，梅仕鹏根据经典的 AIDA 模型将广告效果的衡量指标划分为曝光量（Impression）、点击率（Click Through Rate）、网页浏览次数（Page View）和转化率（Conversion Rate）四个指标③。此外，苏林森也指出，建立一个综合的评估指标体系，应将每时间成本（CPT）、每千人曝光成本（CPM）、每点击成本（CPC）、每行动成本（CPA）、每销售成本（CPS）等指标都纳入其中④。

二 基于大数据技术的个性化广告研究

无论是在国外还是国内，基于大数据技术的个性化广告研究都是从 2012 年开始出现，自 2013 年开始迅速增加。总的来说，这些研究包括了宏观、中观和微观三个层面的探讨。

---

① Darwell, B., Facebook says impressions, reach and frequency matter more than clicks, http://www.adweek.com/socialtimes/facebook-says-impressions-reach-and-frequency-matter-more-than-clicks/285018? red = if, Retrieved on 2016 - 06 - 04.

② Rodgers, S., Thorson, E., *The interactive advertising model: how users perceive and process online ads*, Routledge, 2000, pp. 41 - 60.

③ 梅仕鹏、蒋海波：《网络广告效果评价指标的评析与构建》，《江苏商论》2003 年第 12 期。

④ 苏林森：《网络广告效果评估的现状、问题与修正》，《西南民族大学学报》（人文社会科学版）2011 年第 10 期。

（一）宏观层面

一些研究探讨了大数据对整个营销体系、广告产业所带来的影响和后果。其中，大多数研究都以“创新、变革和重构”为主题，阐释了大数据时代广告业的新变化。首先，广告的传播逻辑发生变化。张辉锋提出，互联网广告的运作从“以媒体为中心”转向“以消费者为中心”，从“创意驱动”转向“技术、创意共同驱动”，广告传播的边界趋于消融①；倪宁提出，大数据个性化广告在四个方面（定位、需求、过程和效果）实现了精准，从而全面实现了广告精准投放②。其次，大数据技术对广告产业（生态）带来“重构效应”。鞠宏磊从五个方面（生产方式、核心要素、产业流程、市场主体及生产关系、重要特征）剖析了广告产业的重构现象③；李亦宁认为，“技术创新是产业变革的内在动力，大数据技术引发传播环境变化，改变了广告产业的结构和价值链体系④”；马二伟认为，大数据时代，广告主、广告媒介和消费者三者构成的广告产业生态系统发生了变迁，“广告主的营销传播需求发生重大的改变，广告媒介竞争格局也正在发生变化，而消费者行为模式呈现出更加个性化的演进趋势”⑤。最后，广告营销的运作体系也发生了变化。黄升民认为，“大数据使得旧有的营销体系失效，大数据从媒体、消费者、广告与营销战略策划、效果评估四个层面影响了传统营销体系”⑥；奚路阳提出，大数据打破了旧有的广告运作体系，在“调研方式、广告信息设计、媒介渠道设计

---

① 张辉锋、金韶：《投放精准及理念转型——大数据时代互联网广告的传播逻辑重构》，《当代传播》2013 年第 6 期。

② 倪宁、金韶：《大数据时代的精准广告及其传播策略——基于场域理论视角》，《现代传播——中国传媒大学学报》2014 年第 2 期。

③ 鞠宏磊、黄琦翔、王宇婷：《大数据精准广告的产业重构效应研究》，《新闻与传播研究》2015 年第 8 期。

④ 李亦宁、杨琳：《大数据背景下广告产业生态的嬗变与重构》，《当代传播》2014 年第 2 期。

⑤ 马二伟：《大数据与广告产业生态环境的变迁》，《当代传播》2016 年第 3 期。

⑥ 黄升民、刘珊：《“大数据”背景下营销体系的解构与重构》，《现代传播——中国传媒大学学报》2012 年第 11 期。

和广告效果评价”四个层面，构建起了以精准化广告投放为核心的新型运作模式①。此外，也有不少研究以“挑战、问题和冷思考”为主题，探讨了大数据个性化广告面临的问题。匡文波提出，大数据存在“信息孤岛”“数据分析不统一、轻易归因、机械性”等问题，容易导致广告领域的大数据应用出现“假规律”和“假结论”②；魏雅雯提出，个性化广告有局限性，受众既排斥强制推送的内容，也有对隐私泄露的担忧③；Nick Couldry 在民主理论框架下讨论了大数据和媒体之间的内在发展，认为嵌在个性化营销中的大数据和内容生产威胁了通过知识、讨论、共情和仪式连接在一起的社会公民空间，这些发展存在一定的风险，即消解媒体对有效民主的连接作用④。

（二）中观层面

部分研究探讨了个性化广告领域内涉及的某个特定问题或内容，另有部分研究探讨了个性化广告在某一特定产业内的应用。在个性化广告领域内，广告运作模式、广告创意问题以及隐私问题是学者们关注的重点。首先，在广告的运作模式中，基于用户数据分析而实时进行竞价的广告模式运作受到了格外关注。李凤萍对比分析了传统广告与实时竞价广告模式产业链主体的不同⑤；鞠宏磊更为关注实时竞价如何实现，包括竞价规则、技术和监督三个方面的问题⑥；许正林对比了移动端和 PC 端实时竞价广告模式的异同⑦；Jeff Baumgartner 则关

---

① 奚路阳、程明：《大数据营销视角下广告运作体系的嬗变》，《编辑之友》2016 年第 3 期。

② 匡文波、黄琦翔：《大数据热的冷思考》，《国际新闻界》2016 年第 8 期。

③ 魏雅雯：《对精准广告的冷思考及优化措施探索》，《产业与科技论坛》2015 年第 16 期。

④ Couldry, N., Turow, J., Advertising, Big Data, and the Clearance of the Public Realm: Marketers' New Approaches to the Content Subsidy, *International Journal Of Communication*, 2014 (8): 1710 – 1726.

⑤ 李凤萍：《大数据时代的网络广告模式——基于 RTB 的网络广告市场运作模式分析》，《编辑之友》2014 年第 4 期。

⑥ 鞠宏磊、王宇婷：《改写广告业的“实时”与“竞价”——实时竞价（RTB）广告的产业链流程和运行机制研究》，《编辑之友》2015 年第 4 期。

⑦ 许正林、杨瑶：《基于大数据的移动互联网 RTB 广告精准投放模式及其营销策略探析》，《上海大学学报》（社会科学版）2015 年第 6 期。

注电视领域的程序化广告模式[①]。其次，在解决广告的“精确制导”问题后，个性化广告的创意问题也成为众多学者关注的焦点。叶玲认为，“大数据支撑下的广告精准传播和自动投放称之为精准营销1.0时代，而一个广告真正能影响受众是内容、是创意”，精准营销2.0时代将是实现广告内容与人的精确对位[②]；史晓冰提出，“大数据背景下，广告创意会出现三种变化趋势：更注重数据的收集与分析；瞄准小众群体，细节之处见真情；反其道而行之，填补市场空白”[③]。再次，个性化广告的隐私问题也是该领域内获得较多关注的研究之一。鞠宏磊提出，“在互联网条件下，我国消费者个人信息保护的法规尽管来源众多，但呈现碎片化，而具体到广告管理领域，精准广告的管理规则还在探索的过程中，从原则性和框架性的规制思路到专门性的管理方法都有待进一步的讨论和研究”[④]；王菲认为，个性化广告尚处发展初期阶段，需要“法律、市场及技术三方建立起保障和尊重隐私权的‘信任—价值’系统，以‘告知’和‘选择’作为宗旨，由技术促成道德自律”[⑤]；康瑾通过实证研究发现，消费者会因感受到个性化广告对其隐私的冒犯而产生对广告和品牌的反感[⑥]。最后，大数据时代个性化广告在各个行业的应用和影响也受到了不少学者的关注，包括：医疗零售业[⑦]、出版业[⑧][⑨]、

---

① Baumgartner, J., New model army pushes into TV battleground, *Broadcasting & Cable*, 2014, 144 (41): 13A - 15A.

② 叶玲：《“千人千面”：大数据时代广告创意新策略》，《广告大观：综合版》2014年第11期。

③ 史晓冰、赵旭东：《浅析大数据背景下广告创意变化趋势》，《新闻世界》2013年第8期。

④ 鞠宏磊、李欢：《精准广告相关隐私问题的规制原则与策略》，《编辑之友》2016年第6期。

⑤ 王菲：《互联网精准营销的隐私权保护：法律、市场、技术》，《国际新闻界》2011年第12期。

⑥ 康瑾、郭倩倩：《消费者对互联网行为定向广告的感知价值研究》，《国际新闻界》2015年第12期。

⑦ Beltramini, R. F., DTC advertising's programmatic research and its effect on health communication, *Health Communication*, 2010, 25 (6/7): 574 - 575.

⑧ 宋磊：《大数据营销：新媒体环境下出版业营销新启示》，《编辑之友》2014年第10期。

⑨ Greco, A. N., Aiss, C. G., University presses in the twenty-first century: the potential impact of big data and predictive analytics on scholarly book marketing, *Journal of Scholarly Publishing*, 2015, 46 (2): 105 - 140.

保险业[①]、烟草业[②]等。

（三）微观层面

大量文献展示了大数据时代个性化广告的具体案例和分析。比如：Dimitri Maex 和 Paul Brown 展现了自己在奥美工作期间，如何在营销中应用大数据的实践[③]；王婷展现了视频门户网站“爱奇艺”的个性化广告产品“一搜百映”的运作模式[④]；邱月则展现了淘宝和腾讯为用户个性化定制广告的案例[⑤]。这些案例不仅涉及了互联网技术巨头 BAT、Yahoo 等公司，涉及了新浪、搜狐等门户网站，更多地涉及了大量个性化广告产业链主体，包括悠易互通、品友、秒针系统、聚胜万合等。

三　基于大数据技术的个性化广告效果研究

在个性化广告领域，广告效果相关研究目前仍然偏少，多数学者采用定量的实证研究方法进行研究，主要涉及以下几个方面：

首先，不少具有新闻传播学或商学背景的研究者多采用问卷调查法进行研究，从传统广告学理论框架与模型延伸开来，尝试探讨个性化广告效果的影响因素。侯世利探讨了多个因素对门户网站广告效果的影响，包括：门户网站的知名度、消费者经历、消费者产品介入度、消费者创新性、广告针对性、广告情感驱动性等[⑥]。郑真探讨了微信服务质量、微信知名度、消费者品牌熟悉度、消费者参与度、消费者创新性、消费者感知侵犯性、广告要素喜好度、信息针对性等因素对

---

① 汤轩：《大数据时代下保险营销模式变革》，《赤峰学院学报》（自然版）2016 年第 13 期。

② 张亮：《大数据和数据挖掘技术在烟草行业的应用》，《电脑知识与技术》2014 年第 8 期。

③ 麦德奇、保罗·B. 布朗：《大数据营销》，王维丹译，机械工业出版社 2015 年版。

④ 王婷：《大数据时代的精准网络广告投放——以爱奇艺“一搜百映”为例》，《现代视听》2014 年第 2 期。

⑤ 邱月：《个性定制：大数据时代的精准广告——以淘宝和腾讯的在线计算广告为例》，《北方传媒研究》2016 年第 3 期。

⑥ 侯世利：《门户网站网络广告效果影响因素研究》，硕士学位论文，哈尔滨工业大学，2014 年。

微信信息流广告效果的影响[①]。朱书琴检验了定制程度对个性化广告效果的影响，研究涉及卷入度、相关性、有利性、怀疑度等四个因素[②]。李梦从心流体验视角探讨了广告设计、广告表现、受众自身、广告内容等维度对原生广告效果的影响[③]。此外，还有研究者[④⑤]探讨了内容匹配度、品牌熟悉度、广告诉求、来源和类型等因素对个性化广告的效果影响。不可否认，严谨的定量实证研究在一定程度上反映了个性化广告的效果，并且上述影响因素也丰富了个性化广告效果研究的维度，但也存在一定问题。一方面，在传统广告调查领域，问卷调查法具有一定的局限性：借助问卷调查法研究广告效果通常耗时较长，无法与广告传播的瞬间同时进行，调查结果具有一定的延时性；而且，问卷调查的样本数量通常较小，无法穷尽所有广告传播的受众。另一方面，有别于传统广告效果模型的相对稳定与简单，在大数据时代，广告环境和消费者行为更为复杂和多变，延伸一至两个传统的广告效果模型对个性化广告的效果进行研究是否适合？许多过去的广告效果模型仅仅从消费者视角出发探讨广告效果，普遍缺乏对广告环境中其他影响因素的探讨，对这些模型进行延展和实证是否真的能够反映和解决个性化广告领域的效果问题？这些仍然需要学界的进一步探讨与研究。例如：在传统媒体盛行时期，对于某次特定的广告投放活动（Campaign）而言，广告设计是相对固定而不能更改的，但是如今，个性化广告却可以实现广告创意的“千人千面”，并根据不同广告创意的投放表现对广告创意进行迭代，进而获取表现效果较高的广告创

① 郑真：《微信信息流广告效果影响因素的实证研究》，硕士学位论文，暨南大学，2016年。

② 朱书琴：《定制程度对个性化广告效果的影响》，《郑州航空工业管理学院学报》2014年第5期。

③ 李梦：《基于心流体验视角的原生广告效果影响因素研究》，硕士学位论文，华南理工大学，2016年。

④ 崔雯：《广告诉求、来源和类型对社交网络广告效果的影响》，硕士学位论文，清华大学，2011年。

⑤ 赵岩岩：《内容匹配度和品牌熟悉度对原生广告效果影响的实证研究》，硕士学位论文，深圳大学，2017年。

意。显然，在这个广告设计不断迎合用户需求的时代，在广告内容方面，单一的“广告设计”维度已经不足以支撑个性化广告效果的研究；个性化广告的设计除了受广告主及广告设计团队的控制，还受到了程序化创意算法和技术的控制。

其次，少数研究者展开了对个性化广告效果指标体系的研究。施芬根据日本电通公司提出的基于网络时代的营销模型 AISAS 的不同阶段，构建了大数据时代精准营销效果评价指标体系①。陈小妹采用文献法从广告的传播效果、经济效果和心理效果分别构建了程序化购买广告的评估模型②。吴哲关注了顾客购买行为整个过程的边际递减效应，借助营销漏斗模型，构建了原生广告效果评估模型③。王淼从流量指标、互动指标和转化指标三个维度构建了数据驱动的互联网广告效果监测指标体系。这些研究者关注了大数据时代的网络消费者购买行为的复杂性和多变性，也关注到目前广告效果评价指标的多样性，并尝试将营销学中消费者购买的不同阶段与不同效果评价指标进行对接④。但是，这些研究的视角和重点仍然是消费者的购买行为和心理变化，至于广告环境中其他的影响因素涉及较少。

此外，尽管刘鹏、刘庆振以及吴俊都曾开展对个性化广告技术原理的研究⑤⑥⑦，但目前几乎没有广告传播学者直接关注技术、数据与算法对个性化广告效果的影响，而作为个性化广告最大的驱动力，技术环节、数据收集与处理、人群标签的运用、算法的运用和迭代，都成为影响一场广告投放活动是否成功有效的关键环节。

---

① 施芬：《基于 AISAS 模型的用户大数据时代商家精准营销效果评价指标体系的构建》，《鸡西大学学报》（综合版）2017 年第 8 期。

② 陈小妹：《程序化购买广告的效果评估体系建构》，硕士学位论文，暨南大学，2016 年。

③ 吴哲：《基于漏斗模型的原生广告效果评估探究》，《视听》2016 年第 3 期。

④ 王淼：《数据驱动的互联网广告效果监测研究》，《广告大观：理论版》2017 年第 4 期。

⑤ 刘鹏、王超：《计算广告——互联网商业表现的市场与技术》，人民邮电出版社 2015 年版。

⑥ 刘庆振、赵磊：《计算广告学：智能媒体时代的广告研究新思维》，人民日报出版社 2017 年版。

⑦ 吴俊：《程序化广告实战》，机械工业出版社 2017 年版。

综上所述，笔者认为，大数据时代的个性化广告效果评估研究应当不仅考虑用户因素对广告效果产生的影响，也应考虑广告环境中其他因素对广告效果产生的影响——这些因素在过去全部受广告业者控制，随着大数据时代的到来，技术算法亦成为控制、影响广告效果的一个重要因素——如此才能区分其与小数据时代传统广告效果评估研究的不同。

第四节 研究方法和研究内容

一 研究方法

本书为探索性研究，旨在探索基于大数据技术的个性化广告效果影响因素，最终构建大数据时代个性化广告效果宏观评估模型。如前文所述，从宏观角度看，个性化广告效果研究应集广告业者、技术、用户于一体，综合、系统考察广告效果的影响因素，由于其中一些层面无法进行量化，因此在研究方法方面，笔者结合质化研究和量化研究两种方法：一方面，笔者采用文献研究、访谈法、案例分析、事前试验等方法对个性化广告效果影响因素进行探索，获得主体框架，初步构建个性化广告效果宏观评估模型，并形成假设；另一方面，针对消费者的控制作用，笔者采用问卷调查的方法，对相关假设进行检验，最终获得完善研究结论。

第一，文献研究。研究伊始，笔者搜集、鉴别、整理国内外有关大数据时代个性化广告效果研究的文献、资料，据此获得研究思路和假设。由于国内外研究涉及的相关概念种类很多，因此在搜集文献资料时，笔者对“大数据个性化广告”“个性化广告”“大数据营销”“精准营销”“精准广告”“数据库营销”“计算广告”“定向广告”“大数据广告”“程序化购买广告”“竞价广告”“定制化广告”“效果广告”“广告信息分发”等中英文概念进行搜索，获得文献。而后，笔者对这些文献资料进行整理、总结、归纳，形成综述。

第二，深度访谈。个性化广告效果评估研究是一项与业界实践紧密结合的研究，因此，笔者于2017年6月至2017年12月期间，对16名这一领域的从业人员，以及15名个性化广告用户（共31名人员）进行半结构化深度访谈。笔者根据文献研究结果，事先拟定访谈问题提纲，其中多数问题为开放式问题，意在尽可能多地探索个性化广告效果的影响因素，并根据实际访谈情况，现场进行追问（深度访谈问题提纲详见附录三和附录四）。在选取广告从业人员时，笔者既选择了业界公司顶层人员，也选择了在一线从事个性化广告投放的从业人员；既选择了从事广告投放和传播的从业人员，也选择了从事广告算法和产品研发的从业人员。在选取用户时，笔者充分考虑了被访谈者的人口统计学特征和样本的地理分布，尽可能符合中国数字化消费者的特征（深度访谈人员结构详见附录一和附录二）。有关深度访谈的时长，笔者对从业人员深度访谈的时间在30分钟至1小时38分钟，除了其中4人采用线上文字采访以外，其余皆采用面对面或在线视频/音频方式进行深度访谈，平均时长超过60分钟；笔者对用户深度访谈的时间在30分钟至1小时49分钟，除了其中1人采用线上文字采访以外，其余皆采用面对面或在线视频/音频方式进行深度访谈，平均时长约为40分钟。

第三，试验法。为了尽可能结合业界实践，笔者分别于2013年12月及2017年12月期间两次在脸书（Facebook）网站上为公共主页“中国文化”（Chinese Culture）投放个性化广告，并对广告进行相关测试。通过试验，笔者清晰、详细地了解了个性化广告的投放流程，并获得大量关于广告效果的第一手资料和数据，这对笔者探究个性化广告效果有较大助益。

第四，案例分析与实地调研。笔者曾亲赴谷歌（Google）香港分公司进行实地调研，了解世界上最早出现的广告竞价平台双击（Double Click）产品原理、运作流程、盈利模式等相关情况，这对笔者了解个性化广告运作流程与工作原理有非常大的帮助。

第五，问卷调查。通过事前的研究，笔者得到四个可能影响消费者购买决策的因素：广告定制程度、广告内容、广告—情境一致性和感知隐私风险。然后，针对广告用户，笔者采用问卷调查方式对研究假设进行验证。在问卷调查中，笔者选择目前中国最大的两家技术公司旗下的两个平台（电子商务平台——淘宝，以及社交媒体平台——微信）的个性化广告作为研究对象，并拟定了一份题目总数为70题的问卷，在“问卷星”网站（www. sojump. com）上进行投放。在获得50份样本后，笔者将已有数据导入SPSS 22.0进行预分析，并最终将题目总数缩减为56题（问卷调查题目详见附录五）。问卷投放时间为2017年12月期间，共回收问卷679份，有效问卷为507份（N = 507），有效问卷率为74.67%，其中196份是通过微信朋友圈以“滚雪球”方式进行回收的，311份是委托“问卷星”网站采取付费形式回收的。问卷调查结束后，笔者将所有数据导入SPSS 22.0进行信度分析、效度分析以及对问卷假设进行验证。

二 研究框架

本书致力于探索并研究个性化广告效果的影响因素，最终构建大数据时代个性化广告效果宏观评估模型。笔者认为，大数据技术将传统广告业“媒介购买”方式转变为“人群购买”方式，广告信息分发时的“技术筛选”将影响广告传播最终的目的地。因此，借鉴Shelly Rodgers和Esther Thorson在2000年提出的互动广告模型①，在个性化广告效果研究中，既需要探讨广告业者和消费者对广告效果的影响，更需要探讨技术和算法——这一新兴驱动力对广告效果产生的巨大影响与变革。个性化广告效果研究应集广告业者、技术与用户研究于一体，综合探讨广告效果的影响因素。本书研究的主体框架如图1-1所示。

① Rodgers, S., Thorson, E., *The interactive advertising model: how users perceive and process online ads*, Routledge, 2000, pp. 41-60.

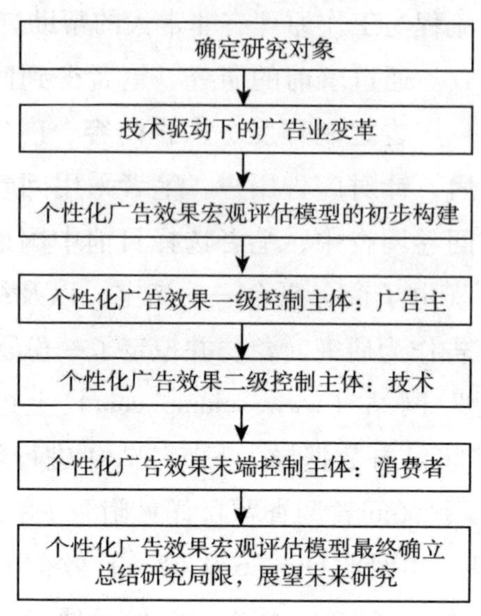

图 1－1　本研究框架结构示意图

本书的章节结构如下：首先，笔者阐明研究对象、研究方法、研究意义和价值，对国内外的研究现状进行梳理和综述。其次，笔者介绍基于大数据技术的个性化广告类型、产业链主体、运作流程与原理，分析技术驱动下的广告业发生的新变革。然后，笔者关注大数据时代个性化广告效果研究的新变化，并初步构建了个性化广告效果宏观评估模型。接下来，笔者分别从广告主、技术和用户三个控制主体如何影响个性化广告效果进行深入剖析，运用笔者通过深度访谈、事前试验、实地调研和问卷调查获得的大量资料和数据支撑笔者的观点。最后，笔者对研究进行总结、提炼，最终确立了大数据时代个性化广告效果宏观评估模型，并总结研究得失，展望未来研究。

本书章节具体设计为：第一章绪论阐明研究的缘起、目的、概念、框架、方法、意义及文献综述。第二章介绍技术驱动下的广告业变革，包括个性化广告主要类型、产业链结构、运作流程与工作原理。第三章在分析技术发展对广告效果研究带来的新变化的基础上，初步构建个性化广告效果宏观评估模型。第四章研究作为一级控制主体的广告主如何影响个性化广告效果。第五章研究作为二级控制主体的广告技术如何影响个性化广告效果。第六章研究作为末端控制主体的消费者的购买决策如何进行及其影响因素。第七章结语总结前文研究，最终确立大数据时代个性化广告效果宏观评估模型，得出结论，并探讨研究局限，展望未来研究。

第五节　研究意义与创新点

狄更斯在《双城记》中说道："这是最好的时代，也是最坏的时代。" Nicholas Negroponte 在《数字化生存》一书中提及：计算机让人们从原子时代进入比特时代，比特成为无价之宝[①]。随着数字化时代的不断发展，海量的数据得以储存和积累，进而衍生成为一类新型资产。互联网、大数据及人工智能技术的应用变革和重塑了许多行业，数据科学工作者 C 谈及："广告业的大数据应用是目前大数据领域获得变现最多的其中一个行业。"

"在正确的时间，正确的地点，向正确的人，说正确的内容"，一直都是广告业界追求的重要目标。在大数据时代到来以前，广告界长期流传着这样一句"哥德巴赫猜想"："我知道我的广告费有一半是浪费的，但我不知道浪费的是哪一半"。大数据应用变革了整个广告业，使广告"媒介购买"方式变为"人群购买"方式，似乎看来，技术既实现了广告的"精准投放"，又实现了广告效果的实时评估，解决了广告界的"哥德巴赫猜想"难题。随着技术在推动广告业发展的进程中扮演着越来越重要的角色，在广告业，技术公司和技术人员获得了主导权。2015 年 6 月，全球三大商业评论之一的《哈佛商业评论》封面赫然印着六个大字："传统广告已死"。

① 尼古拉·尼葛洛庞帝：《数字化生存》，胡泳、范海燕译，电子工业出版社 2017 年版，第 2—29 页。

然而，大数据技术驱动下的广告投放一定如业界描绘般“神奇且精准”吗？事实并非如此。尽管技术提升了广告主找到目标人群的可能性，但是技术本身也具有导向性和局限性，成为影响广告效果的一个因素，带来了新的广告效果问题。为了探究这种“新式”广告的效果及其影响因素，笔者收集大量第一手、第二手资料，将从控制广告效果的三个方面——广告业者、技术和用户，对大数据时代个性化广告效果进行研究和分析。

本书具有一定的现实意义和学术价值，具体创新之处如下。

从现实层面来看，一方面，基于大数据技术的个性化广告市场份额逐年增加，在美国，截至2017年，仅网络展示广告一项，程序化购买（个性化广告的一种类型）的支出便占据了整个网络展示广告市场的80%左右①；在中国，根据调研机构易观智库的研究，截至2019年，整个程序化购买市场规模将达3900亿元②。另一方面，自2016年以来，个性化广告业界遭遇一定问题和瓶颈，假数据、假相关等问题层出不穷，多个大型品牌广告主的实践遭遇挫折，广告效果不佳，引发了关于“精准广告投放”的理性反思。因此，在这种背景下，笔者从宏观视角出发，对影响个性化广告效果的若干因素进行深入剖析，具有一定现实意义。

从理论层面来看，第一，长期以来，广告效果研究聚焦于两个方面：广告业者控制的广告要素（如品牌、内容、设计等）和消费者研究，这受到了传统人力广告购买方式的影响。基于大数据技术的个性化广告在中国正式出现的时间尚短，效果研究屈指可数。在为数不多的现有研究中，多数广告传播学领域的研究仍然主要沿用消费者行为学和心理学路径，对广告效果影响因素进行探讨，但却忽略了两个方

① eMarketer, eMarketer Releases New US Programmatic Ad Spending Figures, https://www.emarketer.com/Article/eMarketer-Releases-New-US-Programmatic-Ad-Spending-Figures/1016698, Retrieved on 2017-12-21.

② 易观智库，2017中国程序化购买广告市场年度综合分析，https://www.analysys.cn/analysis/trade/detail/1000735/，2017年12月21日。

面：一是互联网高度发展环境下的消费者购买决策路径极其复杂，难以用一个固定的模式进行概括和描述；二是基于大数据技术的个性化广告运作流程与传统“媒介购买”广告有所差异，在广告内容对用户发生作用以前，技术对用户群体进行了“筛选”。因此，在对个性化广告效果的研究中，不探讨技术对广告效果的控制作用，便会忽略一项关键的影响因素。第二，在研究方法上，笔者结合了质化和量化两种研究方法，规避了单一研究方法存在的局限性。首先，笔者采用多种方法对个性化广告效果影响因素进行探索，不仅对31名个性化广告业者和用户进行深度访谈，而且采用试验法“亲身经历”个性化广告投放的整个过程，还采用实地调研法对个性化广告公司进行调研和采访，避免了对广告实践“隔靴搔痒”式的研究。其次，笔者采用问卷调查法，对前期的探索结果进行验证，最终得出结论。第三，个性化广告不过是大数据技术在广告传播领域的一个具体应用，在其他传播领域，同样存在着信息分发和个性化定制的大数据应用现象。传播效果研究向来是关于“人”的研究，但是随着大数据应用的日渐普及，算法和人工智能正在逐步替代“人力劳动”，在传播过程中扮演重要的角色，也带来了一系列的问题。比如：技术筛选的结果带来的是“信息茧房”问题的加剧。本书结果亦可作为这些基于大数据技术的传播效果研究的横向参考。第四，技术解决了广告内容无法“精准投放”的问题，带来了广告业内技术公司及技术人员的主导地位，也带来了“计算广告学”的广受追捧。相比之下，因为缺乏技术实现能力，许多传播学、广告学、营销学、心理学或消费者行为学的研究成果少人问津。广告算法决定着广告内容能否被“正确投递”，而广告产品的研发却多是技术人员参与。笔者期待借助本书抛砖引玉，使更多广告传播学学者关注信息分发产品的研发。因此，本书具有一定学术价值和创新之处。

第二章　技术驱动下的广告业变革

回顾历史，广告业的发展一直与技术的发展亦步亦趋，受到技术发展的深刻影响。从报纸、广播，到电视、互联网，过去媒介技术的发展为广告带来了不同的呈现方式，广告形式趋于丰富多样；但是，在小数据时代，广告业始终无法真正解决定向人群的问题。随着大数据技术应用于广告行业，人群定向、信息分发得以实现，推动着广告业从“媒介购买”到“人群购买”进行转变。在本章中，笔者通过对大数据时代的个性化广告类型、工作原理和运作流程进行介绍，旨在反映技术驱动下广告业发生的变化与新特点。

第一节　大数据时代个性化广告的主要类型

目前在互联网广告领域，个性化广告的主要核心是程序化购买广告，以及包括部分不进行程序化购买的个性化推荐广告。

在呈现方式上，程序化购买广告和个性化推荐广告两者并无明显差异，尤其在电子商务网站上，极易混为一体。例如：在淘宝网上，“钻石展位”和“直通车”广告都是程序化购买广告，而“猜你喜欢”则是个性化推荐广告，但从呈现结果来看（见图 2－1、图 2－2 和图 2－3），它们三者并无很大差异。但是，从运作机制、产业流程、技术方法等角度来看，程序化购买广告和个性化推荐广告的差异非常明显。

图 2－1　淘宝网“钻石展位”广告

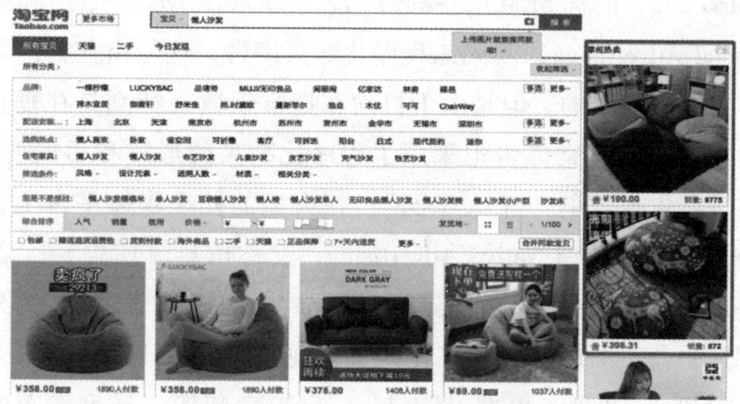

图 2－2　淘宝网“直通车”广告

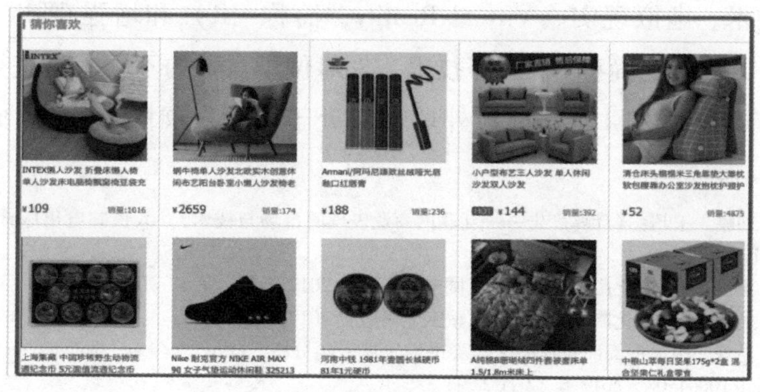

图 2－3　淘宝网“猜你喜欢”广告

一　程序化购买广告的主要类型

程序化购买广告是相对互联网广告业务初期阶段的合约广告而言[①]，“运用技术手段，对整个数字媒体广告投放过程中的各个环节进行信息化，并通过技术手段衔接为一体的一种工具[②]”。它延用了证券交易市场的交易技术，既实现了广告市场交易的自动化，也进一步为广告的“千人千面”投放奠定了良好的技术基础。值得注意的是，根据笔者综合对个性化广告业人士的深度采访：狭义的程序化购买广告主要指的是展示广告（Display Advertising），而搜索广告（Search Engine Marketing，简称 SEM）、视频广告（Video Advertising）和社交广告（Social Advertising）不列入程序化购买广告，这是由业界广告投放的操作方式所决定的。但是由于目前在搜索领域（特别是在垂直搜索领域）大部分的搜索广告也采用了程序化购买的形式和手段[③]，而且也能实现广告投放的“千人千面”；在大型的社交媒体平台上，社交广告［如原生广告（Native Advertising，又称信息流广告）］，都实现了程序化购买的模式，也能实现广告投放的“千人千面”；另外，随着中国广告业不断地转向程序化购买，视频广告投放也正在进入程序化购买时代[④]；此外，根据 RTBChina 于 2017 年第三季度发布的研究显示：国外已经出现了程序化数字户外广告，借助人脸识别系统、大数据技术、虚拟现实（Virtual Reality，简称 VR）和增强现实（Augmented Reality，简称 AR）等技术，针对位于户外的不同人群进行个性化的广告投放，目前这种户外广告尚处于初级发展阶段[⑤]。因此，根

① 刘鹏、王超：《计算广告——互联网商业表现的市场与技术》，人民邮电出版社 2015 年版，第 41 页。

② 吴俊：《程序化广告实战》，机械工业出版社 2017 年版，第 17 页。

③ 吴俊：《程序化广告实战》，机械工业出版社 2017 年版。

④ 易观，中国视频广告程序化购买市场发展专题分析，https：//www. analysys. cn/analysis/trade/detail/1000450/，2017 年 12 月 22 日。

⑤ RTBChina：《中国程序化广告技术生态图》2017 年第二、三季更新发布，http：//www. rtbchina. com/china-programmatic-ad-tech-landscape-q3-2017-update. html，2017 年 12 月 15 日。

据本书对大数据时代个性化广告的定义，结合广告业界的实际情况，笔者认为：广义的程序化购买广告包括了大部分的搜索广告（除部分未采用大数据技术进行人群细分的搜索广告）、展示广告（除极少数仍采用人力合约购买模式的展示广告）、视频广告（除尚未采用程序化购买的视频广告）、社交广告及少量程序化数字户外广告。总之，由于目前中国程序化购买广告正处于发展阶段，所以本书所指“程序化购买广告”是相对“今日”的一个概念，而非相对“昨日”或“明日”的概念。随着程序化购买广告的不断发展，其所包含的广告形式也将越来越多。

无论是哪一种广告形式，程序化购买广告都可以具体从两个维度进行划分：

一方面，根据交易方式的不同，程序化购买广告可以分为两大模式：实时竞价模式（Real Time Bidding，简称 RTB）和非实时竞价模式（简称 Non-RTB）。这两者最大的差异在于“竞价”二字：RTB 模式效仿证券交易市场，在公开市场对广告流量进行竞价；而 Non-RTB 模式则是通过事先协商定价或在非公开市场进行竞价的方式进行交易。

另一方面，按照流量的优先级程度，程序化购买广告也可以分为两大模式：预留流量和非预留流量。这两者最大的差异在于“流量是否预留”：预留流量模式主要针对的是对广告位质量有特殊需求的广告主，通常来说，广告媒体会预留自己最为优质的广告位，并将其以更高的价格或以“流量打包”整体售卖的方式卖给有相应需求的广告主；而非预留流量则主要针对的是那些无法承担预留流量高额价格的广告主，并在一定市场内进行售卖。

因此，根据上述的两个维度，结合数学的笛卡尔坐标系，可以得出程序化购买广告的四个象限（如图 2－4 所示）。

目前，在程序化购买广告市场，根据上述两个维度的交叉划分，主要包括以下四种类型：

私有程序化购买：国外通称为 Automated Guaranteed 或 Program-

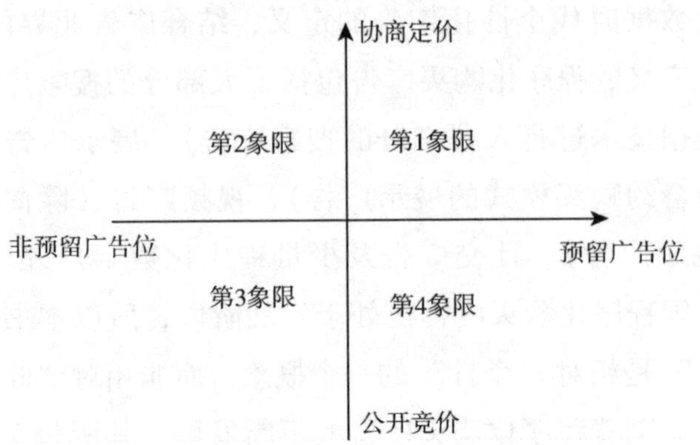

图 2－4　程序化购买广告的笛卡尔坐标系

matic Guaranteed，而国内则多使用：Programmatic Direct Buying（简称 PDB）或 Programmatic Premium Buying（简称 PPB）。这种购买方式位于图 2－4 中第 1 象限位置，即广告媒体事先将优质的广告位预留下来，并与广告主进行“私下”定价，这与传统广告合约排期采买方式非常相似。但是，有所不同的是，私有程序化购买既保证了广告主对优质广告位的要求，也让广告主享受到了程序化购买带来的一系列好处：自动化、智能化、实时化和可控化。首先，自动化体现于私有程序化购买简约了传统合约购买繁冗复杂的中间流程，广告主能够自动对接优质广告资源，既降低了广告投放成本，也提升了广告投放效率。其次，智能化体现在广告投放的整个过程，程序化购买能通过大数据技术、定向技术等缩小广告投放范围，对接广告主的目标人群，并能借助算法不断迭代、优化广告的投放效果。再次，实时化体现在广告效果能够实时地以可视化的方式反馈给广告主，方便广告主及时作出决策。著名广告人克劳德·霍普金斯在一个世纪前便提出：作为一门科学，广告是需要试验的，但是“有效的试验也是要以大量的工作和时间为代价的”[①]。如今，在跨国服装电商从事广告投放的业者 Z 提

① 克劳德·霍普金斯：《科学的广告＋我的广告生涯》，华文出版社 2010 年版，第 47 页。

及："在一场广告活动（Campaign）开始时，我们会先用一段时期（如一个星期）作广告投放的测试，如果广告方案在测试期间表现不佳，便会立刻重新撤换方案。这足以体现程序化购买实时化的优势和进步。"最后，可控化体现在广告主能够根据自身业务自由设定广告投放规则，例如：私有程序化购买能实现某一重要时刻、地域、人群的集中"轰炸式投放"，或根据不同子品牌的广告预算和广告投放情况及时调整广告投放规则。由于能够以一个更高的价格售卖广告流量，所以通常广告媒体将最优质的广告位提前锁定，留给私有程序化购买；而对于广告主而言，优质的广告位也保证了广告的投放环境，无须担心劣质广告媒体对品牌和产品带来的不良影响，所以在四种程序化购买方式中，私有程序化购买的优先级最高。

优先交易：国外多称为 Unreserved Fixed Rate，国内则多称为 Preferred Deals（简称 PD）。这种购买方式位于图 2－4 中第 2 象限中，即广告媒体不会为广告主预留广告位，但是广告媒体与广告主会就某些具体交易条件（如保证广告位资源质量）进行协商定价。选择这一购买方式的广告主享有一项优先权利：在广告位进入竞价环节以前，广告主能够优先查看广告位，并依据广告位不同的情况，选择是否购买广告位。与私有程序化购买方式相比，优先交易的出价相对较低，因此难以实现"既保价又保量"：在"保价"的前提下，优先交易并不能百分百保证广告主买到所有想要的广告资源。因此，在四种程序化购买方式中，优先交易的优先级位于第二层级。

私有竞价：国外多称为 Invitation-Only Auction；国内则多使用 Private Auction（简称 PA）。这种购买方式位于图 2－4 中第 3 象限中，即广告媒体不会为广告主预留广告位，而且广告主需要通过竞价的方式对广告位进行购买。但是，与下文介绍的公开竞价模式有所不同的是，私有竞价如同一些设有门槛的拍卖会，在竞价之前，广告媒体会设置一些门槛条件，邀请符合条件的广告主参与竞价，比如：设置竞价白名单，邀请名单上的广告主参与竞价，或设置竞价黑名单，剔除名单上的广告主参与竞价的机会。在这种购买方式下，广告媒体能够确保广告主、广告素材等因素不会影响广告媒体的用户体验和品牌形象，掌控了广告位售卖的规则。而且，对于广告主而言，广告资源的质量也优于公开竞价模式。因此，在四种程序化购买方式中，优先交易的优先级位于第三层级。

公开竞价：又称实时竞价，国内多使用：Real Time Bidding（简称RTB）；国外也有另一种叫法：Open Auction。这种购买方式同样位于图2-4中的第3象限中，即广告媒体不会为广告主预留广告位，广告主需要通过竞价的方式对广告位进行购买，而且广告媒体对广告主并未设置特殊的门槛条件。如证券交易市场一样，在进行广告交易时，广告主和广告媒体借助一个第三方平台进行对接，并不需要进行“接触”。例如：笔者曾亲赴谷歌旗下双击公司（Google Double Click）香港分公司进行调研，双击公司旗下产品“双击广告交易平台”（DoubleClick Ad Exchange）以实时竞价的方式将广告主和广告媒体之间对接起来，并利用大数据技术的优势，让广告主的广告能够呈现在它的目标客户群面前。为了更好地让广告主管理广告活动的进程，以及让广告媒体管理剩余流量，双击公司分别推出了“广告主的双击”（DoubleClick For Advertisers，简称DFA）和“广告媒体的双击”（DoubleClick For Publishers，简称DFP）两个程序化管理平台，让两者都能实时、综合、可视化地监测广告投放效果和盈利情况。作为第三方平台，与广告代理机构不同的是，双击公司没有直接分享媒体的广告收入，而是根据广告主和广告媒体选用的不同技术产品和服务进行收费盈利，举例来说，无论广告媒体获利多少，“双击广告交易平台”都以每一次成功曝光（Impression）的价格向广告主和广告媒体收取费用。虽然公开竞价模式是四种程序化购买方式中优先级最低的一种，但它却是程序化购买广告最早的雏形，通过将媒体位于长尾理论“尾部”的剩余流量放在公开市场进行竞价，进而实现这些广告位收益的最大化。它不仅实现了从“人力购买”到“机器购买”的转变，而且利用大数据技术同时实现了从“广告位购买”到“人群购买”的巨大转变，令广告的个性化投放成为可能。因此，公开竞价的“程序化”特征最为突出。

综上所述，如图 2 – 5 所示，对于某个特定的广告媒体而言，最为优质的广告位将提前预留给私有程序化购买的广告主（业界也戏称为“土豪级广告主”），在剩余的广告位中，媒体会分为不同层级，分别以优先交易、私有竞价和公开竞价的方式进行售卖。因此，程序化购买不存在图 2 – 4 中第 4 象限的情况，即广告媒体预留广告位用于公开竞价。对于大型品牌广告主而言，通过私有程序化购买，既保证了他们最想要的广告位，也让他们享受到程序化购买带来的好处；对于小型广告主而言，竞价购买方式有机会让他们以低价将广告呈现于优质媒体——这在广告合约购买时代是难以实现的。

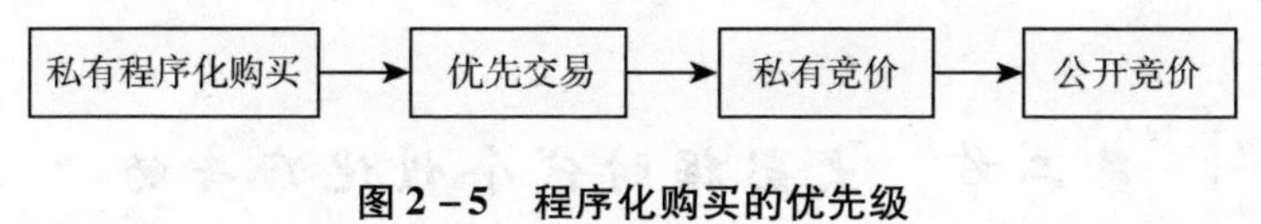

图 2 – 5　程序化购买的优先级

二　个性化推荐广告

广告个性化推荐系统最早是由两位美国学者于 20 世纪末提出，指的是电子商务网站将用户浏览、搜索、购买记录作为输入端（Inputs），并经过系统整合后推荐给相应接收用户（Recipients）的广告推荐系统①。

在全球最大独立广告公司从事数据分析的 S 介绍了广告个性化推荐系统的商业模式：“目前在电商平台上，大部分的广告推荐系统是系统根据 BI（Business Intelligence）商务智能算法推荐

① Esnick, P., Varian, H. R., Recommender systems, *Communications of the ACM*, 1997, 40 (3): 56 – 58.

给相关性高的客户，但也有部分推荐系统，比如京东的‘猜你喜欢’，属于其程序化购买的其中一个展位”。

这与上述两位美国学者在1997年假设的广告个性化推荐系统的商业模式是相对应的。

所以，个性化推荐广告是电子商务网站自带的一个既提升用户体验性又增加销售额的产品，借助多种信息过滤（Information Filtering）的算法，对用户行为、兴趣、（潜在）需求进行分析，进而将其可能感兴趣的产品推荐给他，最终实现电商网站整体销售额的上涨。在整个广告投放过程中，真正的广告主并非产品的生产商或销售商，却是电子商务网站；而且，它也同时扮演了广告媒体的角色。所以，个性化推荐广告与程序化购买广告是截然不同的。

第二节　大数据时代个性化广告的市场主体及产业流程

互联网广告业错综复杂，很大程度源于它的发展历程。起初，互联网广告的呈现及购买方式与报纸、广播、电视等传统媒体广告并无本质区别。20世纪末，互联网方兴未艾，知名的门户网站在取得一定流量规模后开始寻求变现，于是便出现了最早的互联网广告：门户网站在html页面上设置广告位，吸引广告主“进驻”投放广告，并采取与传统媒体广告相同的合约广告购买方式，即在合约规定时段内，在约定的广告位上投放某一广告主的广告。

传统的合约购买广告产业链主体包括：广告主、广告代理以及广告媒体，结构非常简单、清晰，如图2－6所示。广告主（或委托广告代理公司）完成广告策划、创意设计、媒介排期投放等一系列事项。通常来说，广告主不与大型广告媒体直接“接触”。大型的广告代理公司通常设有多个不同的职能部门，以完成广告主的不同需求，但也存在广告代理公司将一些广告主要求的项目“外包”给其他代理公司完成的情况。整个广告投放的过程都是经“人力”进行一一协调和交易，需要耗费大量的人力和时间。

图 2－6　传统合约购买广告产业链及其市场主体

技术的发展与应用革新了整个互联网广告产业链，相比传统合约购买的广告投放而言，在大数据时代，个性化广告的产业链大幅延伸，各个市场参与主体变得既复杂化也更加专业化。例如：图 2－7 是美国一家广告技术公司提出的网络广告产业生态图，超过了 14 个市场主体；而图 2－8 则是 RTBChina 提出的中国程序化购买广告产业生态图，也包括了多达 13 个市场主体。可以发现，大数据技术的应用发展，让广告产业萌生了许多新的产业链主体，如广告交易平台（Ad Exchange）、数据管理平台（Data Management Platform，简称 DMP）、需求方平台（Demind-Side Platform，简称 DSP）、供应方平台（Supply-Side Platform，简称 SSP）等。多数新的市场主体最早都源于技术公司，并逐渐主导了整个产业链的话语权与发展，进而弱化了在传统广告投放模式下广告媒体较为强势的地位。

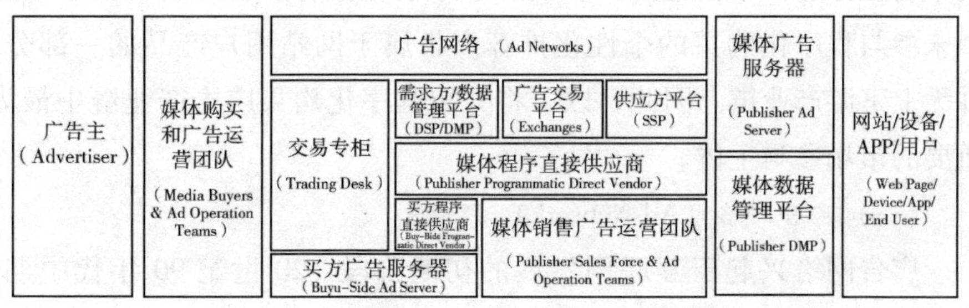

图 2－7　美国广告技术公司 Rare Crowds 提出的网络广告产业生态图

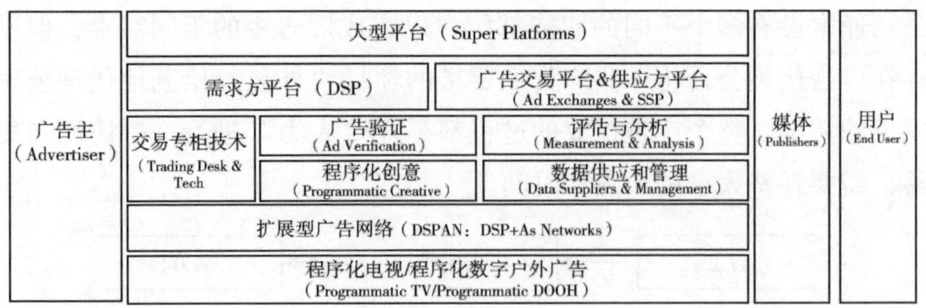

图2-8 RTBChina提出的中国程序化购买广告技术生态图

一 大数据时代个性化广告的市场主体

摩尔定律揭示了信息技术产业发展的飞速，同样地，在个性化广告领域，产业链也在时刻发生着惊人的变化：2010年公开竞价模式刚刚在美国兴起；2011年程序化购买广告仅占美国广告市场份额的20%，在中国尚且鲜有人知；2012年是程序化购买在中国发展的元年，公开竞价模式迅速得到广泛应用；2012年至2015年，仅程序化购买展示广告一项，中国的市场规模年增长率均超过100%；2014年年末，程序化视频/电视广告的概念方兴未艾；2015年移动程序化购买开始飞速普及；2015年，程序化数字户外广告在美国开始兴起……可见，程序化购买技术在广告产业领域的驱动力和扩张速度都是惊人的，新的市场主体总在不断地出现。而对于个性化推荐广告而言，由于大多数未参与程序化购买的个性化推荐广告属于网站用户产品的一部分，并无上下游产业链。因此，以下将介绍程序化购买广告产业链中最为重要的市场参与主体。

（一）广告网络（Ad Network）

广告网络兴起于互联网发展的初期阶段：20世纪90年代中期，双击公司［DoubleClick，那时尚未被谷歌（Google）收购］的两位创立者率先推出了一款“互动广告网络”（Interactive Ad Network）的产品。最早的互联网广告的购买方式与传统媒体广告相似，广告主或广告代理公司直接以包时段的方式向网络媒体购买广告位。然而，随着互联网市场的不断扩展，网站和广告位的数量呈现大幅增长，一些广告主想要在多个网站上购买广告位，与此同时，根据长尾理论，位于“长尾”部分的小型网站也存在广告位库存难以售卖的情况。广告网络的出现调和了这个矛盾：通过事先采购一批不同网站的广告位进行汇总，再以不同的组合售卖给不同的广告主，以此赚取差价，如图2－9所示。广告网络汇总广告位的聚合效应为广告主带来了价格上的优势，所以从1998年好耶推出了中国第一个广告网络至2011年，广告网络及移动广告网络是中国互联网广告市场最为主要的交易模式[①]。

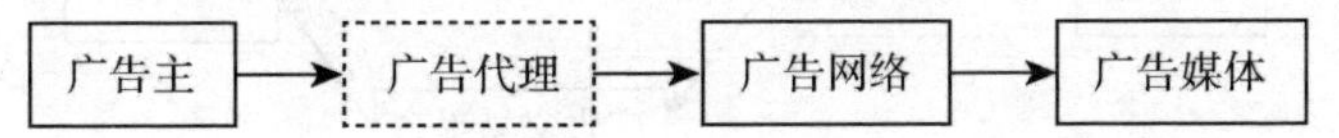

图2－9　广告网络兴起后的互联网广告产业链

随着广告网络平台的数量不断增多与日渐成熟，新的市场问题又再次出现：首先，广告网络汇集的多数是媒体的“长尾广告资源”，无法受到大型品牌广告主的青睐。其次，由于互联网的出现使广告媒体的数量大幅增长，加之广告网络整合了广告媒体资源，因此，传统媒体时代广告媒体的主导权得以消解，取而代之的是广告网络主导了广告市场的规则。然而，发展到一定程度的广告网络却逐渐出现暗箱操作、广告定价不透明等问题。再次，通过广告网络进行交易的广告主和广告媒体，碍于当时的技术发展，无法及时实现广告效果数据的反馈，广告主无法积累数据资产，以供后续广告投放参考。最后，随着广告网络平台的数量逐渐增多，而人群定向技术又方兴未艾，为了尽可能多地触及用户人群，广告主通常会多投广告网络平台，但这又间接造成了重复覆盖用户以及重复投放媒体的问题。因此，在广告产业链中，新的市场主体呼之欲出。

① 梁丽丽：《程序化广告：个性化精准投放实用手册》，人民邮电出版社2017年版，第3—5页。

（二）广告交易平台（Ad Exchange）

为了应对广告市场的需求，2005 年，世界上出现了第一个广告交易平台 Right Media。广告交易平台效仿了证券交易平台的交易模式：将广告主和广告媒体连接在一起，并采用实时竞价模式对广告资源进行售卖，如图 2－10 所示。广告媒体可以登录广告交易平台，提交自己的广告位库存（通常提交的都是位于“长尾”的库存）；广告主或广告代理公司可以根据自身需求寻找合适的广告位进行投放。

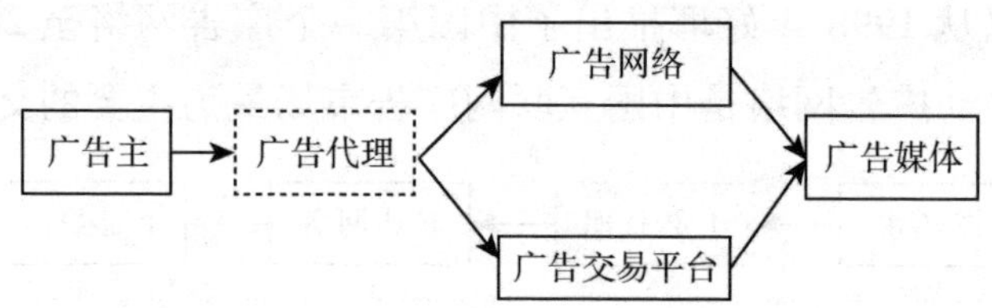

图 2－10　广告交易平台兴起后的互联网广告产业链

过去，广告主（或广告代理公司）需要与广告媒体、广告网络多次沟通广告价格，而有所不同的是，广告交易平台的出现不再将定价权利交予某一个机构或平台，而是将定价权利交给市场，由市场的自主竞争——“拍卖”，确立广告的最终投放价格。也就是说，针对每一个特定的广告位的每一次展示，广告交易平台都会为其举办一场“拍卖会”：想要得到广告展示机会的不同广告主，以出价的方式进行竞价，最终出价高者获得这次展示机会。这不仅解决了昔日广告网络定价不透明的问题，而且还提升了广告投放的效率和精准度：一方面，相比过去一次性“包时段”或“包流量”的购买方式，广告交易平台的实时竞价针对的是特定广告位的每一次展示机会，因此广告主也是依据每一次广告的成功展示进行付费；另一方面，对于同一个广告位而言，每一次广告展示都会触及不同的用户人群，借助大数据和定向技术，广告交易平台能够实现根据不同用户的特征，寻找到拥有相应用户需求的广告主，并在这些广告主之间展开竞拍。此外，广告交易平台还能实现广告投放数据的传输，即将广告投放的实际情况尽可能完整地传输回广告主，以方便其作后续分析。

目前，广告交易平台主要包括两大类型：独立的第三方广告交易平台，以及附属于大型媒体的广告交易平台。独立的第三方广告交易平台能够汇聚来自不同媒体的广告位库存，既包含优质媒体的广告位，又包括“长尾”资源；除此之外，一些知名的大型媒体，如优酷、爱奇艺、网易等，也设立了私有的广告交易平台，用以售卖自身媒体的广告位库存。

（三）需求方平台（Demand Side Platform，简称DSP）和扩展型广告网络（DSP + Ad Network，简称DSPAN）

广告交易平台的出现虽然变革了广告交易的模式，但也同时带来了新的问题：复杂的新技术让广告主感到不适，加之传统广告代理公司无法在技术上对接广告交易平台，因此催生了代表广告主一方与广告交易平台进行对接的平台——需求方平台，如图2－11所示。

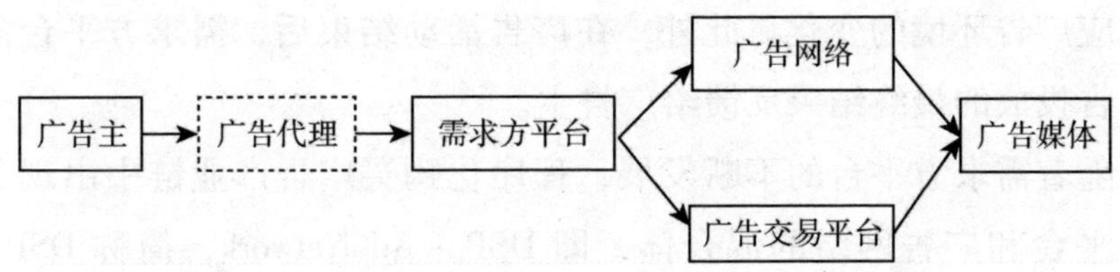

图2－11 需求方平台兴起后的互联网广告产业链

起初，需求方平台只在程序化购买广告产业链中扮演一个“技术中介”的角色：一方面，需求方平台推出了具有高“用户友好度”（User－Friendly）的广告投放界面，广告主可以根据自身需求进行广告投放；另一方面，利用自身技术优势，需求方平台与不同广告交易平台进行对接，引入广告交易平台的广告位库存。后来，随着技术的进一步发展，需求方平台的功能开始转变：根据不同广告主的需求，提供相应的广告投放策略，包括竞价策略、媒体选择、用户标签设定、广告创意等，其中最大的变化当属广告购买对象的转变。传统广告购买模式的广告购买对象是媒体广告位。这种购买模式预设：某一特定媒体的受众都具有某种相似的特征，因此，依据“媒介的二次售卖”原理，当广告主购买了某一特定广告媒体的广告位，也就相应购买了这一媒体的受众。相比之下，在程序化购买模式中，需求方平台能够让广告主直接购买目标消费者人群，而不是购买广告主与消费者之间的中间环节——媒介。

因此，一个好的需求方平台不仅要具备与尽可能多的广告交易平台进行对接的能力，还应拥有准确判断广告投放环境及制定相应广告投放策略的能力。具体来说，需求方平台能根据用户数据及广告主提供的广告需求，判定采用哪种程序化购买方式，判定在哪些平台和媒体上进行投放，判定某一个正在浏览特定互联网媒体的用户是否符合广告主的目标人群投放需求，进而制定合理的广告报价策略，让广告主的广告最终能够成功呈现在目标消费者的面前。不仅如此，在广告投放过程中，需求方平台还需根据广告投放情况实时调整投放策略，以适应广告环境的变化。此外，在广告活动结束后，需求方平台需要将广告投放的最终结果反馈给广告主。

随着需求方平台的不断发展，程序化购买广告产业链中出现了需求方平台和广告网络的混合体，即 DSP + Ad Network，简称 DSPAN。它既能实现广告的程序化购买，又能发挥广告网络锁定优质广告位的优势，因此能够满足那些对于投放渠道和广告媒体质量有着较高要求的广告主的需求。

（四）供应方平台（Supply Side Platform，简称 SSP）

在传统的合约售卖模式下，广告媒体通常以时间段为单位售卖广告位，这就导致：高品质广告位能迅速以高价售卖出去，比如央视《新闻联播》前的广告，而处于“长尾”部分的广告位却经常滞销。一方面，中小型广告主的广告预算有限，无法承担高昂的优质广告位价格；另一方面，广告媒体的“长尾”部分或是中小型媒体也面临着广告位滞销的问题。因此，程序化购买广告的出现，对接了这两部分需求，如图 2 - 12 所示，在产业链的一端，需求方平台代表广告主接入了广告交易平台，而在产业链的另一端，供应方平台代表媒体售卖广告位库存：广告媒体对接供应方平台后，能将广告位库存引入广告交易平台，进而实现广告的实时交易。

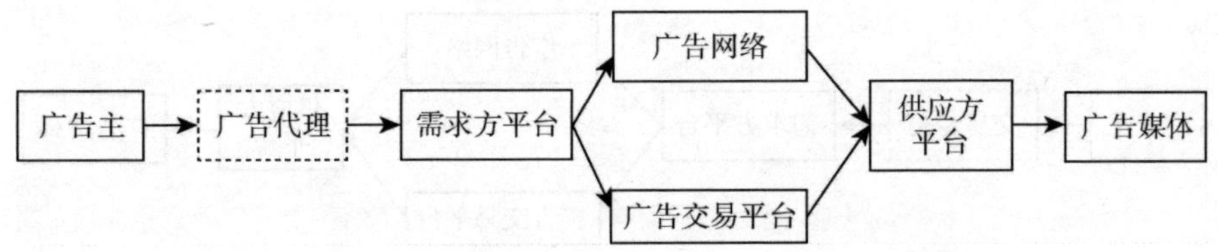

图2－12　供应方平台兴起后的互联网广告产业链

供应方平台以分成媒体广告收入的盈利方式，帮助广告媒体管理广告位库存，并根据媒体的不同需求寻找相匹配的广告主。例如：对于“长尾”库存，广告媒体希望尽可能多地实现变现，因此供应方平台会尽可能多地对接广告主；而一些优质媒体既要求购买力较强的广告主，又要求投放的广告不影响媒体本身的用户体验和品牌形象，所以供应方平台会设置相应的门槛，主要接入那些购买力较强、商品和品牌形象较好的广告主。目前，在中国程序化购买广告业界，许多供应方平台和广告交易平台的功能非常相似，甚至趋于一致，所以也有不少业者将供应方平台和广告交易平台视为一类。

（五）交易专柜（Trading Desk）

广告业技术化的发展冲击着传统广告代理公司，为了应对愈来愈多广告主加入程序化购买，以及需求方平台公司数量的不断增长，许多传统广告代理公司开始推出类似于需求方平台的“交易专柜”产品，如图2－13所示，通过帮广告主接入多个需求方平台，实现管理和整合广告主在不同需求方平台上的广告投放情况。随着程序化购买广告的进一步发展，除了广告代理公司以外，一些大型品牌广告主也推出了自有的交易专柜，例如：伊利内部便设有自身的品牌交易专柜（Brand Trading Desk，简称BTD）。另外，由于并非所有广告代理公司都拥有资金和技术能力开发一个“交易专柜”产品，近年来，一些独立的交易专柜公司（Independent Trading Desk，简称ITD）出现了，有别于广告代理公司或品牌自有的交易专柜，独立交易专柜能服务于多个品牌广告主或广告代理公司。

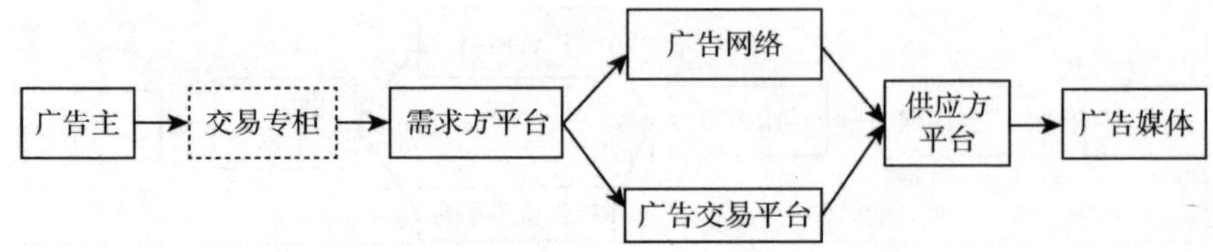

图2-13　广告代理公司推出了"交易专柜"产品

通常来说，交易专柜主要用于服务大型品牌广告主，与需求方平台相比，它更像是"证券营业部里的大户室"。交易专柜利用知名广告代理公司多年的实践经验，提供的投放方案不仅包括了程序化购买广告领域的投放，也包括了传统媒体领域的投放，相比需求方平台的投放方案，更加全面和完整。

（六）数据管理平台（Data Management Platform，简称DMP）和监测分析平台（Measurement & Analytics Platform）

程序化购买广告是基于用户人群数据发展起来的，可以说：没有数据基础，便不能谈"人群定向"，不能谈"消费者购买"，更不能谈广告投放的"千人千面"。在程序化购买广告产业链中，数据管理平台扮演着极其重要的基础性角色，它为广告交易平台、需求方平台、供应方平台等主体提供着数据支持。

目前，根据数据来源的不同，数据管理平台主要能采集以下三类数据：第一方数据、第二方数据和第三方数据。第一方数据指的是广告主自有的数据，包括线上交易数据、客户关系管理（Customer Relationship Management，简称CRM）数据、线下交易数据等。出于对消费者隐私的保护和对数据泄露的担心，通常来说，广告主不愿意将这些数据提交给其他公司，特别是知名的品牌广告主。于是，一些大型品牌广告主为了分析和管理用户数据，在内部搭建了私有的数据管理平台，被称为“第一方数据管理平台”。第二方数据指的是需求方服务供应商（主要指需求方平台 DSP）在广告投放过程中积累的数据，用于支持广告投放服务方案。因此，这种数据管理平台又被称为“第二方数据管理平台”。第三方数据的来源非常多元，第三方数据管理平台能通过数据交易获得新的数据，也能获得一些公开的公共数据，并以对接的方式将数据接入不同平台。在采集不同来源的用户数据后，数据管理平台需要对数据进行数据清洗、结构化处理、脱敏保护、整合打通等一系列数据处理流程，然后给不同人群提供标签和用户画像，这样在投放广告时才能根据广告主的不同需求选择相应的目标人群。

除数据管理平台以外，广告数据领域还有一个市场主体——广告监测分析平台。广告监测分析平台主要用于监测整个广告活动中广告投放数据的真实性，分析广告投放的真实效果。

因此，如图 2-14 所示，作为核心的基础服务，数据管理平台和广告监测分析平台为程序化购买广告注入了“灵魂”——如果没有数据服务商，程序化购买就失去了“大脑”，只是机械地将传统“人力”购买变为“机器”购买，那么其意义便不再重大。

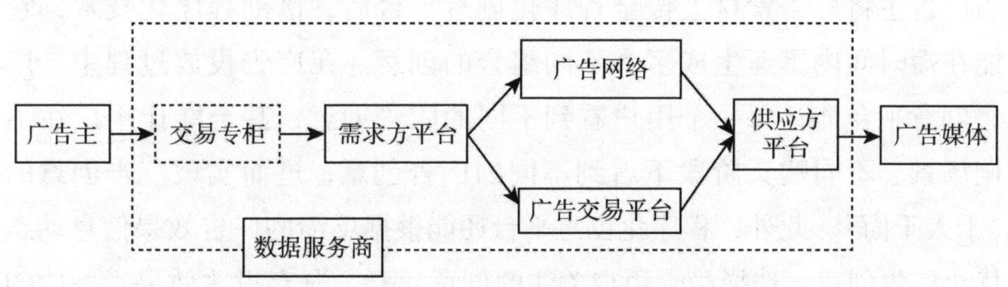

图 2-14 程序化购买广告产业链中的数据服务商

（七）程序化创意平台（Programmatic Creative Platform）

广告创意是传统广告购买模式下非常关键的一环：虽然广告媒体的受众具有一些相似的特征，但是由于基数过大，加上在广告媒体上投放广告的广告主很多，因此，广告主通常会特别强调广告创意的水平，目的是尽可能引起受众的注意。程序化购买广告出现伊始，创意并未成为广告营销从业者们关注的焦点。在经过一段时间的发展后，一些业者发现，虽然基于大数据技术的程序化购买广告可以实现向不同用户投放不同的广告，但是处于转型时期的广告业也遭遇了内容千篇一律的尴尬状况：在互联网空间，网络媒体的数量数不胜数，每个媒体拥有的广告位库存数量也不少，创意雷同的大量广告充斥着整个页面。于是，程序化购买广告业者开始在创意上“下功夫”，程序化创意平台应运而生，如图 2－15 所示。

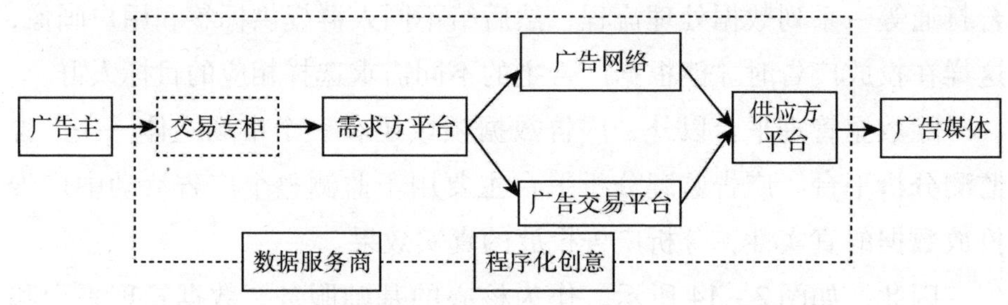

图 2－15 程序化购买广告产业链中的程序化创意平台

程序化创意平台服务于广告需求方，主营广告创意的动态优化。当广告主将广告素材上传至程序化创意平台后，借助程序化技术，它能在短时间内迅速生成多个不同组合的创意。在广告投放过程中，广告创意平台能让每一个用户看到不同的广告创意，甚至能让用户在不同场景、不同购买阶段下看到不同的广告创意，进而实现广告创意的“千人千面”。此外，程序化创意平台还能根据反馈的广告效果信息动态优化广告创意，选择最受用户关注的创意元素，摒弃投放效果不好的创意组合，在整个广告活动中不断提升广告创意内容的投放效果。

（八）广告认证平台（Ad Verification Platform）

在程序化购买广告的整个运作流程中，广告主与广告媒体并不需要直接“接触”，广告主与广告媒体的最终匹配是由机器完成，广告主无法直接监测广告的实际投放情况，所以有时会出现广告投放环境与广告主的广告内容不匹配的情况，例如：PC 端的门户网站页面很长，如果用户不往下滚动鼠标，即使位于页面下方的广告得以曝光，广告也是不可视的。又如：当一个大型品牌广告主投放广告时，其广告位的上下方广告位皆是关于色情、黄色的广告内容，这将影响这一大型品牌的品牌形象和安全。因此，为了解决作弊、无效流量、品牌安全、广告可见性等问题，为广告投放环境“保驾护航”的广告认证平台出现了，如图 2 - 16 所示。

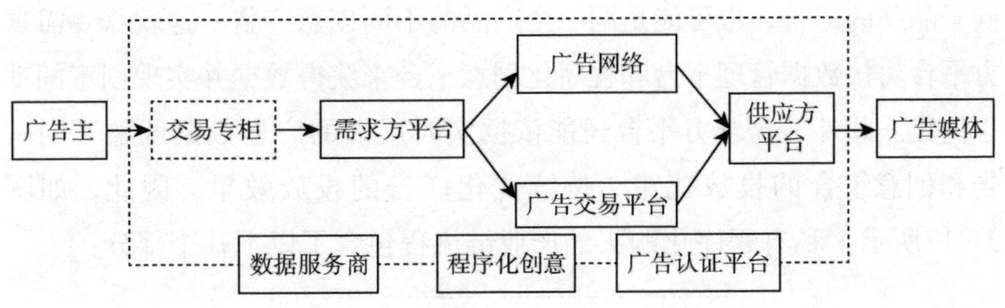

图 2 - 16 程序化购买广告产业链中的广告认证平台

广告认证平台的认证形式是让机器人模仿用户同时访问广告媒体，查看广告成功展示时的广告环境，对不同的广告环境进行分级评估，以作下次广告投放参考。如果机器人判定广告投放环境良好，那么在广告主下一轮的广告投放中，广告认证平台便会允许广告主的广告再次展示在该广告媒体和环境中；如果机器人判定投放环境不佳，那么广告认证平台就会在下一轮广告投放中阻止广告主的广告再次展示在该媒体上。如此，广告主的利益便得到了保障。

二 大数据时代个性化广告的产业链流程

由于程序化购买广告有四种不同类型，每种类型涉及了不同的市场主体，因此它们的产业链流程也有所差异。而且，由于程序化购买广告的发展历史只有十年左右，在中国的发展历史更短，所以目前它仍处于一个高速发展的进程中，因此它的产业链流程并不是静止不变的，而是随着发展不断进行动态延伸。

（一）私有程序化购买

在私有程序化购买方式中，广告主（或委托广告代理）与需求方平台进行对接，表达自身需求，协商合作事宜。需求方平台会根据要求对接相应广告媒体，并购买相应的广告位。在“既保价又保量”的前提下，广告主与广告媒体无须参与竞价流程。然而，与传统广告购买模式有所不同的是，在广告活动的进行过程中，需求方平台会根据不同的用户数据在广告位上投放广告主的不同广告——可能是一个品牌旗下的不同子品牌的广告，也可能是同一个产品的不同创意广告。这就需要需求方平台对接数据管理平台和程序化创意平台来获得数据并实现创意的动态优化。此外，需求方平台还能依据实时反馈的广告数据调整不同广告和创意组合的投放比重，持续优化广告的投放效果。因此，如图2－17所示，私有程序化购买的产业链流程包含了以下几个部分：

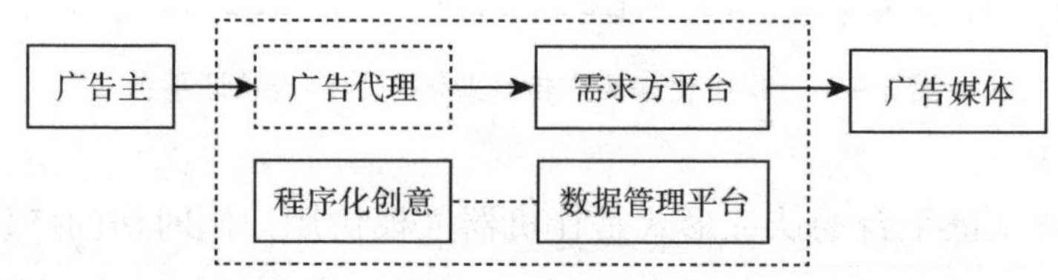

图2－17　私有程序化购买产业链流程

（二）优先交易

优先交易与传统广告购买模式有一定区别，但与私有程序化购买有一定程度的相似。由于广告媒体每一天的用户流量都不相同，供私有程序化购买交易的广告位有时会出现流量剩余的情况。这种优质的广告位不属于“长尾”流量，所以相比利用私有或公开竞价的方式“贱卖”这些流量，广告媒体更愿意以一个比上述两种方式更高的价格售卖这些剩余流量。于是，广告主（或委托广告代理）对接具有优先交易权的需求方平台，或通过需求方平台对接支持优先交易模式的广告交易平台，与广告媒体协商广告位和固定价格，确保广告主的优先购买权。当流量有所剩余时，广告媒体会优先通过广告交易平台或需求方平台发出广告请求，如果需求方平台确认想要购买，那么广告主将成功获得该次广告展示机会。因此，依据两个条件——广告媒体是否有剩余流量，以及广告主是否愿意购买，广告媒体与广告主在广告成功展示后根据事先约定的价格进行交易。在这个过程中，需求方平台同样扮演着向不同人群投放不同广告内容和创意，并进行实时效果优化的角色。所以，如图 2 – 18 所示，优先交易的产业链流程包括以下几个部分：

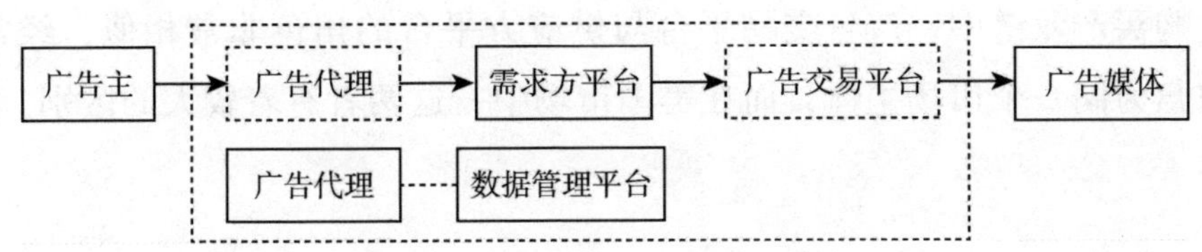

图 2 – 18 优先交易产业链流程

（三）私有竞价

私有竞价的产业链流程与上述两种购买模式有较大不同，与公开竞价模式非常相似。已经通过广告媒体“门槛筛选”的广告主（或委托广告代理）向需求方平台表达广告投放要求（或在交易专柜上提交广告需求，然后交易专柜再与需求方平台进行对接），需求方平台据此制定竞价策略、创意内容、投放媒体等广告投放策略。当广告媒体的某一广告位获得了展示机会，广告交易平台将会收到来自供应方平台或广告媒体的广告请求，并实时开展一次“拍卖会”。想要获得该次展示机会的广告主，由各自的需求方平台作代表，参与“拍卖会”进行竞价，最终价高者获胜，该广告主的广告将成功展示在这一广告位上。所以，如图 2 – 19 所示，私有竞价的产业链流程包括以下几个部分：

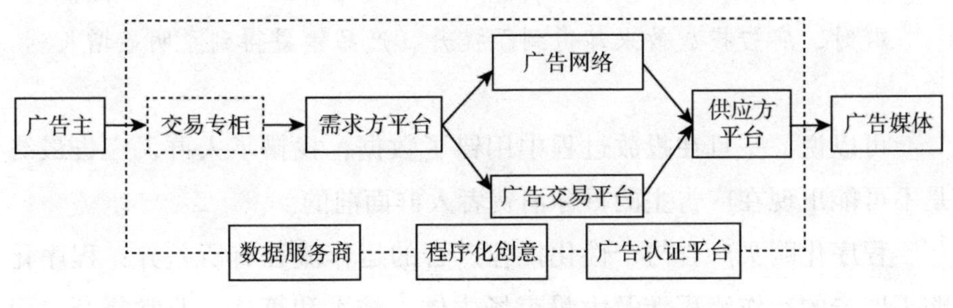

图 2 – 19 私有竞价产业链流程

（四）公开竞价

公开竞价的产业链流程与私有竞价基本一样，参与主体都包括了图2－19中的各个部分，唯一不同的是，在公开竞价模式下，广告媒体对于广告主资质的要求没有私有竞价那么严苛。此外，在中国程序化购买产业链中，广告交易平台与供应方平台的角色非常相似，经常被归为同一个市场主体，而在美国市场中，这两者有着较大的区别。

第三节　大数据时代个性化广告的运作流程

基于大数据技术的个性化广告投放运作流程对广告最终的投放效果有非常大的影响。传统广告购买模式下，广告从业人员之间进行传播产生的“信息熵”始终存在，但成品广告最终都会展示在媒体和大众面前，广告的投放效果更多地取决于广告创意与形式、广告主品牌价值以及产品等内容。与此不同的是，在个性化广告的运作流程中，技术、算法、策略等方面都会影响广告的最终投放结果。例如：

> 2014年，宝洁公司在脸书（Facebook）上投放一款空气清新剂Febreze的广告，广告人员确定了“宠物主人”和“大家庭”两个特征人群，但是广告投放效果却非常一般，产品销量没有增长；后来，当广告人员将投放对象改选为“18岁以上”的所有人群时，广告投放效果却得到了提升，产品销量得到了明显增长。

可以说，一旦在投放过程中用错了数据，找错了人群，广告最终是不可能出现在广告主的目标消费者人群面前的。

程序化购买广告与个性化推荐广告的运作流程有所差异：程序化购买广告的运作流程涉及大量市场主体、技术和算法，非常复杂，而个性化推荐广告则是基于用户产品算法展开的，没有涉及多个不同的市场主体，相对简单。但是，它们运作的共同基石都是数据与算法。

一 程序化购买广告的运作流程

不同的程序化购买广告类型涉及的市场主体不同，所以它们的运作流程也有所差异。

（一）私有程序化购买的运作流程

广告主与广告媒体确定了广告位、价格和投放量以后，需求方平台将会与广告媒体进行对接，帮助广告主管理广告位。对于网络用户而言，当他们浏览媒体时，私有程序化购买的广告位将会固定播放同一品牌广告主的广告，但是，与传统广告购买模式下媒体受众最终在某一广告位看到同一个成品广告有所不同的是，不同用户将会看到该品牌广告主的不同广告。

中国第一个私有程序化购买案例是上海通用汽车与需求方平台公司——品友互动公司进行的合作。上海通用汽车首先与多个媒体达成了私有程序化购买交易形式，并通过品友互动，在这些媒体上针对不同人群进行不同子品牌的广告内容轮播。上海通用汽车旗下拥有凯迪拉克、雪佛兰和别克三个品牌，凯迪拉克旗下有 ATS-L、XTS、CT6、XT5 等车型，雪佛兰旗下有迈锐宝、科鲁兹、爱唯欧、赛欧 3、科帕奇、创酷、科迈罗等车型，别克旗下有昂科雷、昂科拉、君越、威朗、君威等车型。根据不同品牌和产品定位人群的不同，在浏览上海通用汽车合作媒体时，不同用户将会看到不同的车型广告。

可见，尽管与传统媒介购买模式相似，但是私有程序化购买能够实现同一个品牌广告主旗下广告的“千人千面”，这需要需求方平台提供数据和技术的支持。

（二）优先交易的运作流程

与私有程序化购买相似，广告主需要事先与广告媒体确定广告位和价格，但不确定具体投放量。当一个用户浏览广告媒体，而广告媒体确定以优先交易的方式对该次广告展示机会进行售卖时，广告媒体合作的供应方平台或广告交易平台会收到广告请求，并将有关广告投放环境及该用户的相关数据发给拥有优先交易权的需求方平台。需求方平台在确认是否该广告投放环境和用户满足广告主的需求之后，将会相应接受/拒绝这个广告请求。广告媒体将会根据广告主实际消耗了多少次广告展示机会进行收费。因此，对于某一个特定的广告位而言，不同用户能够看到来自不同广告主的广告或不同的创意内容。

（三）私有竞价/公开竞价的运作流程

私有竞价和公开竞价的运作流程基本一致，除了在私有竞价模式下，广告媒体需要提前为参与私有竞价的广告主设置一定的门槛：白名单/黑名单。与其余程序化购买广告类型一样的是，在这两种竞价模式下，广告主（或委托广告代理）首先与需求方平台协商需求，并准备好广告投放的一切事宜。如图 2－20 所示，①当一个用户打开一个广告媒体，而这个广告媒体上有一个广告位将以私有竞价/公开竞价的方式进行售卖时，广告媒体会向②供应方平台或③广告交易平台发出广告交易请求，同时将广告媒体设定的底价（即竞价的最低价）传给对方。收到请求后，广告交易平台将会即时展开一场“拍卖会”，④邀请不同的需求方平台参与这场竞价。需求方平台将会根据广告交易平台传过来的数据信息，判断该用户是否是其所代理广告主的目标消费者群，⑤如果是，则参与竞价；如果不是，则不参与竞价。在这场“拍卖会”中，需求方平台都是背对背参与竞价，彼此之间不能看到对方的价格。竞价结束后，广告交易平台将会把该广告位的曝光机会交给出价最高的需求方平台（广告主），需求方平台会将广告主的广告经⑤广告交易平台、⑥供应方平台，⑦传给广告媒体。于是，⑧用户便会成功在该广告位上看到广告主的广告。之后，广告媒体又会将广告投放数据经上述的平台，传回至需求方平台，最终反馈至广告主。整个广告交易在 100 毫秒以内完成——广告交易平台会设定广告竞价的时长，广告投放费用也是根据事先商定的标准并按照实际投放情况进行付费。

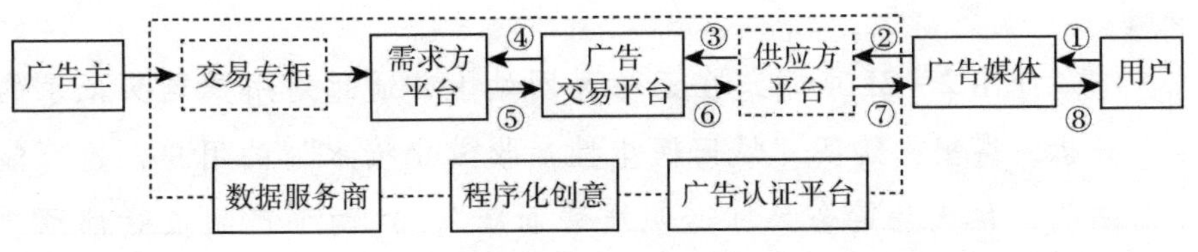

图2－20　私有竞价/公开竞价的运作流程图

二　个性化推荐广告的运作流程

个性化推荐广告属于电子商务网站提升自身用户体验，增加整体产品销量的一种用户产品。除了少数用作程序化购买的个性化推荐可以参照上述程序化购买广告的运作流程以外，大部分个性化推荐广告的运作是基于电子商务网站的不同算法并由机器完成的。其中，关联规则、内容过滤和协同过滤是个性化推荐广告最为基础和典型的三种算法，不同网站会根据不同的需求混合或修正这些算法。

（一）关联规则算法

关联规则又称“购物篮分析”，源自实体商场或超市的货品展示和销售策略，是一种基础性的数据挖掘方法。在传统的零售商场或超市，售卖水果和售卖蔬菜的货品区靠得非常近，其背后的假设逻辑是：很多人在购买水果的同时也可能会购买蔬菜，合理的产品摆放可能增加整个商场的销量。正是基于此，广告营销行业流传着“啤酒与尿布”的“神话”：一个大型超市的管理人员发现啤酒和尿布经常出现在同一个顾客结账的单据中，也就是同一个购物篮中，后经调查发现：这些顾客多数是年轻的父亲。于是超市管理人员把这两种货品摆放在一起，让消费者能够更好地购物，产品销量也因此得到提升。

同理，依据两个可能看似毫不相干产品之间的关系，电子商务网站对不同用户的“购物篮”进行分析，了解他们可能同时购买的产品，进而推送相应的产品广告，如：某个用户购买产品 A 的时候，有多大可能性购买产品 B 呢？

> 如图 2－21 所示，在亚马逊网站上，通过对用户购买记录的分析，得出：购买“城野医生控油收敛化妆水”的用户，也可能购买“佑天兰黄金果冻透明质酸面膜”。这两个产品虽然都源自日本，但却来自不同的厂家。然而根据过往的销售记录，网站将两个产品进行捆绑销售，既方便用户寻找，为用户节省金钱，又可能同时提升两个产品的销量。

图 2－21 亚马逊网站基于关联规则算法的个性化广告推荐

（二）内容过滤算法

内容过滤广泛应用于互联网的内容平台，如新闻网站、资讯 App、视频网站等，但也被应用于个性化推荐广告。基于内容过滤算法的个性化推荐广告的原理如下：根据产品本身的属性、类目、关键词等特征，电子商务网站将会给不同的产品设定“标签”，同时根据用户过去的产品喜好，向用户推送具有相似属性、类目或关键词的产品广告。这种推荐方式简单、高效，不需要处理大量、复杂的用户数据，而只需要将产品自身的一些属性分门别类，并根据每一个用户的浏览、搜索、收藏或购买的记录推送同一个类目中其他的产品。然而，通常来说，产品的类目、属性只能作简单的划分，一些较为复杂且描述性差的产品，如音像制品，便难以用几个关键词加以概括。

（三）协同过滤算法

协同过滤是目前电子商务领域广泛使用且较受欢迎的一种推荐算法，它的基本原理是：如果1号用户和2号用户的喜好相似，那么1号用户喜欢的产品，2号用户也很可能喜欢。所以，电子商务网站会利用协同过滤的算法，寻找具有相似兴趣的用户，依据这些用户对不同产品的评价，推测另一特定用户对这些产品的喜好程度。

目前，比较流行的协同过滤算法包括以下两种：基于用户（user-based）的协同过滤算法和基于产品（item-based）的协同过滤算法。

最早，电子商务网站采用的是基于用户的协同过滤算法。通过找到与某个用户口味、兴趣相似的“邻居们”，研究他们的评价、兴趣和购买行为，进而向这个用户推送“邻居们”喜欢的产品，以此增加产品的销量。

举例来说，如表2-1，在一个图书类电子商务网站上，有四个用户，分别是Amy、Betty、Cathy和Doris，“1”表示该用户曾经购买，“0”表示该用户未曾购买，以此可以获得四个用户的向量表达式：

V（Amy）：<1，0，1，0，1，0>

V（Betty）：<0，1，1，0，1，0>

V（Cathy）：<1，1，0，0，0，0>

V（Doris）：<0，0，0，0，1，1>

根据上面的向量表达式，如果要预测Amy用户以后可能还会购买哪个产品，那么就要假设购物喜好和习惯与Amy相似的用户，是否还购买了其他Amy未曾买过的产品，如果有，那么便可推断：Amy用户也可能购买该产品。

表 2-1　　基于用户协同算法的运作流程

	《大数据时代》	《大数据》	《计算广告》	《小王子》	《程序化购买》	《高中英语》
Amy	1	0	1	0	1	0
Betty	0	1	1	0	1	0
Cathy	1	1	0	0	0	0
Doris	0	0	0	0	1	1

根据余弦相似度计算方法：

$$\cos(\vec{A}, \vec{B}) = \frac{\vec{A} \cdot \vec{B}}{\|\vec{A}\| \|\vec{B}\|}$$

所以，可以分别得出用户 Amy 和其他用户的相似性。

cos < V (Amy), V (Betty) > = 0.667

cos < V (Amy), V (Cathy) > = 0.408

cos < V (Amy), V (Doris) > = 0.408

可以发现，Betty 用户与 Amy 用户的购物爱好最为相似。于是，在 Betty 的购物列表中发现 Amy 尚未购买《大数据》一书，所以电子商务网站将会向 Amy 推荐《大数据》一书，并且认为 Amy 购买的可能性较大。

后来，基于产品的协同过滤算法出现了。与基于用户的协同过滤算法不同的是，这种算法旨在找出不同产品之间的相似度，也就是说，通过计算产品的相似度，再根据用户的消费记录，将类似的物品推送给该用户。

沿用上述的案例，得到表 2-2，并分别计算两个产品之间的余弦相似度。

表 2-2　　基于产品协同算法的运作流程

	Amy	Betty	Cathy	Doris
《大数据时代》	1	0	1	0

续表

	Amy	Betty	Cathy	Doris
《大数据》	0	1	1	0
《计算广告》	1	1	0	0
《小王子》	0	0	0	0
《程序化购买》	1	1	0	1
《高中英语》	0	0	0	1

用户 Amy 曾经购买了《大数据时代》、《计算广告》和《程序化购买》三本书，与这三本书相似的书分别为：与《大数据时代》相似的书是《大数据》和《计算广告》，与《计算广告》相似的书是《程序化购买》，与《程序化购买》相似的书是《计算广告》。Amy 没有买过《大数据》一书，所以电子商务网站将会向 Amy 推荐《大数据》一书，并且认为 Amy 购买的可能性较大。

上述的三种个性化推荐广告算法是电子商务网站向用户推荐产品的基础算法。在实践过程中，为了能够减少或克服这三种算法的局限性，电子商务网站对这些算法进行混合、修正、细分，从而实现提升推荐效果的目的。

小结

本章通过介绍基于大数据技术的个性化广告主要类型、产业链和运作流程，体现了个性化广告的工作原理及特点。个性化广告包括程序化购买广告和个性化推荐广告两种类型；其中，程序化购买广告产业链非常复杂，涉及了广告网络、广告交易平台、需求方平台、供应方平台、交易专柜、数据管理平台、程序化创意、广告认证平台等市场主体。总的来说，个性化广告的两种类型在运作流程方面有所差异，但是它们的共同特点与基石都是数据与算法。相比过去，个性化广告业呈现出前所未有的技术化特征。相应地，随着市场份额的日渐增大，个性化广告效果研究也需适应技术化的发展趋势，提出新的评估框架和方法。

第三章　大数据时代个性化广告效果宏观评估模型的初步构建

与过去相比，个性化广告的工作原理和运作流程呈现出明显的技术化特征，广告效果研究也相应发生重大变化。在本章中，笔者首先梳理在技术驱动下的个性化广告效果研究发生的变革，进而根据Shelly Rodgers 和 Esther Thorson 在 2000 年提出的互动广告模型，从宏观角度初步构建了个性化广告效果的评估模型。

第一节　技术驱动下广告效果研究的变革

伴随着广告业的转型与变革，在大数据技术的驱动下，广告效果研究领域也发生着重大变化，具体体现在研究主体、研究范式、研究方法、研究样本、研究时效以及呈现方式等多个方面。

一　新的研究主体

作为一门应用学科，广告学从业界的实践中诞生，许多著名广告效果评估模型的提出者都源于广告营销公司，例如：日本电通公司曾根据广告实践提出 AISAS 效果法则。所以，广告营销公司向来是广告效果研究的重要主体。随着技术深刻变革广告业，广告效果研究主体也越来越呈现出“技术化”特征。

一方面，最大的变化来自于人工智能的参与。在 2017 年 12 月的第四届世界互联网大会全体会议上，百度董事长兼首席执行官李彦宏指出，互联网的人口红利已经消失，以人工智能为代表的技术红利将成为下一阶段驱动数字经济发展的力量，人工智能的发展取决于三大动力：算法、算力和数据[①]。算法指的是根据一定运算来解决问题的策略机制[②]。传统广告投放全部由人工完成，但是在大数据时代的个性化广告领域，从用户分析到广告信息定向分发，甚至广告内容的制作与优化，算法都扮演着极其重要的角色。尽管广告业者会事先制定基础的运算规则，但在整个广告投放与优化的过程中，算法才是研究广告效果和解决广告效果问题的主体。例如：需求方平台公司品友互动仅在广告效果优化方面便有十多种算法，例如：战神算法能为广告主在短期内带来较大的曝光量，哈迪斯算法能为广告主带来较高的点击量等。

另一方面，具有多学科知识背景的广告学者作用开始凸显。具有信息科学背景的广告学者和业者，成为了个性化广告算法的制定者，占据着这一领域的半壁江山。2008 年，雅虎研究员 Andrei Broder[③] 率先提出了“计算广告学”的概念，而后计算机专业和广告学专业的交叉学科——计算广告学开始出现并快速发展。

一位从事广告产品研发的业者 W 提及：“在我们的大数据广告部门中，超过 60% 的员工拥有信息科学知识背景，另有约 10% 的员工具有理科专业知识背景。”数据科学工作者 C 也介绍：“一方面我的主要学科背景是信息科学，因此我需要学习计算机、信息行业的相关知识；另一方面我也需要了解广告、传播、商业甚至心理学领域的研究成果和理论模型，这样最终才能得出一套算法。”

---

① 方莉、杨舒、刘坤、李彦宏：《人工智能是未来中国互联网发展的主要推动力》，《光明日报》2017 年 12 月 4 日第 11 版。

② 严士健：《算法初步》，高等教育出版社 2005 年版，第 9 页。

③ Broder, A. Z., *Computational advertising and recommender systems*, ACM Conference on Recommender Systems, 2008, pp. 1 – 2.

此外，拥有心理学、管理学、经济学、新闻传播学等知识背景的学者和业者，仍然在这一领域内扮演着重要角色。

二 新的研究样本

小数据时代的广告效果研究都是抽样研究，样本量较少，所能触及的范围较窄，研究成本较高。传统的广告调查方法，如问卷调查、访谈法、观察法等，第一个重要的步骤便是抽样，倘若样本不具备代表性，则将影响整个广告效果研究的准确性和可信度。此外，传统广告效果研究主要基于理论假设展开，也就是说，研究者根据理论框架及预调查结果对研究结果进行假设，并让样本在指定的框架下进行回答。对于超出设定框架以外的行为和想法，研究者难以发掘。

相比之下，一方面，大数据引发了关于“全样本”研究的期待：大数据体量之大，能让传统以抽样调查为主的科学研究变为“普查研究”，这是传统广告效果研究与个性化广告效果研究最大的区别。比如：阿里巴巴能够抓取电商用户所有的购物、搜索、浏览等数据，微信能够捕获微信用户所有的社交、阅读等数据，这与小数据时代广告效果研究“以点带面”的研究方法完全不同。而且，相比小数据时代从单一的渠道获取广告效果研究样本，个性化广告效果研究能从包括电商、社交媒体、门户网站、广告主客户管理系统、线下消费记录等多个渠道和平台获得消费者数据，整合跨平台、跨媒体、跨渠道的消费者数据。

另一方面，大数据还能捕捉用户所有行为轨迹，对用户行为和喜好进行深入细致的描绘。

> 2912189271158＊＊＊＊＊＊＊＊＊＊＊，这是位于山东烟台的一个女性互联网用户“冰”的 cookie 代码……2 月份，冰总共有 42 次点击百度上京东的广告，而且点击几乎都是在早上或晚上 10 到 12 点发生，1、2、3 日她每天都到达“我的购物车”，但没有

下单，2 月 4 日她下了第一个订单 1403983，8 日 16 点下订单 1515991，17 点下订单 1516321，10 日 0 点下订单 1554465。之后只是张望。这是需求方平台公司聚胜万合通过 cookie 对一个典型用户的行为记录和分析。①

可见，传统广告效果研究只能通过媒体效果测量指标或后期广告效果调查设定的指标体系，了解消费者的行为模式，而无法完全了解消费者的所作所为；利用大数据追踪技术，却能从多个维度捕捉消费者的丝毫变化，在这个意识形态多元化、渠道多样化以及消费者碎片化的社会现状下，更为准确地描绘消费者的全貌。如果将传统抽样调查研究比作低像素相片，如图 3－1 所示，上面布满着像素格，只能大概了解图片的内容，那么基于大数据的调查研究则是高像素相片，能够更加清晰地描绘事物的全貌。

图 3－1　低像素相片

① 刘泽宇欣：《互联网广告怎么卖》，http：//www.yicai.com/news/901923.html，2016 年 4 月 15 日。

三　新的研究方法

在小数据时代，无论是问卷调查法、访谈法，还是观察法，广告效果研究者都需要介入效果调查。研究者的设问方式、调查情境、选项设置等，都会或多或少影响着消费者的回答——这也是传统科学研究中不可避免的不足之处。相比之下，田野观察法的确能让研究者融入消费者的实际生活，但它耗时较长，往往研究结果具有滞后性，而且研究者的主观倾向也可能会影响研究的重点。

在大数据时代，追踪用户的数据是在悄无声息的情形下开展的，只要用户在网络上有活动轨迹，那么他们的一举一动都将被收集，上述聚胜万合的消费者数据便是例证。广告效果研究者以非介入式的方式在“幕后”获取并“观察”消费者的行为轨迹，对研究的干预程度较低。最早，限于数据处理技术的发展程度，互联网消费者数据的评价体系较为单一，对于消费者行为的观察仅停留在点击率、访问量等简单指标上，因此消费者行为轨迹只是由断断续续的几个“点”构成。随着数据处理能力的不断提升，广告效果评价指标也趋于多元。

此外，如今的广告效果研究拥有了更多先进的技术设备，如眼动仪、脑电波传感器等，用于采集不同用户行为数据。

> 例如：图3-2是谷歌公司利用眼动分析对用户在搜索引擎上不同位置的绝对注视时间进行“捕捉”，并进而转换成分析热力图的形式予以呈现。与此同时，谷歌还同时获取了用户点击行为的数据。将上述两种数据进行一个对比，他们发现，81%的用户点击了谷歌的关键词广告（AdWords），即在搜索结果中排位第一的搜索营销广告。根据事后的回访，他们还发现，40%的用户并未意识到自己点击的是广告，而以为是自然搜索的结果。

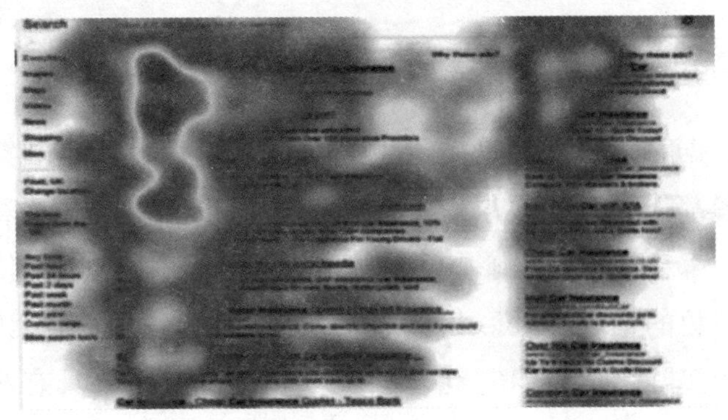

图 3 – 2　谷歌眼动分析热力图

四　新的研究时效

小数据时代的广告效果研究耗时耗力，即便是一些规模较小的广告效果研究，研究周期最小也是以周为单位。这些效果研究多为事前/事后调查，往往调查环境与广告投放的真正环境有所区别，研究结论存在一定的提前性或滞后性，无法实时地影响广告投放过程。相比之下，在大数据时代，个性化广告效果研究能够实现实时采集消费者行为数据，向广告主反馈广告效果情况。于是，广告主便能在广告活动前期对广告进行测试，同时也能在广告活动中期随时调整广告投放策略，不断优化广告投放效果。

在跨国服装电商从事广告投放的业者 Z 提及："在每一次广告投放活动以前，我们的广告团队都会备选多个方案，首先对第一套方案进行为期约为两周的测试，如果广告投放效果佳，则将沿用该方案，直至广告活动结束；如果广告投放效果不好，团队则会重新调整方案。"

笔者曾于 2013 年 11 月在脸书网站（Facebook）上为"中国文化"（Chinese Culture）公共主页投放广告，如表 3 – 1。在收到 11 月 25 日的投放效果数据后，笔者尝试对该广告进行优化，希望得到更多的用户行动数；在调整广告投放策略后，笔者发现，用户行动数反而减少了，与预期的目标背道而驰，而且每行动成本（Cost-Per-Action）增加了两倍；于是在11月28日，笔者再次调整广告投放策略，相比前两日，不仅提升了用户行动数，而且还降低了每行动成本。

表3-1　　　脸书网站公共主页“中国文化”广告投放

时间	地点	性别	关键词	设备	到达量	赞	行动数	点击通过率	价格	每行动成本
11.25	马来西亚、英国、印度尼西亚、俄罗斯	女性	#唐朝、#清朝、#中国、#亚洲、#时尚、#首饰、#中国历史朝代、#中国文化	移动设备和PC端	968	50	58	0.058	35.38	0.71
11.26 11.25	美国、加拿大、新加坡、英国、澳大利亚、中国香港	全部	#唐朝、#清朝、#中国语言、#中国、#普通话、#传统中国节日、#对圣诞节、#皇帝、#中国历史朝代、#中国文化	移动设备和PC端	711	41	47	0.0618	93.87	2.29
11.28 11.28 11.30	美国、日本、加拿大、新加坡、韩国、澳大利亚、中国香港	全部	#唐朝、#清朝、#中国语言、#中国、#亚洲、#中国历史、#中国茶文化、#中国文化	移动设备和PC端	898	47	63	0.0511	40.75	1.51

五　新的研究范式

大数据技术的驱动带来的是广告效果研究范式的转变，具有数据密集型（Data-Intensive）特征的数据范式成为了科学研究的第四范式[①]。在这种研究范式下，一些看似毫无关联的数据可能诱发新的科

① Jim Gray, *The Fourth Paradigm: Data-Intensive Scientific Discovery*, Harvard Library Bibliographic Dataset, p. 43.

学研究，在广告效果研究中，经常能通过一些看似“莫名其妙”的数据中挖掘出新的洞见，在第二章提及的关联规则应用便是一个例子：当商家根据数据发现消费者容易同时购买某两个产品时，可以进一步对这种行为背后的原因展开调查和分析，进而利用分析的结果向其他消费者推荐相关的产品。这与传统广告效果研究基于理论进行假设再进而展开研究的路径不同，在跳出传统理论框架之后，数据研究范式将可能带来超出传统理解的洞见。

另外，大数据领域对相关关系的应用，也是广告效果研究范式的一个新发展。因果关系是小数据时代广告效果研究最为主要的推导逻辑，因果关系成立的必要条件包括：第一，时间的先后顺序，即先因后果；第二，因果变量的共变关系，即自变量出现变化时因变量也要随之改变；第三，非虚假关系，即因果变量之间的关系不是其他变量造成的[①]。由于受到样本量的限制，在基于因果关系的调查研究中，样本的代表性和准确性成为影响研究结果的重要因素。进入大数据时代后，数据科学家迈尔-舍恩伯格认为，如今研究的数据量之大能让人们不再沉迷于数据的精确度[②]。在海量数据中，通过找寻不同数据之间的相关关系，研究人员也许能够从中发掘有价值的洞见。而且，在得到不同数据之间具有高度的相关性后，研究者大可不必过多探寻背后的原因，可以直接利用结论，实现变现。于是，在个性化广告效果研究中，利用相关关系进行广告的个性化推送甚至产品的个性化推荐的案例时有出现。

> 世界上最大的在线影片租赁服务商 Netflix 曾利用大数据对用户喜好进行相关关系的分析，发现喜欢 BBC 版（1990）《纸牌屋》

① 苏林森、易伟芳：《大数据技术对传播研究方法的影响与挑战》，《现代传播——中国传媒大学学报》2014 年第 36 期。

② 维克托·迈尔-舍恩伯格、肯尼思·库克耶：《大数据时代：生活、思维与工作的大变革》，盛杨燕、周涛译，浙江人民出版社 2013 年版。

(House of Cards) 的用户，与喜欢导演 David Fincher 作品以及喜欢演员 Kevin Spacey 的用户高度相关，于是 Netflix 将三者结合，推出了有 David Fincher 和 Kevin Spacey 的新版《纸牌屋》。这部影剧大受欢迎，红极一时，也让 Netflix 名声大噪。

六 新的呈现方式

小数据时代的广告效果研究需要人力汇总研究结果，并制成相应的图表，以供广告主或广告团队分析。基于大数据技术的个性化广告系统拥有大量可视化工具，会自动生成广告效果图表，立体、直观地展现广告活动不同阶段的投放效果、消费者行为变化等。依据不同的广告效果指标，可视化工具导出与指标相适应的图表，让广告主更清晰、快捷地了解广告投放效果的变化。例如：个性化广告系统使用柱状图表现不同城市的消费者群体转化量比例，使用折线图表现广告投放不同阶段曝光量的变化等。除了常规的统计学图表以外，个性化广告系统还能展现散点图、热力图、气泡图、动态图等，广告呈现形式非常丰富。

第二节 大数据时代个性化广告效果宏观评估模型的基本要素

广告效果评估模型是广告理论的重要组成部分，为广告效果的评估提供了具体研究思路。早期的广告效果评估模型，如 AIDA 法则、DAGMAR 模式等，都是基于消费者购买决策过程而提出的。2000 年，美国密苏里大学教授 Shelly Rodgers 和 Esther Thorson 提出了互动广告模型，讨论了互联网广告环境下，广告主和消费者对广告的控制作用。在前人的研究基础上，笔者初步构建了个性化广告效果宏观评估模型，总结出模型的基本要素。笔者认为，大数据时代的广告投放环境有着明显的技术化特征，广告技术，特别是人工智能的出现与发展，正在逐渐控制并影响着广告投放效果的好坏。

一　经典广告效果评估模型

1948 年，拉斯韦尔提出包括传播者、内容、渠道、受众和效果五个要素的线性传播模式。线性传播模式强调了信息的直达性[①]，也指出了传播过程的基本结构：传者—内容—渠道—受众。在互联网环境下，“被动、消极”的受众被“激活”了，成为一个个积极、主动的用户。基于此，广告传播的基本结构为：广告主—内容—媒介—用户。

对于互联网广告效果研究的理论框架，目前的研究视角主要包括两个方面：

一方面，最早的广告效果研究从受众心理出发，研究广告如何一步步影响消费者的认知，进而产生购买行为。最为知名的广告效果评估模型是 Elmo Lewis 于 1898 年提出的 AIDA 法则[②]。Lewis 认为，广告营销首先需要吸引受众的注意（Attention），其次保持他们的兴趣（Interest），再次创造他们的需求（Desire），最后促成他们的购买（Action）。这一广告效果法则在之后的一百多年内不断得以修正、完善和补充，增加了包括满意（Satisfaction）、记忆（Memory）、信任（Conviction）等要素。在互联网环境下，在这个模型上，广告效果评估模型又增加了搜索（Search）、分享（Share）、口碑（Mouth）等要素[③]。尽管新的广告效果评估模型结合了互联网传播环境的特点，但是研究者们都是从消费者心理学视角出发，认为广告的投放效果最终受消

① McQuail, D., Windahl, S., *Communication models for the study of mass communications*, Longman Inc., Essex, UK and New York, 1981, Multi Media Education, 1988, 51: 111 – 116.

② Barry, T. E., The development of the hierarchy of effects: an historical perspective, *Current Issues & Research in Advertising*, 1987, 10 (1): 251 – 295.

③ 刘德寰、陈斯洛：《广告传播新法则：从 AIDMA、AISAS 到 ISMAS》，《广告大观：综合版》2013 年第 4 期。

费者的控制，却忽略了广告传播过程中广告主对广告投放效果的控制作用。

另一方面，随着广告效果研究的不断发展，有研究者开始从广告传播者的视角出发，探讨广告主对广告投放效果的控制作用。在互联网广告领域，互动广告模型[①]结合功能主义和结构主义视角，认为广告效果受广告主控制和消费者控制两个方面的影响。最初，研究者从功能主义视角出发，在使用与满足理论（Uses and Gratification Theory）的基础上，认为消费者在上网时具有一定动机，因而选择了不同的网络功能，并根据不同目的，采取不同的认知状态——“严肃—放松”——对广告进行认知。消费者控制了广告媒介的选择，以及广告信息处理心理状态，接下来，广告主对广告本身进行控制，包括广告类型、广告格式和广告特性三个要素。最后，在处理广告信息后，消费者控制最终的结果——即消费者反应。消费者可能忘却广告，也可能进行点击、注册和购买行为。除此之外，亦有研究从广告特性和个体因素两个方面探讨互联网广告的投放效果[②]。广告主决定着广告特性，消费者的个体因素影响着广告效果，因此可以认为，该研究也是从广告主控制和消费者控制两个层面对广告效果的影响因素进行探讨。

二　大数据时代个性化广告效果宏观评估模型的基本要素

如前所述，目前大部分广告效果评估模型研究主要从广告主和消费者两个角度出发，这与长期在合约式广告购买模式下的广告传播过程相符。但是，随着大数据和人工智能的兴起与发展，在广告业供给侧，以程序化创意为代表的人工智能广告内容生产技术与广告主一齐成为广告内容生产主体，不仅如此，以信息分发与实时竞价为代表的广告投放技术还在很大程度上决定着广告投放的媒介渠道。技术哲学

---

① Rodgers, S., Thorson, E., *The interactive advertising model: how users perceive and process online ads*, Routledge, 2000, pp. 41 – 60.

② 李丽娜：《人们如何看待互联网广告？》，上海三联书店 2017 年版，第 150—276 页。

认为，工具是具有导向性的，不可能是中立的，人用什么工具，便会按照那个工具所指引的方向前进，受到工具的指引①。同理，作为人类的一种工具，广告技术具有一定的导向性，影响着广告传播者的广告投放决策。而且，与其他人类工具（如锤子、刀、工业化生产机器等）不同的是，在算法的主导下，人工智能可以替代人类进行决策。因此，笔者认为，在个性化广告传播过程中，除了人类（广告主和消费者）对广告效果进行控制，还存在着技术的控制作用。重视广告技术对广告效果的影响和控制作用，应成为构建大数据时代个性化广告效果宏观评估模型的应然理念。

综上所述，笔者从宏观角度初步构建了大数据时代个性化广告效果评估模型，如图 3－3 所示。

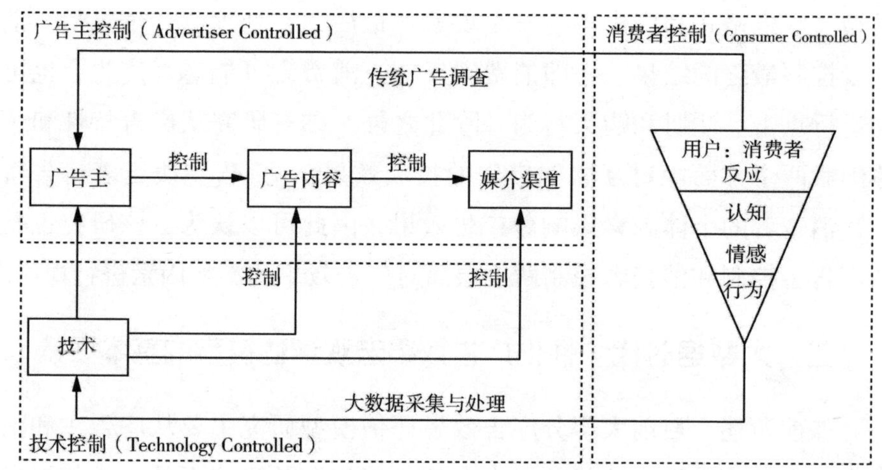

图 3－3　大数据个性化广告效果评估模型

可以发现：个性化广告效果宏观评估模型共分为三个部分：广告主控制部分、技术控制部分以及消费者控制部分。

作为一种有目的的、有意识的传播，无论是“媒介购买”广告还是基于大数据技术的个性化广告，广告传播的基本过程都可以概括为

① 吴国盛：《反思科学：名人演讲录》，新世界出版社 2004 年版。

广告主—广告内容—媒介渠道—用户。

最初，在广告投放阶段，广告主通过制定广告策略，设计广告内容，选择广告媒介，进而形成对广告效果的控制。广告是广告主生产的，为了与用户形成互动的一种刺激物（stimuli）[①]。这种“刺激物”的各项元素以多样化且独立的方式进行组合，在大量语境下形成对用户信息处理的引导[②]和限制[③]，以唤起人们的回应。

当广告内容成品通过广告媒介成功展示在消费者面前后，消费者对广告的反应受多种因素影响，如感知广告定制程度、广告内容、人口属性、感知利失、信息处理状态、性格特征等。在广告投放的最终阶段，消费者对广告效果形成控制作用，控制了广告投放的最终结果，如购买、点击、评论、忘却等。根据营销漏斗模型，“认知—情感—行为”购买决策过程存在着边际递减效应，每一个环节的消费者数量都在逐渐减少，最终只有少量消费者完成购买行为的转化[④]。消费者购买决策过程十分复杂，涉及信息搜索、查看社交媒体评论、询问他人意见等一系列行为，无法仅从单一的销售指标或媒介投放评估指标完全了解。在小数据时代，为了了解消费者的广告态度，广告主在广告活动结束后开展广告调查；在大数据时代，数据采集与处理技术能够采集海量有关消费者行为轨迹和兴趣特点的数据，实时回流至个性化广告系统，最终反馈至广告主。

在新一轮个性化广告传播中，一方面，广告主根据先前回流的数据调整或制定新的广告投放策略，对广告效果继续形成控制。另一方面，回流的数据成为个性化广告产品下一轮广告投放的基石，在不同

---

① Rodgers, S., Thorson, E., *The interactive advertising model: how users perceive and process online ads*, Routledge, 2000, pp. 41–60.

② Snyder, M., Cantor, N., Understanding personality and social behavior: A functionalist strategy: Vol. 1. In D. T. Gilbert, S. T. Fiske, G. Lindzey (Eds.), The handbook of social psychology: Vol. 1 (4th Edition ed., Vol. 1, 635–679), Boston, MA: McGraw-Hill.

③ Stewart, D. W., Furse, D. H., Analysis of the impact of executional factors on advertising performance, *Journal of Advertising Research*, 1985, 24 (6): 23–26.

④ 吴哲：《基于漏斗模型的原生广告效果评估探究》，《视听》2016年第3期。

广告算法的主导下，广告系统可以自动地优化广告内容及广告投放媒介的选择。因此，广告技术成为个性化广告传播过程中对广告效果产生控制作用的新主体。

综上所述，从宏观角度，在个性化广告传播过程中，共有三个效果控制主体：广告主、技术和消费者，其中广告主和技术在广告投放阶段对个性化广告效果形成控制作用，消费者在广告接触阶段对个性化广告效果形成控制作用，并控制了整个广告投放过程的最终结果。因此，这三个主体是广告效果的影响变量，需要从这三个角度对个性化广告效果进行评估。

（一）个性化广告效果一级控制主体——广告主

互动广告模型认为，在互联网的广告传播中，广告主控制了广告结构，包括广告类型、广告格式和广告特征三个要素①，进而形成对用户信息处理的影响。然而，在大数据时代的个性化广告传播过程中，广告主对广告效果的控制作用远不止这些。可以说，广告主是广告活动这场“战役”的“总指挥”，带着一定的商业目的传播广告内容，不仅决定着广告内容（即互动广告模型中所谓的“广告结构”），还决定着广告投放的媒介和目标投放人群，最终影响广告效果。

首先，广告是一种带有目的性的传播行为，所有广告活动都需设立广告目标。全球前30强数字传播机构的中国区董事总经理J认为：“广告投放活动是一场以目标为导向（Goal-Driven）的传播活动。”广告目标决定着整个广告活动的方向，影响着广告活动后续一系列广告投放策略的制定，包括投放媒介选择、目标人群圈定、广告内容设计等。同时，广告目标也决定着评估一场广告活动成败的标准。

根据广告目标与广告产品自身属性，广告主确定广告目标人群，在广告系统中圈定相应的人群，进而交由广告算法自动匹配相应人群；

① Rodgers, S., Thorson, E., *The interactive advertising model: how users perceive and process online ads*, Routledge, 2000, pp. 41 - 60.

或者，广告主也可以寻找符合广告目标且拥有最多广告目标人群的广告媒介，并在媒介的广告投放平台上圈定相应的人群。

根据不同的目标人群、不同的媒介和不同的广告产品特征，广告主制定并设计符合目标人群喜好的广告内容。广告内容涉及广告产品、广告表现形式（格式）、视觉效果、广告故事、广告创意等多个方面。广告内容设计不是艺术品，而是在对广告目标、投放人群和广告媒介综合分析的基础上，科学地[①]设计广告传播内容。它凝结着广告主的传播目的，是广告主控制作用最主要的表现。根据后文章节中问卷调查的结果，在消费者态度变化过程中，广告内容对转化消费者行为的影响最为显著，广告内容是否具有“强说服力”，决定着消费者最终是否参与广告或购买产品。

因此，在个性化广告投放过程的第一阶段，广告主通过将广告目标融于一系列广告准备工作，如制定广告内容和确定目标人群等，对广告效果形成控制作用。

（二）个性化广告效果二级控制主体——技术

技术控制着广告效果？这似乎是个极其荒谬的说法。的确，在大数据时代到来以前，技术主要承担着呈现媒介信息的功能，比如印刷术将文字、图片呈现给受众，无法对广告效果形成较强的影响。但是，在大数据时代的个性化广告传播过程中，技术不仅承担着呈现信息的功能，而且还承担着匹配广告信息、目标人群和媒介的功能，甚至还承担了广告内容生产的角色。不同类型的广告算法，不同水平的广告算力，不同质量的基础数据，都将影响广告信息最终与目标人群的成功匹配，影响广告信息的成品。如果在一次广告呈现中，广告信息无法被正确推送至目标人群面前，比如将运动产品广告推送至一个不爱运动的用户面前，那么预期的广告效果将大打折扣。

① 克劳德·霍普金斯：《科学的广告+我的广告生涯》，华文出版社2010年版。

一方面，对于大多数个性化广告来说，广告主可以确定广告投放的平台、广告产品类型和目标人群属性，但却无法决定广告投放在某个特定用户面前，或是呈现在某个具体的广告位。真正对接广告与目标人群的主体是技术。海量的消费者数据库是广告信息分发的基础，广告定向和竞价算法将广告与目标人群进行最终对接。不同算力的广告算法，不同的消费者数据基础，影响着广告的定制程度，进而影响着广告的效果。

另一方面，在许多个性化广告系统中，广告主只需上传设计的广告素材，然后由程序化创意算法生产广告内容。技术生产广告内容的基石是此前回流的消费者数据，生产方式是技术人员制定的广告算法。不同类型与算力的程序化创意算法，不同的消费者数据基础，甚至不同的广告内容评价标准，都将影响广告内容的生产过程，进而获得不同的广告内容成品，最终形成对广告效果的影响。

因此，在个性化广告投放过程的第二阶段，日趋智能化的广告技术脱离人类，形成对广告效果的控制作用。

（三）个性化广告效果的末端控制主体——消费者

消费者是个性化广告的作用对象，是广告效果的末端控制主体。尽管广告主与技术在广告投放阶段对广告投放的效果进行了预设和限定，但是消费者本身并非是“毫无反抗能力的靶子”，具有一定的主观能动性，决定着广告投放的最终结果。与过去相比，大数据时代的广告环境有了许多新的变化，影响了消费者的购买决策过程。

广告效果阶梯模型（The Hierarchy of Effects Model in Advertising）可以作为理解消费者进行购买决策的基础框架。该模型认为：“态度，是个体对一定对象所持有的相对稳定的心理反应倾向”①，包括认知、情感和行为三个要素。在广告的作用下，广告受众依次经历这三个要素：认知—情感—行为，如同爬升阶梯一般，两个阶梯之间存在着递

① Lavidge, R. J., Steiner, G. A., A model for predictive measurements of advertising effectiveness, *Journal of Marketing*, 1961, 25 (6): 59-62.

进关系[①②]。在每一个阶段，消费者对广告的态度都有所差异，广告信息处理状态因而也有不同。在认知阶段，消费者只是知觉和尝试理解广告；在情感阶段，消费者对广告有了较为浓厚的兴趣，甚至达到喜爱的程度；在行为意向阶段，消费者对广告产品进行确认并最终决定是否购买。也就是说，对于同一则广告而言，消费者的不同态度将影响广告的最终效果。此外，消费者不同的广告态度也影响着消费者的广告参与行为，而广告参与是衡量广告效果的一个重要指标。

与过去相比，大数据时代的个性化广告环境呈现出新的特点和变化，将可能影响消费者的广告态度。笔者根据前期深度访谈的探索发现，得出个性化广告环境中可能影响消费者购买决策的四个因素，即消费者感知的广告定制程度、广告内容、广告—媒介一致性以及隐私风险。广告定制指的是广告传者根据对目标用户自然属性、行为和兴趣等数据的挖掘，向他们提供个性化的广告信息，这是基于大数据技术的个性化广告与小数据时代广告的最大区别，而广告定制程度指的是广告与消费者用户需求两者之间的匹配程度。广告内容，向来是影响广告效果的重要因素，指的是广告主为广告活动制定的内容，但却在大数据时代下呈现出新的特征。广告—媒介一致性指的是广告信息与媒介情境的匹配程度，广告实时竞价交易让广告信息与媒介情境之间的“配对”存在不确定性，进而可能造成对消费者广告态度的影响。隐私风险，指的是用户在接触广告时对隐私可能被泄露的担忧程度，由于个性化广告的基础在于数据挖掘，这可能会诱发用户对于隐私信息泄露的担忧情绪，进而影响广告投放效果。

此外，不同人口属性的消费者也会影响广告效果。比如：年轻的消费者群体更容易受广告内容唤起，产生购物冲动，而年长的消费者

---

① Michael L. Ray, Alan G. Sawyer, Michael L. Rothschild, Roger M. Heeler, Edward C. Strong, Jerome B. Reed, *Marketing communication and the hierarchy of effects*, New Models for Mass Communication Research, 1973, pp. 147 – 176.

② Wijaya, B. S., The development of hierarchy of effects model in advertising, *International Research Journal of Business Studies*, 2012, 5 (1): 73 – 85.

群体已经拥有较为固定的购物习惯，对广告内容比较理性。

因此，在广告投放的末端，消费者控制了广告投放的最终结果。消费者感知到的广告定制程度、广告内容、广告—媒介一致性和隐私风险，都影响着消费者的购买决策过程，影响着广告效果。

小结

本章首先介绍了大数据时代下广告效果研究发生的新变化，加之对前人研究成果的总结，从宏观角度初步构建了大数据时代个性化广告效果的评估模型。该模型认为，个性化广告效果共有三级控制主体：广告主—技术—消费者，其中，相比过去的广告效果评估模型，技术是一个新的广告效果控制主体。纵观广告传播全程，在第一阶段，广告主通过制订广告目标，选择目标人群与广告媒介，设计广告内容，形成对广告效果的控制；在第二阶段，日渐智能的广告技术决定广告投放渠道及广告内容生产，对广告效果形成控制作用；在第三阶段，消费者控制着广告投放的最终结果。在接下来的章节中，笔者将分别论述在个性化广告传播中，这三个控制主体如何影响广告效果，结合定性与定量的研究结果，详细解释笔者构建个性化广告效果宏观评估模型的依据及具体思路。

第四章　大数据时代个性化广告效果一级控制主体：广告主

自诞生以来，广告便是一项有目的的传播活动，而它的发端是广告主。在一场广告活动开始以前，广告主及其团队首先需要设立广告目标，并根据广告主品牌及产品属性，确定广告活动的目标人群。之后，广告主将选择拥有最多潜在目标人群的广告媒介，进而制订广告内容。所以，尽管最终直接与消费者发生联系的是广告本体，但其背后承载的是一系列基于目标而展开的富有逻辑的、严谨的科学工作。广告主借助广告内容对消费者进行引导与限定，间接对广告效果产生了控制作用。

在大数据时代，广告主仍然遵循上述的营销思路进行广告传播，但是，个性化广告系统具有更多的技术支持：一方面，这能帮助广告主更快捷、方便地执行广告活动；另一方面，日渐强大的智能化技术也分割了广告主的部分“控制权”。在本章中，笔者将首先介绍作为一级控制主体的广告主如何影响个性化广告的效果。

第一节　广告目标指明广告效果衡量方向与指标

从意想不到的广告情节，到色彩绚烂的视觉效果，广告向来被认为是一项富有创意的艺术工作。然而，在此基础上，广告并非“拍脑袋决策”，更是一项具有目的的科学工作①。广告目标是指广告活动所要达成的目的。设定广告目标是广告活动的起始性环节，对整个广告活动具有关键的定性作用②。作为广告活动的“总指挥”，广告目标既需要继承企业的战略目标，说明广告活动的基础原则，也需要指明广告活动的基本方向，为广告效果提出具体的衡量指标。于是，广告目标决定了广告主最终从什么角度审视一则广告的投放效果。

因此，在最初的环节——广告目标设定，广告主已经对广告投放效果进行了限定：一方面，广告主通过广告目标限定了广告效果的衡量指标；另一方面，广告主通过广告目标影响了后续一系列的广告准备工作，包括广告内容、媒介和目标受众群体等，进而影响了广告效果。

一　个性化广告效果衡量指标的主要类型

相比传统媒体广告相对单一的衡量指标，个性化广告系统能够获得用户几乎所有的行为数据，包括页面停留时间、蹦失率（Bounce Rate）、出站率（Exit Rate）等细致入微的指标，这丰富了广告效果衡量的类型。目前，在个性化广告系统中，常见的广告效果衡量指标包括：

千人曝光成本 CPM（Cost Per Thousand Impressions）：指的是广告每千次曝光的广告成本，CPM 越低，则代表单位价格内广告的曝光量越大。通常，当广告主为了提升品牌认知度时，将会采用 CPM 作为广告效果的主要考核指标。但是，CPM 也存在一定不足，曝光量越大，并不一定代表覆盖人数越多。所以，通常广告主需要结合另一个考察人均曝光成本的指标一起评估。

每千人——人均曝光成本 CPUV（Cost Per Thousand Unique Visitor）：指的是在每千次广告曝光中获取一个独立访客（Unique Visitor）的成本，等于 CPM 与人均曝光次数相乘的结果。人均曝光次数越高，

① 克劳德·霍普金斯：《科学的广告 + 我的广告生涯》，华文出版社 2010 年版。

② 卫军英：《广告目标对广告运作的策略性指导》，《浙江大学学报》（人文社会科学版）2000 年第 4 期。

则 CPUV 越高，广告投放效率则越低。

广告点击率 CTR（Click Through Rate）：指的是广告点击次数占广告曝光次数的比重，CTR 越高，则说明广告转化点击行为的效果越好。物料设计、人群选择、媒体选择都会对 CTR 产生影响①。CTR 只是衡量一则广告是否能够转化点击，但是却无法得知获得用户点击所需的成本。

每点击成本 CPC（Cost Per Click）：指的是广告获得每一次点击的成本，与 CPM 和 CTR 相关。CPC = CPM/（CTR × 1000）。这项广告评价指标获得许多广告主的青睐，因为这能帮助广告主确定潜在的目标消费者群体，可以筛除那些看到广告（即广告成功曝光），但对广告没有采取任何行动的广告人群。

到达率（Landing Rate）和到达成本：到达率指的是点击广告的用户真正到达指定网页的占比。有时候，虽然用户点击了广告，但是可能由于误点或者网页打开速度较慢等原因随后关闭了网页，所以这次广告点击是无效的。到达成本指的是广告主每一次获得真正到达指定网页用户所需付出的成本。

转化率：指的是通过点击广告进入网站并进行了特定操作行为的占比。比如：一个用户点击广告进入广告主网站后进行了注册、激活或下载 App 行为，这便算是一个转化量。

每行动转化成本 CPA（Cost Per Action）：指的是广告主获得每一个指定转化行动所需支付的成本。这些行动可能包括注册、下载、填写问卷、下单等，需要广告主在广告投放以前进行定义。

除了上述这些常见的广告效果衡量指标，个性化广告系统还可以提供每潜在客户获取成本 CPL（Cost Per Lead）、广告点击转化率 CVR（Click Value Rate）、独立访客数 UV（Unique Visitor）、浏览数 PV（Page View）、回搜率（Search Conversion）、频次（Frequency）、每互动成本 CPE（Cost

① 品友互动，2015 年品友程序化购买人群洞察报告——P2P 行业，https：//fm. ipinyou. com/new3w/upload/file/admin/21249663901916193. pdf，2018 年 1 月 7 日。

Per Engagement）等共计超过 40 个的广告效果评估指标①。

二　广告目标设定思路

在跨国服装电商从事广告投放的业者 Z 认为："无论是在小数据时代，还是大数据时代，投放广告的步骤和思路都是相似的，但个性化广告系统的确能更加丰富且细化广告的投放选择。"个性化广告目标的设定与过去广告目标设定一脉相承，既需要联系企业发展战略、营销目标，也需要精确化、数字化和可操作化。

首先，个性化广告目标与企业的战略目标、营销目标紧密相关。在逻辑上，先有企业总体的战略目标，后有企业的营销目标，最后有企业的广告目标。也就是说，企业广告目标从属于企业营销目标，是其中的一个部分。广告目标的达成将推动营销目标的达成，而营销目标的达成将推动企业战略目标的达成。如图 4－1 所示，当广告主设定个性化广告目标时，需要考虑企业自身发展的战略规划和营销计划，在以市场、产品、价格和销售渠道为依据的前提下，使其在方向、内容等各方面与这两者相协调②。无论是在小数据时代，还是大数据时代，这都是广告目标设定应当遵循的基础逻辑。

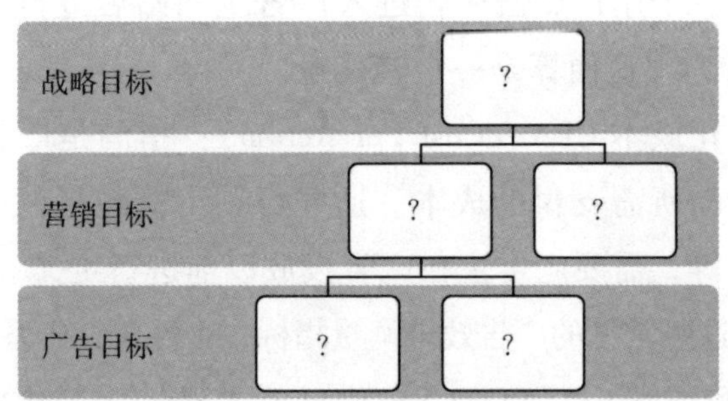

图 4－1　广告目标与企业战略目标、营销目标之间的关系

---

① 梁丽丽：《程序化广告：个性化精准投放实用手册》，人民邮电出版社 2017 年版，第 57—69 页。

② 汪天益：《广告目标与企业营销目标的关系》，《广告大观》2000 年第 5 期。

其次，广告目标设定需要以市场情况为依据，了解自身产品特性、价格水平、竞品情况、消费者评价等情况，这就需要在广告投放前进行大量的市场调查。传统广告调查方法历时较长，而且多以介入式的方法进行调查。在互联网环境下，消费者行为数据实时回流至广告系统，广告主可以随时查看消费者在社交媒体、电商网站上的各种评价。如有更进一步的需求，广告主也可以辅以传统的广告调查方法进行进一步深入的调查。

除此之外，同样重要的是，广告目标还应精确、清晰地指明广告效果衡量的具体指标。广告效果衡量指标依据广告主的不同目标以及不同的广告媒介渠道而有所不同。比如：在传统媒体上，电视效果衡量指标是收视率，报纸效果衡量指标是发行量等。如前文所述，在互联网上，随着个性化广告的发展，用以广告效果评估的指标更加丰富。

从事广告产品研发的 W 认为："在广告目标设定方面，个性化广告与传统广告有很大的区别。一方面，个性化广告目标设定能够与广告预算进行'直接挂钩'，因此可以更为有效地衡量广告投放的投资回报率 ROI（Return On Investment）。另一方面，个性化广告效果衡量指标更为细致且多样化，相应地，广告目标的类型也更为丰富、细致，这与传统单一的广告效果衡量指标有较大的区别。"

例如：图 4－2 分别是脸书网站广告投放系统和新浪微博博文付费推广系统对广告投放效果的预测。脸书网站预测广告主在一日内投入 94 港元能将广告推送至 1 万至 2.8 万个用户面前，新浪微博预测广告主在 24 小时内投入 24.65 元能将广告推送至超过 1100 个用户面前。除了广告覆盖量的预测，一些广告投放系统还能预测广告获得的点击率、转化率或其他广告效果衡量指标。

由于广告效果衡量指标数量的不断增长，针对某一次特定的广告投

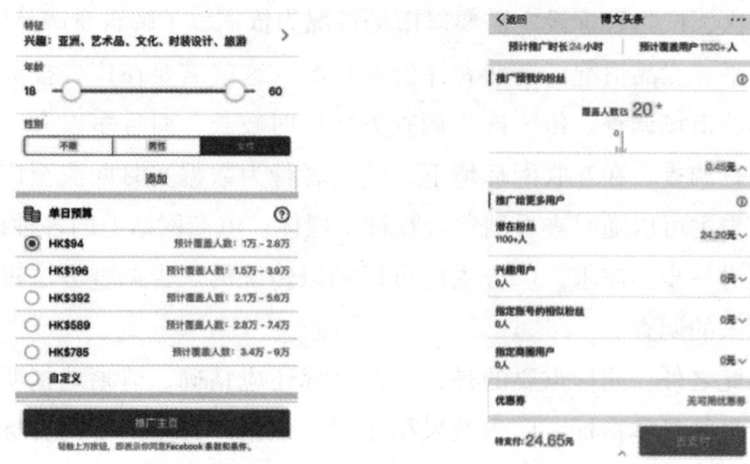

图 4-2　个性化广告效果预测

放，广告主需要基于广告目标确立具体一个或多个广告效果衡量指标，否则即使获得了大量广告数据，广告主也无法评估广告投放的好坏。业内习惯将广告主主要用来考核广告效果的衡量指标称为关键绩效指标（Key Performance Indicator，简称 KPI）。在图 4-1 的基础上，每一个广告目标都应有相应的效果衡量指标进行匹配，因此得到图 4-3。

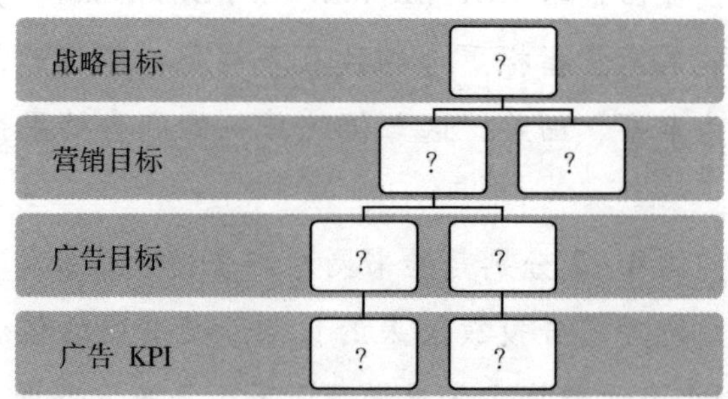

图 4-3　广告关键绩效指标与企业战略目标、营销目标、广告目标之间的关系

图 4-4 是脸书网站广告管理系统为广告主提供的广告目标选项，是创建脸书广告的第一个步骤，包括三大类别：品牌认知、购买意向和行动转化，每个类别还有从属的子类别。品牌认知类别包

括品牌知名度和覆盖人数两个子类别；购买意向类别包括访问量、参与互动、应用安装量、视频观看量、潜在客户开发、消息互动量等子类别；行动转化类别包括转化量、目录促销、店铺访问量等子类别。根据这些广告目标，广告主可以提出相应的若干个 KPI，用以衡量后续广告的投放效果。如表 4－1，笔者根据脸书网站提供的广告目标，列举相应可能发生的广告活动及可能设定的广告 KPI。比如：当广告目标为提升品牌知名度时，广告主可能进行的广告活动包括但不限于品牌形象建设、新产品推广、线下活动等。此时相比销售量的提升，广告主更看重影响力的扩大，所以销售量无法很好地衡量广告效果，CPM、CPUV 等指标才能有效地反映广告效果的好坏。又如：当广告目标为增加应用安装量时，广告主可能在进行的广告活动包括但不限于新应用推广、新应用试用等。此时，下载量是广告主需要考察的重要效果指标之一，但是它无法反映广告投放的全貌，一些其他广告效果指标，可以反映用户在看到广告推广后的行为情况，如 CPA 能反映下载用户在所有点击广告用户中的占比情况，因此可以作为其中一项广告 KPI。

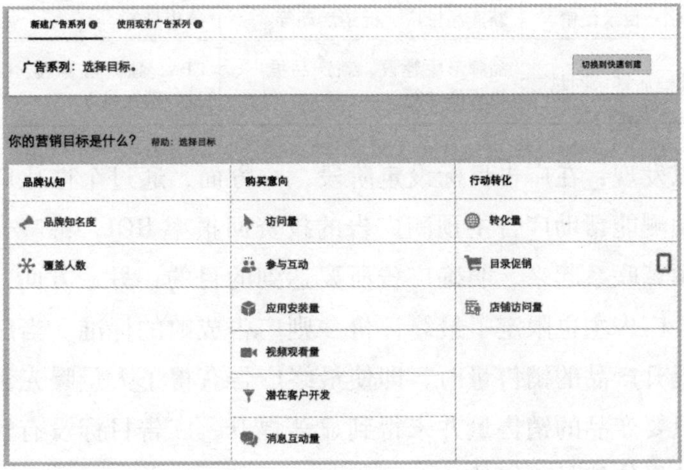

图 4－4　脸书网站广告管理工具——广告目标设定

表 4-1　　　　广告目标与广告 KPI 设定案例——脸书

广告目标	可能的广告活动	可能的广告 KPI
品牌认知—品牌知名度	品牌形象建设、新产品推广、线下活动等	CPUV、CPM、频次、独立访客数等
品牌认知—覆盖人数	品牌形象建设、新产品推广、线下活动等	CPUV、CPM、频次、独立访客数等
购买意向—访问量	新产品推广、促销活动、产品试用等	CPC、到达率、到达成本等
购买意向—参与互动	产品试用、新产品推广、品牌形象建设、线下活动等	CPC、到达率、到达成本、互动率等
购买意向—应用安装量	产品试用、新产品推广等	转化率、CPA、CVR、应用下载量等
购买意向—视频观看量	品牌形象建设、新产品推广、促销活动等	互动率、广告可视度、停留时间等
购买意向—潜在客户开发	品牌形象建设、新产品推广、会员注册等	独立访客数、CPL、注册数等
购买意向—消息互动量	品牌形象建设、新产品推广、产品试用等	互动率、CPE 等
行动转化—转化量	产品试用、会员注册等	注册数、CVR、CPA 等
行动转化—目录促销	新产品推广、促销活动等	销售量等
行动转化　店铺访问量	品牌形象建设、新产品推广、销售活动等	CPA、独立访客数、CPL、注册量、销售量等

可以发现，在广告目标设定阶段，一方面，通过个性化广告系统的效果预测能帮助广告主预测广告的投资回报率 ROI，将广告的传播效果与预算联系起来，明确广告所要达到的目的；另一方面，通过广告目标，广告主也限定了最终评价一则广告成败的标准。当广告主的目标是提升产品的销售量时，即使最终广告获得了大量曝光量和点击量，但只要产品的销售量并未得到显著提升，广告目标没有达成，所以广告效果依然是不好的。

例如：2017 年“母亲节”期间火爆朋友圈的百雀羚广告，从

5 月 7 日投放至 5 月 11 日中午，获得了将近 3000 万的微信平台总阅读量。但是，尽管广告的曝光量惊喜，朋友圈大量“刷屏”，也得到了许多媒体的报道，影响力甚广，但截至 5 月 11 日中午 12 点，该广告主推的“月光宝盒”产品的淘宝旗舰店只获得了 2311 件预订，总销售额不到 80 万元，微信阅读转化率不到 0.00008。相比数百万级的广告费用，这则广告的效果并未实现广告目标，而且还消耗了大量预算，所以这则广告的效果依然被认为是不好的。

综上所述，技术的进步丰富了广告效果衡量指标的类型，在个性化广告投放准备的第一阶段，广告主通过设定广告目标和广告 KPI，指明了广告效果衡量的方向，体现了广告主对个性化广告效果的控制作用。

第二节 目标人群分析决定广告传播对象

广告传播带有商业目的，受广告经费限制，所以，当有了一个清晰的广告目标后，广告主需要确定广告的目标人群，也就是广告需要影响的人群和对象。在个性化广告出现以前，无论是在互联网，还是在传统媒体，广告主都无法让广告信息只传递至某一类特定的人群。因此，小数据时代的广告目标人群只是“粗粒子”的市场细分，广告主只能通过设计广告内容吸引相应人群的关注，比如：运动风、足球类的电视广告很可能吸引男性观众的关注。基于大数据技术的个性化广告系统赋予了广告主进行分众传播，甚至是“窄众”传播的能力，通过在广告系统中选择相应的人群，广告主能够有的放矢地将广告信息推送至这些用户面前，避免了其他非目标人群看到该则广告，节省了广告经费。

但是，“有一利必有一弊”，这种技术进步要求广告主在准备阶段能够精确地知道目标人群是哪一类人，一旦“靶子立歪”，广告便会被推送至毫不相干的消费者面前，反而可能造成广告效果不佳。比如：在第二章中曾经介绍过宝洁公司在脸书上将“空气清新剂”的目标人群设置为“宠物家庭”，其广告效果甚至不如将广告投放至“所有18岁以上”人群。

所以，广告主准确理解品牌和产品的目标消费群体，根据个性化广告系统提供的人群标签进行目标人群设定，是影响广告效果的一项重要因素。

一　个性化广告的目标人群类型

广告，即“广而告之”的简称，无论是古代路上的叫卖吆喝声，还是现代大众媒体广告，都是不针对特定群体发布的信息。但是，“广而告之”造成了其中一部分广告费用的浪费，广告主孜孜以求的目标，是以下这种“精准”而“个性化”的营销方式：在1900年的美国小镇，街角杂货铺老板熟知每一位顾客的姓名、家庭成员、朋友圈、消费喜好与习惯等信息①，并据此推销相应的产品。

广告技术的发展创造了这种可能：基于大数据技术的个性化广告最大的特征便在于“个性化”。在个性化广告系统中，广告目标受众类型的选项多达数百个，广告主可以根据已经确定的目标人群类型进行设定。在进行设定后，广告系统将会预测该则广告可能覆盖的人群规模，广告主可以根据预测结果进行进一步调整。

目前，个性化广告的目标人群类型主要包括以下三个维度：

人口统计学：指的是根据用户基础属性进行分类的群体，包括性别、年龄、地域、学历、工作等变量，是人群分类最基本的方式。在脸书网站广告系统的广告目标受众设置环节，人口统计学类型包括了地区、年龄、性别、语言、学历、住房、生活纪事、父母、政治信仰、感情状况、工作等超过10个子类别，每一个子类别还有更进一步的三

① Zabin, J., Brebach, G., *Precision marketing: the new rules for attracting, retaining, and leveraging profitable customers*, John Wiley & Sons, 2004, p. 24.

级分类。比如：图 4－5 是“人口统计学—感情状况”的分类，当广告主选择其中一项（例如：同性伴侣）时，广告系统将会提供在脸书网站上感情状况为“同性伴侣”的用户数量（截至 2018 年 3 月 8 日，脸书网站共有 2103117 人拥有同性伴侣）。需求方平台品友互动目标人群设置中的人口统计学维度共有性别、年龄、月收入、身份职业、职能、受教育程度、关键人生阶段七个二级类别，每一个二级类别下设有三级类别，共计 49 个类目[①]。

感情状况
丧偶
交往中，但保留交友空间
分手
单身
同居伴侣
同性伴侣
和 TA 在一起了

2,103,117 人
人口统计数据 > 感情状况 > 感情状况 > 同性伴侣
描述：Facebook 个人主页所列感情状况是同性伴侣的用户。

图 4－5　脸书网站“人口统计学—感情状况”的分类

兴趣：指的是网络用户通过长期的网络行为表现出来的不同兴趣倾向。不同广告系统对用户兴趣的区分方式都有所不同。在电子商务网站，用户兴趣更多的是根据用户的购物兴趣进行划分，比如美妆达人、运动潮人等；但在资讯类网站，用户兴趣则是根据用户关注的热点信息进行划分，比如政治军事、娱乐八卦等。在脸书网站广告系统的广告目标受众设置环节，兴趣类型包括了健身与养生、商业和工业、娱乐、家庭成员与感情状况、爱好和活动、科技、购物和时尚、运动和户外活动、食物和饮料等 10 个二级类别，每一个二级类别下设多个三级类别，而每个三级类别下甚至设有多个四级类别。比如：图 4－6 是“兴趣—娱乐—游戏”的分类，包括体育游戏、动作游戏、在线游

① 品友互动，中国数字广告人群类目体系（DAAT）白皮书，https：//fm. ipinyou. com/new3w/upload/file/admin/21251911681646268. pdf，2018 年 1 月 7 日。

戏、大型多人在线游戏、大型多人在线角色扮演游戏、射击游戏、战略游戏、文字游戏、棋类游戏、模拟游戏、牌类游戏、电子游戏、益智游戏、第一人称射击游戏、线上扑克、网页游戏、角色扮演游戏、赌博、赌场游戏、赛车游戏等 20 个类别。当广告主选择其中一项（例如：体育游戏）时，广告系统将会提供在脸书网站上对“体育游戏”表现出兴趣或点赞的用户数量（截至 2018 年 3 月 8 日，脸书网站共有 65448850 人对体育游戏感兴趣）。需求方平台品友互动的个人关注维度包括了新闻、教育、房产、汽车、IT、流行时尚、文化娱乐、孕产育儿等 27 个二级类别，共 1105 个类目标签及多达 6 级的类目层级[①]。可以发现，尽管每个广告系统的分类和名称不尽相同，但是类目层级越深，则表明对用户兴趣的描述越精细。

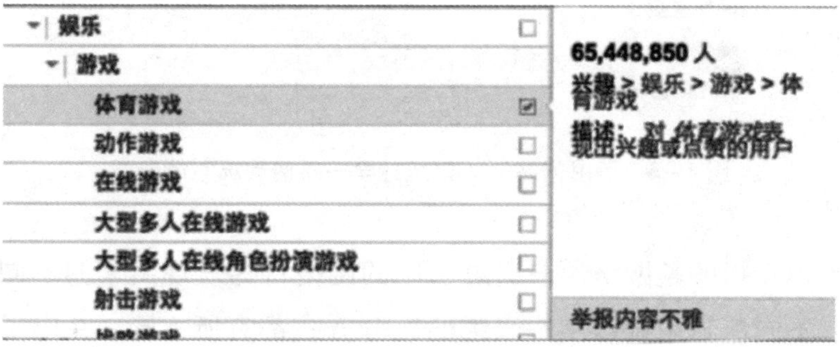

图 4－6　脸书网站“兴趣—娱乐—游戏”的分类

行为：指的是根据网络用户行为进行分类的群体。同样地，不同广告系统对用户行为的区分方式都有所不同。电子商务网站更关注用户的购买行为，而其他一些媒体，如社交媒体则关注用户行为的方方面面，有些类目与兴趣类目有所重叠。在脸书网站广告系统的广告目标受众设置环节，行为类目分为 Soccer（美式足球）、侨民、周年纪念日、多元文化拥护者、旅游、更多类别、消费者分类、移动设备用户、

① 品友互动，中国数字广告人群类目体系（DAAT）白皮书，https://fm.ipinyou.com/new3w/upload/file/admin/21251911681646268.pdf，2018 年 1 月 7 日。

移动设备用户/设备使用时间、线上活动、购买行为 11 个二级类目，下设三级及四级类目。比如：图 4－7 是“行为—移动设备用户”的分类，共分为：Android：不支持 360 度全景媒体、Android：支持 360 度全景媒体、Facebook 访问渠道（移动设备）：平板电脑、Facebook 访问渠道（移动设备）：所有设备、Facebook 访问渠道（移动设备）：智能手机和平板电脑、Facebook 访问渠道（移动设备）：非智能手机、所有操作系统的移动设备、按品牌显示所有移动设备、新智能手机和平板电脑用户、网络连接等 10 个类别。当广告主选择其中一项（例如：Android：不支持 360 度全景媒体）时，广告系统将会提供在脸书网站上使用安卓移动设备且设备不支持 360 度全景媒体（照片、视频）的用户数量（截至 2018 年 3 月 8 日，脸书网站共有 291791928 人使用不支持 360 度全景媒体的安卓移动设备）。根据目标受众的划分方式，假设一个在安卓操作系统上运营拍摄类 App 的广告主要在脸书网站上推广自己的应用时，那么他便可以选择“Android：支持 360 度全景媒体”这一类别，摒除向使用苹果操作系统用户进行无效广告曝光，节省广告费用。需求方平台品友互动的行为类目里主要关注用户的购买倾向，共细分了包括 3C 产品、家电、美妆个人护理、体育装备、房产、汽车等 24 个二级类目，共有 2752 个类目标签①。

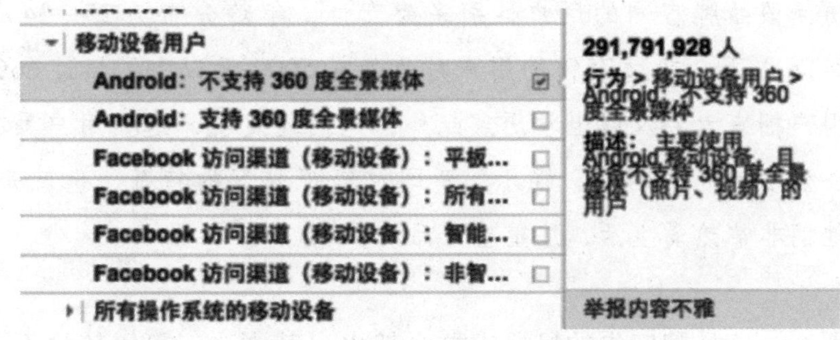

图 4－7　脸书网站“行为—移动设备用户”的分类

① 品友互动，中国数字广告人群类目体系（DAAT）白皮书，https：//fm. ipinyou. com/new3w/upload/file/admin/21251911681646268. pdf，2018 年 1 月 7 日。

二 目标人群分析思路

个性化广告系统赋予了广告主更直接、精准地寻找不同类别用户群体的能力。因此，对于每一次广告目标人群的选择，广告主不仅要考虑自身品牌与产品的特点，而且要考虑网络用户各个方面的特征，包括人口属性、心理层面和行为习惯等，还要结合广告目标进行确定。

广告目标人群取决于品牌和产品的目标消费者群体。企业目标市场定位是每一个品牌及产品创立之初便要解决的基础性工作。在研究竞争品牌定位策略与自身品牌、产品差异后，企业将进行市场细分，进而推出能够满足目标消费者需求且与竞争对手产品有着鲜明区别的产品、服务①。因此，广告投放的目标人群从属于品牌与产品的目标消费者群体，是其中的一部分。在确定广告目标人群时，广告主可以回溯个性化广告系统中的广告数据，了解自身品牌和产品可能吸引的人群特征。

> 广告产品研发的业者 W 提供了这样一个案例："某需求方平台在为某家纺品牌投放广告时，提前一周监测该品牌官网的用户数据，了解、分析该品牌目标消费者的特点，得到以下一些信息：访问该品牌官网的用户性别多为女性，年龄分布为 25—34 岁及 24 岁以下，超过 75% 的用户月收入在 5000 元以上，超过 66% 的用户拥有大专及以上学历。此外，他们还发现，这些用户具有关注生活信息、购物、娱乐、新闻及影视内容的特征，也就是说，他们非常热爱生活，注重生活品质。"

那么，该品牌广告的目标人群必然出自其中，但可以依据不同产品和广告活动而进一步进行细分。比如：该品牌高端系列产品的广告

① 熊荣生：《目标市场定位刍议》，《商场现代化》2009 年第 10 期。

目标人群可以设定为月收入 1 万元以上的年轻女性；又如：如果该品牌计划进行促销、打折活动，那么广告的目标人群可以设定为 5000 元，甚至可以设定为 3000—5000 元区间的年轻女性，尝试开拓新的消费市场。

在确定广告目标人群时，首先需要从消费者的基本属性入手，分析广告需要影响哪些人群。基本属性主要指的是人口统计学方面的属性，包括性别、年龄、教育程度、工作、地域、语言、收入等。比如：女性用品的广告目标人群其中一项最重要的基本属性便是女性。再如：婴幼儿产品广告目标人群的基本属性可能包括孕妇、新生儿家庭成员等。然而，仅仅确定广告目标人群的基本属性存在一定不足：一方面，通常来说，这仍然难以将目标人群范围有效缩小，比如：在脸书网站上，地点位于香港，年龄范围为 18—65 岁的用户数量约为 570 万（截至 2018 年 3 月 8 日），这种市场细分的意义不大；另一方面，更重要的是，这种划分方式较为机械，忽略了同一人口属性群体在心理层面上存在不同特征的现实。比如：即使都是 18 岁的女孩，有些女孩活泼开朗，热爱运动；有些女孩文静温柔，喜欢诗词；有些女孩是学霸，有些女孩已经辍学打工……

生活方式、兴趣爱好、观点动机，这些心理层面的因素，作为强有力的指示性工具，能帮助广告主真正定性目标人群。比如：一个 80 岁的老人，由于长期健身，身体强壮，尽管从人口基本属性的“年龄”来看，他很难会成为健身器械产品广告的目标人群，但是在心理层面却非常匹配。不仅如此，在个性化广告系统中，这些心理因素的设定还能有效帮助广告主缩窄目标人群范围，真正实现市场细分的目的。

除了对人口基本属性及心理层面因素的考量，行为因素也是确定目标人群的一个重要衡量因素。行为因素包括两个方面：产品的使用情况及产品购买决定过程。产品使用情况指的是用户是否曾经使用广告主的产品，以及产品使用程度，主要涉及以下问题：用户是否曾经购买广告主的产品，或是用户向来是广告主竞争对手的“粉丝”？用户是偶尔使用广告主的产品，还是频繁购买广告主的产品？这些情况又进一步细分了消费市场。比如：对于习惯使用广告主产品的消费者，广告主可能只会在新品上市时将他们作为广告目标人群，但是推广经典产品时可能不会将他们作为目标人群；相反，广告主推广经典产品时可能将偶尔购买产品的消费者甚至是竞争品消费者作为广告目标人群。产品购买决定过程指的是购买决策者最终决定购买广告主产品的历程。一方面，购买决策者可能不是产品的实际使用者，比如婴幼儿产品的使用者和购买决策者不是同一主体，因此在确定广告目标人群时，应当将购买决策者作为广告目标人群，而不是产品使用者。另一方面，根据品牌和产品的不同，购买决定过程耗费时长和复杂程度也不一样，日化品的购买决策过程历时较短，但奢侈品的购买决策过程耗时较长。

> 在跨国服装电商从事广告投放的业者Z提供了自己公司的一个案例：“我们服装电商旗下有一个‘真丝系列’，是我们的‘王牌系列’，每一年‘真丝系列’都会推出新品，需要进行广告推广。广告投放以前，我们的广告团队会分析电商上的用户数据。我们认为，‘真丝’产品‘上新’对于不同用户的意义是不一样的。于是，我们会根据购买次数、购买频率、购买产品和上一次购买时间，对曾经购买‘真丝系列’的用户进行区分，并依据不同产品的特征将其作为不同产品广告的目标人群。”

综上所述，可以发现：广告主通过确定广告目标人群，决定了个性化广告的传播对象，在广告投放之初，对广告投放效果产生控制作用。对于小数据时代的“广而告之”，广告主也会设定广告目标人群，但是多为“粗粒子”的市场细分。与“广而告之”不同的是，在基于大数据技术的个性化广告系统中，目标人群一经设定，便意味着广告信息将只会被推送至设定人群面前，也意味着其他人群将根本没有机会看到该则广告。这也正是第二章中提及的宝洁公司遭遇“精准广告”不“精准”的原因所在。目标人群设定过窄，将可能限制广告传播的范围，进而影响广告传播的效果。所以，笔者认为，相比过去，在个性化广告实践中，对于目标人群设定这一环节而言，广告主对广告效果的影响作用加强了，这需要广告主在广告投放阶段做足准备工作，认真分析广告目标人群的类别，并据此在广告系统中寻找相适配的人群类型。广告目标人群的分析通过决定广告传播对象，控制着广告投放的效果。

第三节　广告媒体选择限定广告传播范围

广告媒体指的是广告信息最终得以呈现的媒体渠道，受广告目标和目标人群的影响。通过选择广告媒体，广告主限定了广告传播范围。在传统媒体时代，媒体资源相对稀缺、单一，广告媒体权力较大，广告主依据广告目标和目标人群，选择相适应的媒体营销环境，确定广告投放媒体。互联网出现以后，媒体资源日渐丰富，媒体权力式微，广告主依据广告需求选择不同类型的广告媒体；在这一时期，用户变被动为主动，依据自身需求选择浏览不同的网站媒体，相应也接触了网站上的广告信息。随着个性化广告的出现，广告主通过选择不同的广告系统，确定目标人群，间接地实现了广告媒体的选择，限定了广告信息的传播范围。不仅如此，广告主还能通过广告验证设置，剔除一些影响广告效果的媒体环境因素。这些都体现了广告主对广告效果的控制与影响。

一　个性化广告投放系统类型及其对接的广告媒体

报纸、杂志、广播、电视……这是传统媒体时代下可供广告主选择的媒体；新闻网站、门户网站、视频网站、网络黄页……这是互联网发展初期可供广告主选择的媒体。这两者皆有一个共性：确定广告媒体后，广告主能够确定广告信息呈现的具体媒体和位置。但是，在个性化广告投放中，只有少数广告主以私有程序化购买的方式可以确定广告投放媒体和具体位置，采用其他三种程序化购买方式的多数广告主无法具体知悉广告信息每一次投放的媒体、位置和环境，只能通过选择支持广告主所需媒体的广告投放系统间接选择广告媒体。

目前，个性化广告投放系统的类型主要包括以下三类：代表广告主的投放系统、广告交易平台以及代表广告媒体的投放系统。

代表广告主的投放系统包括需求方平台、交易专柜等，通过尽可能多地对接不同广告交易平台和媒体，依据广告主需求提供不同的广告媒体选择。针对每一次广告曝光的机会，广告投放系统都将自动评估广告环境，包括浏览媒体的用户群体、媒体类型等，匹配合适的广告信息和用户。所以，广告主无法具体确定每一次广告投放的媒体、位置和环境。在这种投放系统中，广告主更多地在于选择目标人群，以及设定广告呈现的一些底线和标准，比如设置媒体黑名单，监测广告可见度等。

广告交易平台是独立于广告主和广告媒体的第三方平台，对接了大量广告主和广告媒体。与上一类广告系统相似，当广告主和广告媒体在广告交易平台上表达了各自的需求后，系统将根据不同广告曝光环境，自动匹配广告信息和用户，广告主同样无法具体确定每一次广告信息呈现的媒体、位置和环境。

代表广告媒体的投放系统包括媒体自设的广告交易平台、供应方平台等。在中国，供应方平台与广告交易平台基本相似。一些大型的广告媒体自设广告投放系统，用以售卖自己的广告资源。通常来说，一旦广告主选择了这类广告投放系统，便意味着选择了相应的广告媒体资源。比如：在脸书网站广告管理系统中，广告主可以投放脸书网站所有的广告资源，包括不同位置和形式的脸书广告，如右边栏广告、新鲜事广告等。又如：在阿里巴巴营销平台上，广告主可以选择在“淘宝系”中不同类型和位置的广告，如直通车广告位于淘宝/天猫搜索页面。随着广告媒体投放系统对接的媒体资源越来越多，除了自身媒体资源以外，它们还能对接其他媒体资源。所以，一些大型广告媒体自设的投放系统正朝着广告交易平台进行演变。

二　广告媒体选择过程

广告媒体选择取决于广告目标、目标人群和媒体特点。在确定广告媒体后，广告主寻找对接这类媒体资源的广告投放系统，进行相关设置，表达广告需求。除了私有程序化购买的广告主，多数个性化广告主无法精确决定广告信息具体呈现的媒体、位置和环境。所以通过广告媒体选择，广告主只能大致限定广告信息可能传播的范围。但是，在此基础上，广告主能通过广告设置，剔除一些可能影响广告效果的媒体环境因素。

首先，不同的广告目标影响着广告主的媒体选择。当广告主计划扩大自身品牌影响力时，可能选择视频网站、社交媒体等广告媒体；当广告主计划进行促销活动时，可能选择电子商务网站。

其次，目标人群接触媒体的习惯也影响着广告主的媒体选择。根据使用与满足理论，用户依据自身不同的需求，浏览不同的网站。英语学习网站的用户与电子商务网站的用户具有不同的属性。根据先前设定的目标人群，广告主需要确定目标人群习惯接触的媒体范围，并据此选择相应的广告投放系统。

再次，不同媒体的特点，包括传播范围和影响力等，都影响着广告主的媒体选择。比如：脸书网站广告投放系统售卖脸书网所有的广告资源，广告信息的传播范围和影响力便被限定在脸书社交媒体。再如：新浪“微博粉丝通”是基于新浪微博用户，将广告信息传送给广告主（潜在）粉丝的广告产品，所以广告信息的传播范围和影响力便被限定在新浪微博。

最后，广告主能进行一些相关设置，在广告投放以前剔除可能影响广告效果的媒体环境因素。由于在个性化广告投放中，大部分广告主无法决定广告信息具体呈现的媒体、位置和环境，有时便会出现以下情况：知名广告主的广告信息出现在一个色情网站，汽车厂商广告信息出现在车祸内容页面，广告主的广告周围布满了对广告主品牌不利的内容，这些情形极大地威胁了广告主的品牌安全。因此，广告主可以在广告验证平台上设置关键词或页面的白名单以及黑名单，在广告投放时限定/过滤某些网页。比如：一个航空公司广告主在投放广告时可以设置“空难”、“航空事故”、“坠机”等黑名单关键词，屏蔽具有这些关键词的网站；也可以将若干广告媒体设置为白名单，指定广告投放在这些媒体上。通过这些设置，广告主能够在一定程度上避免广告投放环境影响品牌安全的情况发生，在投放以前确保广告的效果。

综上所述，通过选择广告媒体，广告主限定了广告信息的传播范围，而且在个性化广告实践中，广告主还能通过设置白名单/黑名单的方式，剔除广告投放环境中可能影响广告效果的因素，体现了广告主对广告效果的控制和影响。

第四节　广告内容直接影响广告传播效果

互动广告模型认为，广告主控制（Advertiser-Controlled）了广告结构（Structures），包括广告类型（Types）、广告格式（Formats）和广告特性（Features），进而影响了用户对广告的信息处理结果①。Rodgers 和 Thorson 所指的“广告结构”即为广告内容本身。从色彩元素、构图布局，到广告故事、呈现方式，广告内容设计是一直以来广告业“精工细作”的关键部分，是广告准备工作的具象，直接影响着

---

① Rodgers，S.，Thorson，E.，*The interactive advertising model：how users perceive and process online ads*，Routledge，2000，pp. 41 – 60.

广告的投放效果。

一　广告准备工作的“结晶”

广告内容是在扎实的前期准备工作基础上“千呼万唤始出来”的成品，与广告目标设定、目标人群分析、广告媒体选择一脉相承，体现着广告主的目的与价值观，与消费者直接对接，对广告效果产生非常重要而直接的影响。广告主及设计团队是广告内容生产的主要主体，具有较高的专业性和创新力，需要将科学与艺术进行有机融合，是一项“高挑战性、智力密集型[①]”的工作。

首先，广告目标决定着广告内容生产的方向。广告主不同的广告目标将会通过不同的广告内容，最终传递至消费者。如果广告目标为“推广新产品”，那么广告内容很可能出现“上新”、“新品上市”等文案以及新产品的图片；如果广告目标为“促销活动”，那么广告内容很可能带有“打折”、“第二件 8 折”等文案；如果广告目标为“提升品牌知名度”，那么广告内容很可能包含品牌故事或者品牌代言人。所以，广告内容生产并非“拍脑袋决策”，而是基于目标管理而开展的创作活动。

其次，不同目标人群的内容需求也有所差异。个性化广告目标人群划分非常细致，这也考验着广告主设计团队的能力，有时一场广告活动需要多个内容方案。年轻群体文化有别于老年群体文化，女性文化与男性文化也有所不同，不同兴趣爱好和生活方式的群体也有着不同的审美观。跨国服装电商从事广告投放的业者 Z 提及：“真丝系列”推出新产品时，在确定几组不同的目标人群以后，设计团队会根据目标人群不同的特性设计相应的内容。

再次，广告媒体影响着广告内容的格式、形式与尺寸。传统媒体广告的格式、形式与尺寸都相对固定且单一，而互联网媒体能支持多

① 鞠宏磊：《大数据时代的精准广告》，人民日报出版社 2015 年版，第 147 页。

种格式、形式和尺寸。在同一个广告媒体上，不同位置和系列的广告也有着格式、尺寸和形式的区别。比如：脸书网站的右边栏广告和新鲜事广告的尺寸、位置都有差异：右边栏广告尺寸较小，图片展示空间较少，而且位于页面右侧，不易被人察觉；新鲜事广告尺寸较大，混于脸书好友动态之间，图片展示空间较大，这要求广告主生产适应脸书内容风格的广告内容。又如：微信朋友圈广告匹配朋友圈状态的格式、尺寸和形式，主要包括品牌名称、文案、图片或视频；而在"查看详情"页，广告形式更为多元。

最后，广告内容生产集科学与艺术于一体。一方面，广告是一门科学，基于目标管理的原则，广告内容生产与广告目标、目标人群、广告媒体一脉相承，是一系列广告准备工作的最终结果。另一方面，广告也是一门艺术，需要发挥广告主设计团队的创意能力，生产令人"动心"的广告作品。所以，在经过一系列严谨的调查、研究、分析后，广告主设计团队还需运用创意思维，画龙点睛，最终形成广告成品。

广告内容是广告准备工作中最为重要的一个环节，也是广告准备工作的"终点"，集中体现了广告主对广告效果的控制与影响。从结构上，广告主生产的每一个内容元素都将最终影响广告的投放效果。

二 广告内容元素影响广告投放效果

广告内容作为广告主"智慧"的最终体现，直接与消费者进行对接，引导、影响消费者的购买决策过程。互动广告模型认为，广告内容从结构上影响用户处理广告信息的结果①；不仅如此，大量广告研究与测试的结果证实，广告内容的每一个元素都将对广告效果产生重要的影响。

首先，广告主通过决定广告类型，影响消费者信息处理的结果。

① Rodgers, S., Thorson, E., *The interactive advertising model: how users perceive and process online ads*, Routledge, 2000, pp. 41 – 60.

广告类型可能包括产品、服务、公共服务、热点、企业与政治等[①]，Shelly Rodgers 和 Esther Thorson 认为，广告类型本身便是消费者可能回应类型的指示器（Indicator）[②]。也就是说，对于一个政治竞选广告，消费者可能的回应被限定在“支持”或“不支持”，而非“购买一个产品”。另外，对于不同的广告类型，消费者将采取不同的认知工具（Cognitive Tools）[③]，进而影响他们的信息处理状态与结果。比如：提升品牌影响力的广告内容多为讲述品牌故事，或宣传某一个明星代言人，消费者多采取“欣赏”的态度接收广告信息；对于促销类广告内容，消费者可能会进行价格评估，考虑产品是否值得购买。

不仅如此，广告主还能通过决定广告格式影响消费者的广告信息处理过程。比如：横幅广告（Banners）被一些研究证实能够提升广告认知度，即使它们的点击率并不高[④⑤]；尺寸较大的横幅广告能够获得更多的点击量[⑥⑦]。再如：插播式广告（Interstitials）不会打扰用户体验，而弹出式广告（Pop-ups）却会打扰用户体验[⑧]。深访对象 M1 提及：“那些弹窗广告特别容易打扰我的工作。”又如：尽管没有直接的实证研究证明超链接广告（Hyperlinks）格式对广告效果的影响，但是有研究显示，页面上具有过多可点击按钮将会降低页面的吸引力、友

---

① Thorson (Ed.), *Advertising and the World Wide Web*, *Mahwah*, NJ: Lawrence Erlbaum, 1996, pp. 99 – 117.

② Rodgers, S., Thorson, E., *The interactive advertising model: how users perceive and process online ads*, Routledge, 2000, pp. 41 – 60.

③ Rodgers, S., Thorson, E., *The interactive advertising model: how users perceive and process online ads*, Routledge, 2000, pp. 41 – 60.

④ Briggs, R., Hollis, N., Advertising on the web: Is there response before click-through? *Journal of Advertising Research*, 1997, 37 (2): 33 – 45.

⑤ Internet Advertising Bureau, *IAB online advertising effectiveness study*, Internet Advertising Bureau, 1997.

⑥ Cho, C. H., How advertising works on the WWW: Modified Elaboration Likelihood Model., 1998 Conference of the American Academy of Advertising, Lexington, KY, 1998.

⑦ Li, H., Bukovac, J. L., Cognitive impact of banner ad characteristics: An experimental study, *Journalism and Mass Communication Quarterly*, 1999, 76 (2): 341 – 353.

⑧ Rodgers, S., Thorson, E., *The interactive advertising model: how users perceive and process online ads*, Routledge, 2000, pp. 41 – 60.

好度以及有用性[1]。

此外，广告结构特性也对广告效果有所影响。互联网广告研究学者一直使用结构框架进行广告研究。Bucy 等通过对 496 个知名网站进行内容分析后，发现最常见的结构特性包括动画、颜色和图表[2]。Miranda 和 Ju-Pak 用内容分析法研究了 50 个网站上 200 个横幅广告的结构特性，包括标题、广告诉求、字体大小等[3]。

广告技术的发展为广告主测试每一个广告元素的投放效果创造了可能。在测试结束后，广告主能根据结果调整广告内容的设计方案，或者让程序化创意平台自动优化广告内容设计方案。目前，在个性化广告系统上，对广告内容进行评估的办法包括分离测试和多变量测试（Multivariate Testing）。

分离测试，又称 A/B 测试，是目前互联网领域较为流行的用于测试不同版本广告内容投放效果的一种方法。在分离测试中，广告主将一组仅含一个不同变量的设计方案随机推送给不同受众，以此测试不同广告内容的投放效果。假设在一个广告中，共有 A、B、C、D、E、F 六个元素。在分离测试中，广告主只替换其中一个元素，比如将 A 替换成 a，然后在互联网上投放这两个不同版本的广告。一段时间后，广告主便可通过反馈的广告数据，对比它们的投放效果。接下来，广告主还可以将在上一轮测试中获得较好效果的广告设计作为控制组，对其他设计元素进行迭代测试，不断完善广告设计细节，优化广告投放效果。

---

① Coyle, R. J., Thorson, E., The Effects of Progressive Levels of Interactivity and Vividness in Web Marketing Sites, *Journal of Advertising*, 2001, 30 (3): 65 – 77.

② Bucy, E., Lang, A., Potter, R. F., Grabe, M. E., *Formal features of cyberspace: A content analysis of the World Wide Web*, The International Communication Association Conference, San Francisco, 1999.

③ Miranda, B., Ju-Pak, K. H., *A content analysis of banner advertisements: Potential motivating features*, 1998 Conference of the Association for Education in Journalism and Mass Communciation, Baltimore, 1998.

在2012年的美国总统竞选中，奥巴马获胜，连任美国总统。在竞选过程中，奥巴马竞选团队对竞选网站BarackObama. com进行了多达240次的分离测试，优化了网站的传播效果。如图4－8所示，当调整了捐款页面的细节后，网站的捐款率提升了49%。最终，该网站的捐款转化率达到了24%，平均四个访问用户中便有一个用户捐款。

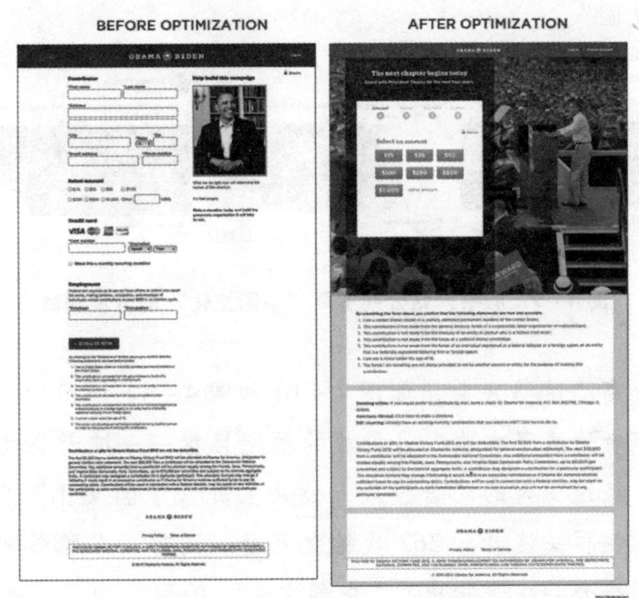

图4－8　奥巴马竞选网站分离测试对比图

笔者于2017年12月在脸书网站上为公共主页“中国文化”进行主页推广，广告投放的目标是扩大这一公共主页的知名度，让更多脸书用户关注中国文化主页。从2017年12月6日至2017年12月14日，笔者进行了为期9天的广告分离测试。

如图4－9所示，在这三则广告中，只有广告图片（分别为古村、美人和灯笼）这一元素有所不同，其余的LOGO、文案和按钮元素都是一样的。同时，笔者设定了广告投放的目标对象：在地域维度，笔者选择了“美国、印度尼西亚、中国香港、日本”四个国家/地区；在年龄维度，笔者选择了“18—60岁”的人群；在性别维度，笔者选择了“女性”人群；在兴趣维度，笔者选择了“亚洲、艺术品、时装设计、旅游或文化”人群；在预算上，笔者设定为每日3加元。广告投放三天后，笔者发现，约有98%的关注度皆来自印度尼西亚，因此，笔者调整了地域维度的设定，变为“英国、日本、韩国、马来西亚、新加坡和美国”。

图4－9　脸书网站公共主页“中国文化”的分离测试

分离测试结束后，如图4－10和图4－11所示，从总体上来看，笔者达成了本次广告投放的预期目标——扩大公共主页的影响力。经过9天的广告投放，公共主页“中国文化”获得了847个新的主页关注者和362次帖文互动。同时，在脸书网站上，与其他同类公共主页相比，“中国文化”的影响力从广告投放前的第6位跃升为第4位。

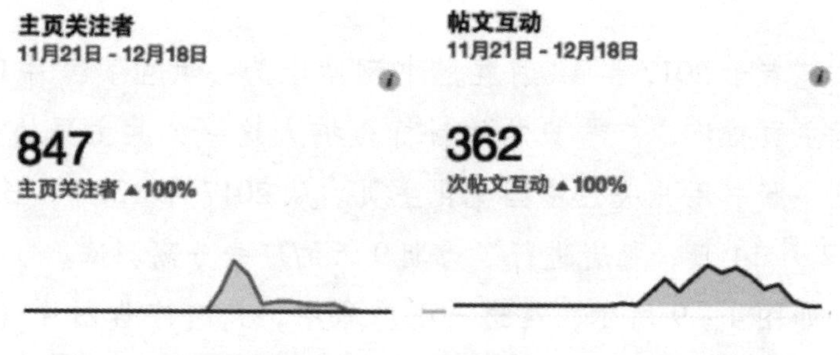

图4－10　脸书网站公共主页“中国文化”广告投放效果数据

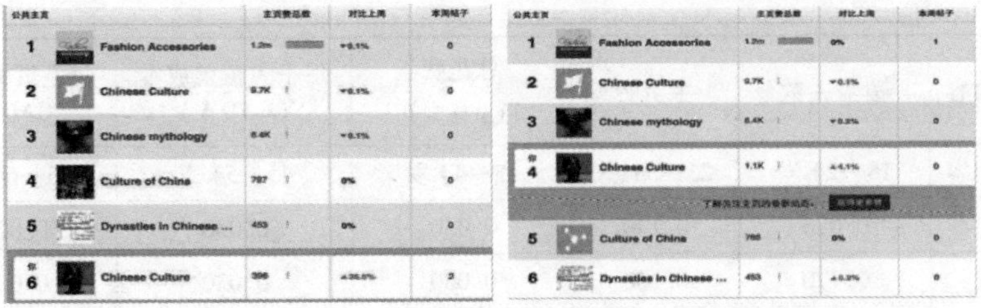

图 4－11　脸书网站公共主页“中国文化”广告投放前后影响力对比

笔者获得了表 4－2 中的数据。可以发现，在同等时间内，在同等投放预算下，图片—美人获得了最高的覆盖人数和主页赞，每千人覆盖成本和每主页赞成本最低。图片—古村在覆盖人数上超过了图片—灯笼，但在主页赞上却比图片—灯笼低，因此图片—古村的每千人覆盖成本比图片—灯笼低，但每主页赞成本却比图片—灯笼略高。由于这两则广告获得的主页赞相差不大，所以总体来说，图片—古村比图片—灯笼的投放效果好。从年龄维度来看，总体来说，三则广告对 18—24 岁女性人群的吸引力较大，分别为 76%、77% 和 80%；对 25—34 岁女性人群的吸引力次之，分别为 14%、16% 和 12%；对于 35 岁以上人群的吸引力均较小，其中，图片—美人并未获得 55—64 岁女性人群的青睐。从地域维度来看，三则广告获得的关注度主要来自亚洲国家，尤其是东南亚国家（印度尼西亚和马来西亚），东亚国家（日本和韩国）并未获得任何关注度，欧美国家（英国和美国）有少量关注度。

表 4－2　　脸书网站公共主页“中国文化”分离测试效果数据

广告内容	覆盖人数	主页赞	总花费（CAD $）	每千人覆盖成本（CAD $）	每主页赞成本（CAD $）
古村	1929.000	231.000	26.990	13.990	0.120
美人	2586.000	363.000	26.990	10.440	0.070
灯笼	1491.000	237.000	26.990	18.100	0.011

续表

广告内容	覆盖人数	主页赞	总花费（CAD $）	每千人覆盖成本（CAD $）	每主页赞成本（CAD $）
广告内容	18—24 岁	25—34 岁	35—44 岁	45—54 岁	55—64 岁
古村	0.076	0.140	0.050	0.030	0.020
美人	0.770	0.160	0.050	0.020	0.000
灯笼	0.800	0.120	0.030	0.020	0.030
广告内容	印度尼西亚	马来西亚	英国	美国	
古村	0.697	0.294	0.004	0.004	
美人	0.628	0.366	0.000	0.006	
灯笼	0.700	0.291	0.004	0.004	

所以，根据事前笔者设定的目标——提升公共主页的影响力，笔者在下一轮广告投放中可以选取图片—美人作为广告内容的图片，将年龄段设定为18—34岁人群，并将地域设定为“印度尼西亚”和“马来西亚”。但是，如果在下一轮广告投放中，广告目标变为“向西方国家推广中国文化”、“向英国推广中国文化”或“向外国老年人推广中国文化”时，则广告图片要避免选择图片—美人，可以考虑选择图片—古村，并另设定一张图片再做一次分离测试。

由于分离测试每轮仅能满足测试一组变量，因此，随着技术的发展，多变量测试从分离测试中延伸出来，让每一轮测试检验多组变量成为可能。多变量测试的工作原理是：首先将不同广告元素进行多要素排列组合，形成数量达到指数级别的不同版本广告，然后对这些广告进行测试，如图 4-12 所示。由于广告主的目标不同，测试的指标也可进行针对性设置。一旦设定了广告的要素和测试的标准，广告主便可亲自或利用个性化广告算法对不同版本的广告展开分析。

同时，与多变量测试联系在一起的是多变量优化，消费者的每次反馈都将成为优化的重要依据，由此形成“滚雪球”效应。广告主能

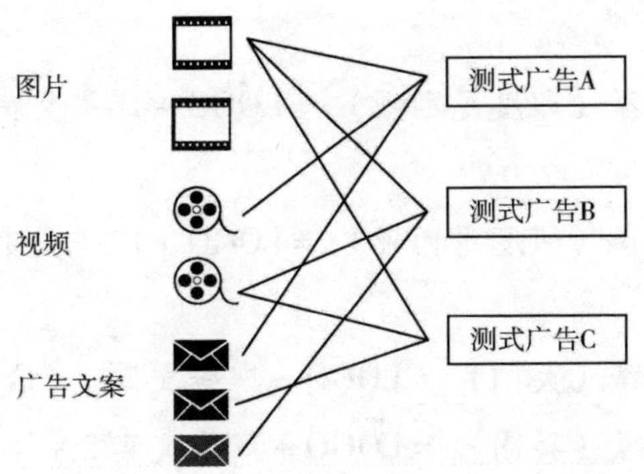

图4－12　广告多变量测试工作原理

够自行在个性化广告投放系统中优化广告内容，或者，优化算法会自动选择表现更好的要素，摒弃效果不好的要素，从而找到效果最佳的广告创意。

举例来说，如果上述“中国文化”的广告在程序化创意平台上进行多变量测试投放，则可将广告内容进行数据化转换，设定为以下几个维度：LOGO（公共主页头像和名称“Chinese Culture”）、文案（假设共有两个文案，分别为文案1和文案2）、背景图片（古村、美人和灯笼）以及广告按钮（假设只有一个按钮）。假设广告投放地域的变量有两个，分别为印度尼西亚和英国；假设广告投放目标人群年龄段的变量只有一个：18—34岁。于是，可以得出若干个广告内容组合：

广告内容（印度尼西亚）＝LOGO＋广告文案1＋古村＋广告按钮

广告内容（印度尼西亚）＝LOGO＋广告文案2＋古村＋广告按钮

广告内容（印度尼西亚）＝LOGO＋广告文案1＋美人＋广告按钮

广告内容（印度尼西亚）＝LOGO＋广告文案2＋美人＋广告

按钮

广告内容（印度尼西亚）=LOGO+广告文案1+灯笼+广告按钮

广告内容（印度尼西亚）=LOGO+广告文案2+灯笼+广告按钮

广告内容（英国）=LOGO+广告文案1+古村+广告按钮

广告内容（英国）=LOGO+广告文案2+古村+广告按钮

广告内容（英国）=LOGO+广告文案1+灯笼+广告按钮

广告内容（英国）=LOGO+广告文案2+灯笼+广告按钮

（注：由于在上一轮分离测试中发现，图片—美人无法获得英国用户的关注，所以在新一轮的多变量测试中，针对英国用户，可以去掉图片—美人这一元素。）

在实际广告投放中，程序化创意平台会对上述各个变量添加监测代码，因此每一个广告内容元素的投放效果如何，都将实时反馈到广告主的“仪表盘”（Dashboard）上。此外，通过数据的反馈和机器学习，程序化创意平台能够不断优化投放效果好的广告元素，摒除投放效果差的广告元素。

综上所述，广告内容是广告准备工作的“终点”，将“代表”广告主，直接与消费者对接。广告内容的每一个元素、组合、布局、格式等，都可能影响广告的投放效果。通过设计广告内容，广告主将广告目的融入其中，对消费者进行引导与影响。因此，广告内容是广告主对广告效果控制与影响作用最为直接的体现。

小　　结

本章通过介绍广告主在个性化广告投放中的角色以及基于目标管理的一系列广告准备工作，一方面，包括广告目标设定、目标人群分析、广告媒体选择及广告内容制定等，体现了广告主对个性化广告最终投放效果的限定、控制与影响。广告主的准备工作并非“拍脑袋决策”，而是与过去其他广告投放经验一脉相承，在广告传播活动中具有起始性和总控性的作用。尽管业界近年来不断出现“传统广告已死”的言论，但是，根据本章内容，可以发现，广告主的角色——人类的“智慧”，是技术与机器一时之间难以替代的。另一方面，个性化广告技术的日新月异，特别近年来人工智能技术的飞速发展，虽然方便了广告主的投放工作，但是从对广告效果的控制“权力”角度，广告技术也“掠夺”了一部分广告主对广告效果的“控制权”：在具体的广告投放实践中，可能增强/削弱广告主的工作对广告效果的影响程度。有关广告技术对个性化广告效果的影响与控制，将在下一章中详细展开。

第五章　大数据时代个性化广告效果二级控制主体：技术

小数据时代的非个性化广告能够被“无差别”地推送至千家万户的大众面前，于是广告内容创作成为了那个时代下最为核心的服务，也成为影响广告投放效果最为关键的因素。如何能让读者留意纸媒上的广告而不跳过，如何能让电视观众不在“广告时间去洗手间”，这考验着广告主设计团队的创意与智慧表达能力。随着个性化广告技术的出现与发展，广告信息个性化分发打破了广告投放的“无差别对待”，广告信息个性化生产让广告内容创作不再“千篇一律”。

个性化广告技术（Ad Tech）基于大数据技术而延伸，是大数据技术在广告行业领域应用的主要体现，指的是个性化广告主用以生产、投放、呈现广告与反馈广告效果的所有技术。根据目前发展的水平，个性化广告技术已经呈现出一定的弱人工智能化（Artifical Narrow Intelligence）特征。

广告技术“掠夺”了原本属于广告主对广告效果的控制权，直接决定了网络用户能否看见某一则广告，以及可能看见怎样的广告内容，进而影响了广告的投放效果。在本章中，笔者将介绍作为二级控制主体的广告技术对个性化广告效果的影响。

第一节　消费者数据采集与处理对广告效果的影响

古希腊哲学家毕达哥拉斯曾经提出“数是万物的本源”的思想，认为世界万物归根结底都是由某种数量关系决定的。在历史上，人类量化世界的野心和尝试从未停止，而科技的进步则不断为这一目标提供越来越便捷的技术条件。2012 年，技术词汇“大数据”进入人们的视野，不同于传统意义上“数据 = 数字”的是，在互联网、物联网高速发展的今天，网购经历、视频节目、微信语音都是数据。在个性化广告领域，对于消费者数据的采集与处理是整个复杂广告投放过程的第一步，这项基础性的工作直接决定了后期广告个性化投放的精准度。

一　消费者数据采集方法

如今，信息采集技术的进步，使得企业能够得到的消费者数据信息变得更加丰富。除了包括经常被采集的基础数据，如顾客的姓名、年龄、收入、婚姻状况、地址、邮政编码、电话号码、E-mail 地址等，还包括消费者的心理因素、活动、兴趣、观点等信息，更包括了关键性的消费“交易性”数据，如每个顾客已经购买的产品名称、最近一次购买的时间、购买的频率、消费金额等。

目前，采集消费者数据的方法主要包括网站日志、地理位置、室内无线局域网、移动设备号以及生物特征五个类型。不同数据采集来源、方法与思路都不尽相同，每一种数据采集方法都具有一定局限性，存在影响数据准确性的可能，最终将影响广告的投放效果。

（一）网站日志（Web 日志）

网站日志，又称服务器日志，是指用户所有访问网站服务器留下的数据信息，包括用户的互联网协议地址（IP 地址）、浏览器、操作系统、访问时间、访问设备、访问次数等信息，可供网站管理者了解网站运营并识别唯一访问用户（Unique User）。在个性化广告领域，不同的消费者有不同的广告需求，只有识别出网络上的不同用户，才能进一步进行消费者聚类分析，并推送相关的广告信息。目前，用于识别用户的网站日志主要包括：互联网协议地址、会话（Session）和Cookie，以及用户账号信息（ID）。

第一，互联网协议地址是互联网为每一个网络及每一台主机分配的一个“住址”，如同现实世界中每家每户都有个唯一的住址一样，它可以用于识别每一个用户所在的具体位置。对于在同一个互联网协议地址下的不同电脑，例如公共网吧，还能进一步解析到不同的本地机，以此识别不同的用户。但是，通过伪造或使用虚拟专用网络（VPN）及代理服务器也能轻易地改变互联网协议地址。例如：当某个用户使用虚拟专用网络进行“翻墙”时，互联网协议地址便改变了。

第二，会话是存储在网站服务器上的用户数据，而Cookie是存在浏览器中的一段数据，记录了用户的浏览痕迹，包括用户账号、密码、停留时间、浏览时长、跳转页面等，专门供网站识别用户。当网站需要对用户进行识别时，会话将跟踪Cookie，以此来辨识用户。例如：当网络用户在电商网站上将一个产品放入“购物车”后，只有当浏览器中存在Cookie时，用户跳转至付款页面，服务器才能辨识这个用户，并根据他的订单记录指引他继续付款。换言之，如果没有Cookie，那么网站便会对用户“失忆”，用户“购物车”中的产品也将不知去向。然而，Cookie也存在一定的局限性：为了防止隐私数据被泄露，用户可能清除或屏蔽浏览器中的Cookie；此外，不同浏览器之间的Cookie无法打通，所以当一个用户有使用多个不同浏览器的习惯时，每个浏览器上的数据则是不完整的。

第三，用户账号信息是识别性最强的用户数据，记录了用户在某一网站登录后的全部行为，包括浏览轨迹、购买记录、社交记录等。比如：在淘宝上，淘宝用户账号是网站识别用户唯一性的标识，根据用户以往的购买记录、商品搜索行为等，淘宝网能够为用户推送相应的商品。但是，用户账号信息也存在一定的不足：一方面，用户并不是在所有网站上进行注册，所以网站对于没有用户注册的识别只能通过另外两种方式；另一方面，不同网站之间的用户账号信息数据也无法打通。

（二）地理位置

用户所处位置信息有利于本地广告主为用户提供与位置相关的广告信息。互联网协议地址能让网站收集到用户的位置信息，除此之外，目前基于地理位置的数据收集主要包括以下两种：基于位置的服务（Location Based Service）以及区域蓝牙定位 iBeacon 技术。

基于位置的服务应用是基于地理位置定位而产生的一种增值服务，通过移动网络或外部定位方法（如卫星定位）获取用户的地理位置，并据此向用户提供与此相关的服务。比如：大众点评、去哪儿、携程、美团、百度地图等网站都是基于位置服务开展的相关业务，它能根据用户所处的不同位置，推荐相应的旅游、饮食、娱乐等服务。目前，这类定位服务主要基于移动端展开。

> 全球前 30 强数字传播机构的中国区董事总经理 J 向笔者介绍："根据统计，谷歌的 PC 端和移动端的搜索结果至少有 14 处不同，如果你在 PC 端搜索'星巴克'，可能谷歌会给你呈现星巴克的官网；而如果你在移动端搜索'星巴克'，谷歌将为你推荐离你最近的星巴克咖啡店。"

区域蓝牙定位技术 iBeacon 最早由苹果公司于 2013 年推出，目前国内微信及各种智能化场景都开始使用这项技术。iBeacon 是一项文件传输协议，当配备有该协议的低功耗蓝牙设备进入某个场景时，在这个场景中的应用将会收到信号，进而向该用户推送一些信息。比如：如果在旅游景区，那么游客可能收到的是导游讲解信息。在广告营销领域，当消费者进入某个固定装有 iBeacon 接收器的场景时，消费者便可能会收到各种各样的优惠券和推广信息。

> 数据科学工作者W向笔者介绍："目前几乎所有的应用都向用户索要位置信息，其实获得用户位置信息后，基本上能够了解用户的行为轨迹和生活习惯。也就是说，用户的地理位置信息对于判断一个用户的生活习性、家庭住址、行为轨迹、生活处所等都有非常重要的意义。"

但是，地理位置数据采集方法也具有一定缺陷，主要体现在：目前基于地理的定位服务与应用耗电量较大，通常用户会迅速打开定位服务App，查询所需信息与服务，并迅速关闭定位服务。所以，数据服务商收集的主要是"点"数据而非"线""面"数据，将可能影响后期的数据分析。此外，目前地理位置数据收集主要采用的是来自美国的全球定位系统GPS（Global Positioning System），但是GPS在室内无法进行精确定位，因此通过这种方法，服务应用只能知道一个消费者走进了一幢大楼，但却无法知道他具体去向何处。

（三）室内无线局域网

当用户连接了室内无线局域网后，在室内无线局域网的主机可以获取用户的相关数据——除非是监控软件，一般情况下的数据收集服务无法获得用户的隐私信息，因此这也是一种收集用户数据的方法。

具体来说，室内无线局域网能够实现对用户的定位，它的主要原理是：当位置服务器探索处在其信号范围内的设备时，由于每一台设备都有唯一一个固定的网络设备地址（MAC地址），所以根据不同设备的信号强弱，便能锁定不同设备所处的位置。对比来说，GPS能定位用户在哪一座建筑物内，而室内无线局域网的精确度则更高。

> 美团总部曾构建了一个室内无线局域网定位环境：美团总部于2014年搬入望京科技园后，新的办公室地上共4层，建筑面积

一万多平方米，共部署有 86 台无线热点，覆盖充分，没有死角。通过信息收集、测绘及算法验证等步骤，最终它实现了对室内无线局域网内的设备进行定位的目标。[①]

室内无线局域网能够精准采集消费者在室内的定位，但是由于它的应用场景比较有限——更适宜用于人员管理，比如医院、停车场、养老院等，加之定位精度仍然有待加强，所以目前在商业领域，只有一些大型的商场、超市应用这项技术。而且由于室内定位数据无法完整描摹一个人的购买行为和记录，即使用于大型商超，也需要汇总其他来源的数据，这便涉及数据融合的问题。

（四）移动设备号

在大数据领域，如果能够识别一个用户身份的唯一性，那么广告主便能实现对不同的用户进行区分、追踪，在了解他们的同时向他们提供直击他们需求的产品。移动设备号指的是每台移动设备都有一个唯一的识别号——移动设备识别码，在全球范围内都不会重复，就好像人的身份证号一样。相比 PC 端来说，移动设备号的存在为数据采集者提供了一个永久性的标识，用于锁定某一个具体的设备——也就相应锁定了某一个具体的设备用户。数据科学工作者 C 向笔者介绍："理论上来说，通过移动设备号，我们可以追踪到每一个具体的设备使用者，这样唯一用户的身份便可以确定了。"

但是，移动设备号涉及了隐私问题[②]，所以目前移动设备号的应用范围正在变窄，取而代之的是上述 Cookie、室内无线局域网的网络设备地址、用户指纹等其他用户数据追踪技术。

（五）生物特征数据

随着声音、光学、生物传感器等技术的发展，如今的数据采集已

---

① 张小美：《基于 Wi-Fi 的室内定位在美团总部的实践和应用》（上），https：//tech. meituan. com/mt-wifi-locate-practice-part1. html，2017 年 12 月 5 日。

② Trill，K.，Mobile Tracking：How it works and why it's different，http：//www. truste. com/developer/？p＝86，Retrieved on 2017－12－05.

经超越了传统的物理信号方式，生物特征识别正在成为越来越多企业采集并辨识用户身份的重要手段。生物特征识别技术（Biometrics）是指计算机利用人体固有的生理特征，包括指纹、虹膜、面相、DNA等，或行为习惯特征，如走路姿势等，进行个人身份辨识鉴定。

目前在广告营销领域，指纹和面相数据的应用比较普遍。比如：阿里巴巴旗下既拥有电子商务网站，也拥有互联网金融支付系统——支付宝，而支付宝的付款和用户识别方式则有手势、指纹、面相等。另一个知名的互联网金融支付系统微信也是如此。通过将这些生物特征数据与用户其他的数据进行打通，这些网站可以实现对唯一用户身份的识别，并且通过其在线下消费的记录，比如用支付宝在线下小卖部买了一瓶水，可以了解更多消费者的行为轨迹、喜好和习惯。

除此之外，2015 年，程序化购买广告产业链出现了户外广告与程序化购买广告的结合——程序化数字户外广告。在户外场景下，广告主无法获取消费者的数据，所以若要实现广告的个性化，则必须现场实时获取消费者的数据，这就需要应用人脸识别技术。

根据统计①，世界上平均每四个女人中有一个在其一生中会遭遇家庭暴力。2015 年，英国公益组织 Women's Aid 在一个有人脸识别系统的户外广告牌上投放了一则名为“看我”（Look at me）的广告，图 5－1 是该广告的视频截图。人脸识别系统将会实时识别驻足抬头观看广告的人脸，广告内容将会据此发生变化。如果驻足停留观看的人数较少，则广告牌上显现的是一张拥有大量瘀伤的女人脸部特写；随着驻足停留观看的人数逐渐变多，女人脸部的瘀伤会越来越少。通过这则广告，Women's Aid 想要传达这样一个理念：如果越来越多的人关注家庭暴力，那么便可能一起终止这个问题。

① Simpson, J., How Women's Aid used digital OOH ads to make 327m people stop & look, https://econsultancy.com/blog/67393-how-women-s-aid-used-digital-ooh-ads-to-make-327m-people-stop-look/, Retrieved on 2017－12－05.

图5-1　“看我”公益广告 Youtube 视频截图①

生物特征识别基于概率匹配，因此无法做到100%完全准确，经常存在匹配不成功的情况。其次，生物特征数据采集通常需要高昂的设备支持，比如虹膜和面部识别系统需要高精度摄像设备予以支持，签名识别系统需要具有复杂结构的手写板予以支持。此外，随着时间的改变，人类许多生物特征都将发生变化，比如：变声或感冒将可能影响声音识别的准确性，长皱纹、面部外伤、戴眼镜、多胞胎这些情形都将影响面部识别的准确性。

综上所述，数据采集是个性化广告投放的第一个环节，目前比较常见的五种数据采集方法与技术都存在一定局限性，既难以完整、全面地收集用户的所有数据，意味着需要在后期进行数据融合，而且也存在一定误差。这种数据采集的自我“偏见”（Bias）将影响后续一系列数据处理、分析和广告生产、投放的准确性。

二　消费者数据处理方法

在获得各式各样的消费者数据后，个性化广告的各个市场主体无法直接进行利用，还需经过多种处理流程，才能最终为其所用。目前，大数据的处理需要依次经过数据清洗、数据的结构化处理、数据脱敏、

① Look At Me：Women's Aid interactive billboard，https：//www. youtube. com/watch？ v = wEybVOerb9Q，Retrieved on 2017 -12 -05.

数据融合、数据验证、数据分析与用户画像等多个环节。每一个环节并非法国哲学家Bruno Latour所谓的“黑箱”（Black Box）——只要人们认为它们密封完好，就是绝对正确的，客观的[①]。相反，每一个环节皆存有局限与偏见，最终一齐影响了数据的准确性，进而影响技术导出的结果。

（一）数据清洗

在问卷调查研究中，当一些回答者漏填或随意敷衍完成问卷时，研究者将会在问卷回收时对问卷答案进行筛查，剔除无效问卷。同理，在数据采集时，由于大数据的体量非常大，通常网站在获得大量数据的同时也获得了大量的“脏数据”，也就是噪声数据、无效数据或无关数据。于是，在数据处理以前，数据工作者首先需要对数据进行清洗。

> 数据科学工作者W介绍：“假设请一群计算机科学学院的学生填写问卷，问卷上有这样一道填空题：请问你来自哪个学院？一些学生的答案可能是‘计算机科学学院’，一些学生的答案可能是‘计科院’，还有一些学生的答案可能是‘计算机学院’……对于某一所高校而言，如果管理人员手动筛选这些数据，人脑会认定这三个表达所指的是一个学院，但是对于计算机而言，这三个表达方式指代的是三个学院。只有当计算机认定了这些数据的一致性，才能对这些数据进行进一步处理和计算。这就是数据清洗的意义所在。”

数据清洗包括两种方法：人工数据清洗及机器数据清洗。人工数据清洗指的是数据清洗人员在领域专家的指导和带领下，去除带有明显噪声的数据、无效数据和重复数据，并且填补缺漏数据的方法。大

① 张超：《作为中介的算法：新闻生产中的算法偏见与应对》，《中国出版》2018年第1期。

数据产业的兴起与发展，形成了社会对数据清洗人员的大量需求，许多企业开始招募大量数据蓝领对数据进行清洗和筛选。但是，数据科学工作者 W 也介绍："许多数据蓝领，尤其是刚毕业的数据蓝领与企业的需求有所脱节。"机器数据清洗指的是根据一定数据清洗的业务规则，为计算机制定清洗算法，而后在计算机的主导下，对数据进行清洗的方法。通常来说，这两种数据清洗的方式可能进行混用，一般先由计算机根据算法对数据进行机器清洗，而后再由人力对数据进行再次清洗。

数据清洗环节存有的偏见体现在：一方面，数据清洗基于一定规则展开，而这个规则又是由技术人员进行制定，所以清洗所得的数据将带有这些技术人员的偏见；另一方面，每一个数据清洗人员都带有个人意志，在清洗过程中将产生二次偏见。此外，受数据蓝领清洗能力的影响，人工数据清洗存在一定的不准确性。

（二）数据的结构化处理

随着计算机技术的发展和提升，不仅数据的体量增大，而且数据的形式也增多。除了传统的结构化数据以外，还有许多非结构化和半结构化的数据。由于不同数据分析系统无法彼此兼容，如果要对这些数据进行统一管理与检索，那么则需要将非结构化和半结构化的数据转换成为结构化的数据。

结构化数据指的是能用二维逻辑结构进行表达的数据，非结构化数据指的是无法使用二维逻辑结构进行表达的数据，半结构化数据则是介于二者之间的数据。一般来说，结构化数据可以用数据处理软件 Excel 进行表达，计算机比较容易读写、检索这类数据；而非结构化数据，一般包括文本、音乐、图片、视频、社交等数据，则不能用 Excel 进行表达，不利于检索、查询和存储，增加了数据丢失的可能性[①]。

---

① 苏林森、易伟芳：《大数据技术对传播研究方法的影响与挑战》，《现代传播——中国传媒大学学报》2014 年第 36 期。

事实上，生活中绝大多数的数据都是非结构化或半结构化的，而广告主的消费者数据中，有很大一部分是非结构化的数据，包括消费者的社交数据、输出文本数据、声音、图像、视频等。数据科学工作者X介绍："一般来说，企业需要对其所获得的消费者数据进行管理——也就是说，要把这些数据放入数据库，那么便需要对这些数据进行结构化处理。"

非结构化数据的结构化处理一般都是经历"非结构化数据—半结构化数据—结构化数据"的处理流程。在这个处理过程中，取决于数据的分析粒度，最终得到的结构化数据会有不同程度的损失。分析粒度越粗，数据结构化过程的损耗也就越大，但相应所需的费用则越低；分析粒度越细，数据结构化过程的损耗相对较小，但所需费用却越高。

因此，数据结构化处理环节存在以下可能影响后续流程的问题：当非结构化或半结构化数据得以结构化处理后，原数据将产生"失维"损失，难以完整体现原数据的所有信息，比如：当一段音乐音频进行处理后，可能人们只能看到一些音符信息，却失去了弹奏音乐的乐器、快慢、演奏家的情感等其他信息。此外，数据的结构化处理也受到来自处理规则制定者——技术人员的预设与偏见，并不是百分之百客观、中立的。

（三）数据脱敏

数据脱敏指的是在数据处理过程中通过脱敏规则对涉及用户个人敏感信息进行变形处理，以此来实现对消费者隐私数据的保护。许多企业经常有需要拷贝数据到非工作环境中的情况，比如：在推出一款产品时，企业需要将数据拷贝到开发和测试环境中进行测试；又如：广告主需要将消费者数据分享给经销商，让他们分别掌握市场的发展趋势。在这些情况下，数据都可能存在被泄露，或是被黑客攻击的风险。一旦数据被泄露，那么企业便侵犯了消费者的隐私权。

目前，数据脱敏方法包括了匿名化、隐匿、扰动、差分等方法，主要通过删除、添加噪声、模糊等方式对敏感信息进行处理，进而实现让数据脱敏的目的。但是，无论是哪种方法，脱敏的结果只能是提升数据的安全性，降低敏感数据泄露的风险性，而不能完全杜绝这种风险。黑客采用不同的攻击办法，或企业数据管理部分为了方便后期数据的管理而设置的“后门”，都可能最终导致隐私数据的泄露。

此外，数据脱敏环节也可能进一步损耗、变形原有数据，一些被删除的敏感信息可能用作后续分析，而一些新增的噪声数据又可能影响分析结果。

（四）数据融合

> 数据科学工作者 W 向笔者介绍：“记得我在读大学的时候，那个时候信息还没有联网，所以学校两个食堂之间的信息只能到了歇业时才能互相打通。假设有一天我饭卡丢了，捡到我饭卡的人在第一食堂把卡刷到了限额，因为两个食堂之间的信息不流通，所以这个人可以到第二食堂再次把卡刷到限额。这就是所谓的‘信息孤岛’，值得注意的是，它是天然存在的，不同组织、部门都会保存自己获得的数据。”

在个性化广告领域，为了能够尽可能精确地预测消费者的需求，不同的市场主体都希望能够尽可能多地获得不同来源的数据。比如：需求方平台公司为了能更精确地找到广告主的目标消费者群体，不仅需要尽可能多地从过往的广告投放经验中采集数据、保存数据，还需要从广告主或者第三方数据管理平台获取数据。在获取这些数据以后，需求方平台公司需要将不同来源的数据进行整合打通，这样才能进行利用。又如：广告主拥有大量线下、线上的数据，只有将不同的数据进行融合，才能最大化数据的价值。

数据融合最早出现于军事领域，它将多源数据加以智能化合成，产生的结果将比单一数据信息源更加准确、完整和可靠。目前的数据融合技术以底层、中层、高层三个层级划分为三种形式，分别是基于像元的数据融合、基于特征的数据融合以及基于决策的数据融合。基于像元的数据融合是最底层的数据融合方式，在数据采集后尚未进行任何处理时就进行融合；基于特征的数据融合位于中层，它首先对原始数据进行特征提取，而后再进行融合；最后，基于决策的数据融合是最高层级的数据融合，它是由不同传感器首先先根据目标对象作出判断，而后再进行综合决策的数据融合方式。

值得注意的是，在数据进行融合时，首先要确保融合的数据的质量和安全，防止出现数据领域常常出现的“垃圾进，垃圾出”（“Garbage In，Garbage Out”）的情况。另外，由于不同组织、部门过去管理数据时，各种数据指标都不一样，因此在数据融合的时候，需要重新清洗，达成内部数据的一致性。

数据融合是数据处理过程中非常重要的一个环节，但是鉴于这个流程的复杂性，可以发现：数据融合过程存有许多偏见与局限。第一，数据融合受人为制定融合标准的影响，不同组织、不同人员制定的融合规则都有所不同，存有一定偏见；第二，采用不同的数据融合技术也具有一定偏见；第三，不同来源及指标的数据需要重新清洗才能进行融合，将受数据清洗环节局限的影响；第四，数据融合过程也存在一定的数据损耗与变形。

（五）数据验证

数据科学工作者 X 介绍：“在互联网上，所谓网站辨识的用户，其实不是指每一个生活在现实世界中‘活生生’的人，而是指可标识实体。”也就是说，只有当人的信息可以被计算机标识时，这些数据才能被识别和利用。因此，当不同来源的数据进行融合，或者计算机获取了有关用户“断断续续”的数据时，如何对数据进行验证，确认数据的准确性和统一性，成为大数据时代的又一难题。

已经完成 B + 轮融资的大数据公司首席执行官（CEO）Z 向

> 笔者介绍："大数据发展的最早阶段，数据积累和数据维度都比较少，所以难以进行大数据的验证；但是随着对用户数据的积累，渐渐地可以从多个不同的数据维度验证数据的真实性和准确性，以达到识别用户真实数据的目的。比如：如果用户A的行为轨迹一直都在'大棚区'，但是他在个人信息登记时却写'月收入7000—8000'，那么这条数据便在一定程度上值得怀疑。又如：如果用户B的行为轨迹一直都在某高校附近，他在个人信息登记时写'某高校讲师'，则这个数据的可信度就增加了。"

通过多维、立体的数据验证，广告主将会更加准确、细致地了解某个具体用户的人口属性、特征、行为轨迹、兴趣爱好等信息。值得注意的是，数据验证只是从概率上验证数据可能的真实性，这与日常生活中"验证身份证"、"批改答卷"验证行为有着明显的区别。

（六）数据分析与用户画像

仅仅获得海量数据并不能与广告投放直接进行对接：一方面，在获取海量数据后，技术和数据工作者还需分析数据并进行数据的标签（Tag）管理，让复杂的数据变成简单易懂的文字标签，方便广告从业者在系统里设定；另一方面，广告从业者需要了解每个标签背后所代表的人群和产品，并在投放广告时根据不同广告主的需求锁定相应的目标人群。如此，数据才能进入广告应用领域，实现与广告业者的对话。

无论是广告主的产品数据，还是用户数据，只有在被进行标签管理后，才能最终在广告投放中一一对应。

对于产品信息的标签管理，并不仅仅存在于大数据时代，即使是街角小卖部的老板，也会对不同的商品进行分门别类，以方便统计、销售与管理。2017年淘宝"双十一"一天内的销售额达到了1682亿元，在网络购物日趋流行的今天，商品数量之繁多令人咋舌，加上信息爆炸时代下大量媒体产品的不断涌现，倘若不对产品进行分类管理，那么海量的产品信息将无法被检索和分析。而且，不同于小卖部老板简单的产品管理，现如今采用人工的方式对产品进行标签管理早已不现实。于是计算机的算法体现出了自身的优势。

数据科学工作者 W 介绍："所有的'标签'都是先从人工手动'打标签'开始，然后让机器慢慢学习，直到机器对该信息有了较高的辨识度，则开始让机器'打标签'，这就是所谓的'人工智能'。"人力"打标签"的数据是否精准，机器学习是否到位，都可能影响产品最终获得的标签——那么，如果把产品放错了"仓库"，在广告投放时，又怎么可能正确调出这个产品呢?

> 世界上最大的在线影片租赁服务商 Netflix 的个性化产品推荐非常知名，其背后的原因是：为了理解人们如何寻找影片，Netflix 将好莱坞大片划分成 76897 个类型。首先，Netflix 聘请大量"标签员"（Taggers）观看电影，用一个 36 页的文档教会他们如何对电影的内容"打标签"，而后才使用算法将这些数据分析结果延展至整个数据库。这种细致的标签管理，成为了 Netflix 的"制胜法宝"。[①]

除了产品端以外，对于用户数据而言，标签管理同样重要，其中用户画像是个性化广告业经常使用的方法。用户画像是企业应用大数据的根基所在，其核心工作便是为用户信息进行多维度地"打标签"。例如：用户 A，男，45 岁，收入 1 万元以上，吃货，团购达人，喜欢红酒。又如：用户 B，女，27 岁，收入 3000 元至 5000 元，健身爱好者，素食主义者。这些都是用户画像的典型案例。再如：图 5－2 是易观对汽车后市场电商用户进行"用户画像"分析后得到的结果。

---

① Madrigal, A., How Netflix Reverse Engineered Hollywood, Retrieved from: https://www.theatlantic.com/technology/archive/2014/01/how-netflix-reverse-engineered-hollywood/282679/, Retrieved on 2018－01－02.

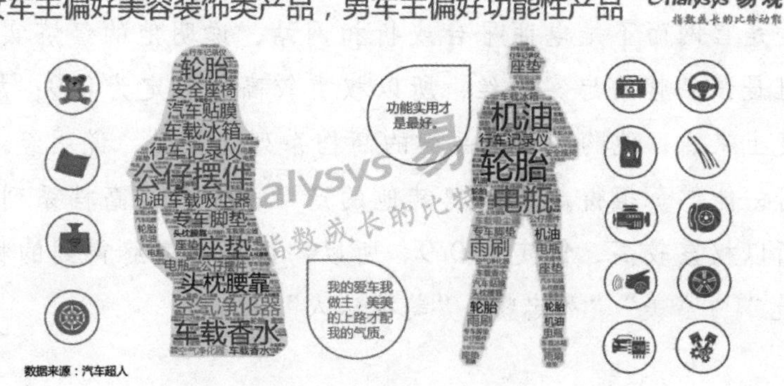

图 5－2 Cobub 的用户画像案例①

用户画像是广告定位理论的延伸，然而，不同于小数据时代对用户人群进行“粗粒子”的定位，在大数据时代，用户画像不仅内容更加详细，而且划分维度变得更多。用户画像的构建方法主要包括以下两种：静态信息数据标签和动态信息数据标签。静态信息数据指的是用户相对稳定的数据，如人口统计属性，这类数据一旦确定，企业不需要过多地进行建模、分析和预测；动态信息数据指的是用户不断变化的数据，一般指的是行为数据，比如：用户 A 早上 8 点在淘宝上买了一个水杯，用户 B 晚间 6 点在美团外卖上订了一个快餐……为了能够在未来进一步预测用户行为的变化，企业需要对动态信息数据进行建模分析，即“打标签”，在计算机上，具体是通过设定标签权重进行实现。

> 比如：用户 C 经常在某品牌化妆品官网上购买化妆品，那么便能根据他的购买地点、购买时间、购买的产品种类等信息，对其进行权重的设定。假设他在最近一天内在该品牌官网买了一款高档系列化妆品。那么从时间维度上来看，他刚刚进入了该品牌

① 图像来源：中国汽车后市场电商行业用户画像报告 2016，https://www.analysys.cn/article/detail/1000301，2022 年 2 月 27 日。

官网，所以权重较高，假定为0.9；从地点维度上来看，他进入的是官网而不是电商平台或折扣网站，说明他的经济实力较好，且是该品牌的忠实粉丝，所以权重较高，假定为0.9；从产品维度上来看，他购买了该品牌的高档系列化妆品，说明经济实力较好，能够负担得起该品牌其他的产品，尤其是高档系列化妆品，所以权重较高，假定为0.9。所以，该用户最终得到的标签可能是“白富美”“死忠粉”“美妆达人”等。

通过这种方式，大数据和广告应用终于实现了对接，但是，值得注意的是，不管是人力还是机器，“打标签”始终是具有一定的误差的。比如：数据显示，需求方平台璧合科技[①]性别标签的准确率达97%，年龄标签的准确率达85%。

因此，在这一环节中，“打标签”的规则是由技术人员制定的，带有技术人员的偏见。这种“打标签”的准确率并非100%，尽管单个标签的准确率看似很高，但是当广告主同时选择多个标签时，选择相应人群的准确率将大打折扣。比如：当广告主同时选定璧合科技“性别”和“年龄”两个标签时，人群准确率降低至82%—85%之间。人口统计学标签的准确率相对较高，倘若再多加几个态度与行为标签，则准确率又将降至更低。

三　广告技术热的冷思考（一）：消费者数据采集处理环节对广告效果的影响

海量消费者数据的收集、存储、处理为广告后续的个性化投放奠定了基础，数据的体量、完整性、准确性都将影响广告系统对广告投放环境和目标人群的分析，以及广告内容的生产。然而，目前消费者数据的采集与处理并非是一个“黑箱”，不仅存在着许多非故意的偏

① 璧合科技，璧合科技以数据打通整合之力，用创意呼唤行业惊喜，http://www.sohu.com/a/115858739_485840，2017年12月5日。

见、预设和误差，而且由于行业“趋利”，在数据采集与处理环节，还存在着大量造假现象，严重危害了广告投放效果。

（一）全数据是“乌托邦”

在大数据浪潮势不可挡的今天，互联网应用推进了社会各个组织机构的信息化进程，物联网技术的发展得以让各种移动设备连接在一起，每一天都能轻易存储下令人惊叹的数据量，全球数据量平均每两年翻一番。知名数据科学家维克托·迈尔-舍恩伯格①在《大数据时代》一书中提及：大数据时代是全样本时代。全样本调查区别于传统抽样调查，指的是借助大数据技术，获取样本量等于调查总体的数据总量，并进一步进行研究分析的方法。然而，在现实中，全数据的实现遇到了许多问题，具有一定的理想性。

在我国，“信息孤岛”普遍存在，除了考虑安全因素以外，更多的是因为组织部门之间的利益驱使而导致的。目前，数据正在渗透各个行业，成为所有行业重要的战略资产和核心竞争力。在“互联网+”、“大数据+”概念的引导下，几乎所有企业都意识到数据资产的重要性。已经完成 B+轮融资的大数据公司首席执行官（CEO）Z 介绍：“过去一个企业发展得怎样的评判标准是资产的多少，而如今这个评判标准变为数据量的多少。”市场先进入者占据了大量数据资源，但由于生怕日后被他者赶超，各个市场主体彼此之间不愿进行共享，形成数据割据的局面，甚至在同一个组织内的不同部门也是如此。这个特征在技术公司尤为明显。广告产品研发的业者 W 介绍：“在新浪内部，广告部门与其他部门之间没有进行数据打通。”国内三大巨头技术公司 BAT（百度、阿里巴巴、腾讯）之间经常发生互相屏蔽的事件：微信和淘宝之间进行相互屏蔽，用户的兴趣产品和购买记录等数据便无法跨平台进行共享，每个公司据此得出的用户信息图景都是不完整的，这与理想中的全数据模式有所背离。

---

① 维克托·迈尔-舍恩伯格、肯尼思·库克耶：《大数据时代：生活、思维与工作的大变革》，盛杨燕、周涛译，浙江人民出版社 2013 年版。

大数据浪潮已呈不可逆转之势，就目前看来，全数据模式的确是技术发展衍生的一个“乌托邦”。但是，相比中小型数据公司而言，全球知名技术公司，如脸书、谷歌、百度、腾讯、阿里巴巴等，由于用户量很大，用户活跃时间与使用时间较长，每一天产生海量的用户数据，有着天然的数据优势，因此，每一个技术公司的数据可以近似为全样本。

全球前 30 强数字传播机构的中国区董事总经理 J 介绍：“尽管大量公司在广告数据方面作出了巨大的努力，但是只有极少数的大型科技公司，在中国境内就是腾讯、阿里巴巴和百度，具备产生‘精准’个性化广告的数据能力。”

不过，已经完成 B + 轮融资的大数据公司首席执行官（CEO）Z 也介绍：“尽管 BAT 等科技巨头公司有着天然的数据优势，但是它们只是在自己的领域有海量的数据，比如淘宝拥有海量的电商数据，但是也有不少用户是不使用淘宝的，那么淘宝便拿不到这类用户的数据；对于京东而言，也是一样。市场上同时存在一些公司既掌握了部分淘宝用户的数据，也掌握了部分京东用户的数据，还掌握了来自其他源头的数据。所以，尽管在深度上，这些公司比不上 BAT，但在广度上却比 BAT 的数据来源更广。”

所以，数据科学工作者 W 也介绍：“正是因为这样（‘信息孤岛’），阿里巴巴近些年来开始投资除了电商平台以外的其他领域，比如共享单车。”

综上所述，在笔者看来，数据是个性化广告效果的基石，基础不打牢，则难以言其他。“信息孤岛”的确是影响广告效果的一个重要因素，尽管它带有较强的不可改变性和难以衡量性，但是从严谨的角度来看，全数据本应具有数据量大且完整的优势，而“信息孤岛”造成的后果却非常可能是变相的大样本抽样调查，而且抽样的样本还不一定具有代表性，结果的准确性可能甚至远不如传统的市场调查方法，这是需要广告效果研究者所注意的。不同平台拥有的数据量和数据维度都有很大的差异，一位在跨国 4A 广告代理公司从事广告投放的业者 S 介绍：“根据我们目前的实践经验来看，BAT 的数据还是比较全的。”

（二）假数据之殇

“信息孤岛”的出现是商业竞争的后果，带有一定的不可避免性，但是在个性化广告领域，假数据是影响和危害广告效果更为重要的一大因素。包括全球前 30 强数字传播机构的中国区董事总经理 J、数据科学工作者 W 等人都提到了数据分析领域一句著名的话：“垃圾进，垃圾出”（“Garbage In，Garbage Out”），意思是如果你用“垃圾数据”进行分析，那么得出的结果仍然是“垃圾结果”，是没有任何意义的。

正在进行 B 轮融资的大数据公司的常务副经理 L 介绍：“数据造假对大数据创新发展是百害而无一利的，不仅给大数据行业造成了混乱，而且浪费了大量人力、物力、财力，还违背了商业诚信原则，致使合作商无法积累有效的价值数据。”

个性化广告领域的造假数据比例究竟有多少？

针对此问题，笔者采访了被誉为“中国私有程序化购买第一人”的吴俊，据他回答，目前中国程序化购买广告领域数据作弊的比例可能是 30% 到 50%。这一回答得到了来自全球前 30 强数字传播机构的中国区董事总经理 J 以及在跨国服装电商从事广告投放的业者 Z 的确认。

目前，在个性化广告领域，假数据主要包括以下两种类型：一般无效流量（GIVT：General Invalid Traffic）和复杂无效流量（SIVT：Sophisticated Invalid Traffic）。一般无效流量主要指的是非人类产生的流量数据，比如使用机器人和爬虫程序创造的流量，以及其他伪装成合法用户产生的流量数据。复杂无效流量主要指的是恶意广告攻击，即黑客在广告位上投放恶意广告形成的流量数据，故意通过隐藏、覆盖的方式产生用户看不到的流量数据，非法劫持广告创意而形成的流量数据，以及通过盗用、伪造或者虚假展示广告内容产生的流量数据等。

假数据的制造成本极低，但获利却颇丰，这是导致行业内假数据现象层出不穷的一个关键原因。笔者在“百度”上键入“刷流量”，得到了各种刷流量的“利器”：流量宝、流量神器、在线刷流量、点击神器等。比如：在排名第一的流量宝上，付费 1 元便可在 1 天之内获得 1 万流量数据，这说明广告行业的数据造假成本极低。此外，在各种贴吧里盛行的“流量代刷”业务，平均付款 30 元便可包下一个季度到半年不等的服务。相比之下，数据造假的获利空间却是巨大的。美国市场调研机构 eMarketer 分析，数据造假能为造假者带来超过 80% 以上的获利空间，在 2016 年全球移动广告的 420 亿美元支出中，有 80 亿美元消耗在广告欺诈方面①。

其次，个性化广告产业市场参与主体良莠不齐，一些市场主体根据广告主的诉求过分夸大这一类型广告的效果，也成为广告数据造假的重要原因。

> 全球前 30 强数字传播机构的中国区董事总经理 J 介绍：“我认为中国很多所谓的‘程序化购买广告’都是虚假的，广告主设定了 KPI 后，广告代理或需求方平台便开始努力‘达到 KPI’，如果实在没办法达到的话，他们就会尝试不断增加流量，或寻找其他非常‘有创意’的办法去达成 KPI。”

① eMarketer，The Ad Industry’s Focus on Fraud Has Intensified，https：//www. emarketer. com/Article/Ad-Industrys-Focus-on-Fraud-Has-Intensified/1014430，Retrieved on 2018 - 01 - 03.

再次，尽管传统的靠“刷网页”来增加造假的机器人流量如今已经很容易被技术侦测，但是如今的机器人和爬虫技术更加趋于复杂化，间接提升了广告数据造假监控的难度。比如：机器人可以在访问用户的后台悄悄运行大量浏览器窗口，模仿用户观看视频、点击广告、滚动网页等行为，并且生成一系列广告主想要看到的数据。因此，造假监控难也成为数据造假的原因之一。

综上所述，笔者认为，相比“信息孤岛”而言，假数据是严重影响个性化广告效果的一个核心因素。它腐蚀了大数据的基石，所有在此基础上得到的分析结果都是不可信的。已经完成 B + 轮融资的大数据公司首席执行官（CEO）Z 认为：“只要通过技术手段提升造假者的成本，便可以降低或者抑制造假的现象。”但是，造假技术始终与整个信息行业技术的发展亦步亦趋，所以，笔者认为，假数据对个性化广告效果产生的影响并非一朝一夕所能解决。

（三）其他偏见与误差对广告效果的影响

首先，消费者数据的采集与处理，并非自然发生，而是在人类制定的规则（算法）下进行的。数据采集与处理的算法是一种“人工物”（Artifact），在一定程度上反映了人类的意志和取向，难以比人类更为客观、中立。所以，只要人存有偏见——即使是受过严谨科学研究训练的科学家也难以完全摆脱这一“虚构、表示、象征、近似与管理构成的世界”[①]，则采集与处理的消费者数据必将也存有偏见，这是无法避免的客观事实。将带有偏见的消费者数据，输入个性化广告系统，导出的结果仍然将带有偏见。

其次，采集与处理的数据是否能够准确反映真实世界呢？这是存疑的。除去数据的故意造假，由于种种原因，有时用户故意不透露个人隐私信息，或故意伪造个人信息，比如在填写“性别”时将“女性”填为“男性”，致使收集的数据有所偏差，这是机器甚至人类都

① 张超：《作为中介的算法：新闻生产中的算法偏见与应对》，《中国出版》2018 年第 1 期。

难以甄别的。消费者数据与现实世界情况不重合，则无法避免“垃圾进，垃圾出”的情况。

再次，原始消费者数据需要经历采集与处理的多个环节，才能成为可供个性化广告系统利用与分析的数据。根据上述分析，即使由技术实现，消费者数据与处理的每一种方法并非完美无缺，每一个环节都存有一定概率的误差，比如“打标签”环节的准确率并非百分之百。尽管看似准确率已经非常高，但是当所有误差进行叠加时，比如：两个准确率为80%的环节叠加时，则准确率变为60%至80%之间，误差的“力量”不容小觑。

综上所述，相比过去，大数据采集与处理技术的进步性不容否定，如今越来越多消费者数据得以记录。但是，消费者数据的采集与处理并非绝对客观、中立、正确，受客观事实及人为故意的影响，存有包括数据造假、信息孤岛、数据误差与偏见等一系列问题，其中数据造假问题尤为严重。数据基础无法夯实，则将危害广告算法的训练，影响广告系统的分析结果，致使广告投放与内容生产环节出现偏差，最终导致广告效果不佳。

第二节　大数据时代个性化广告算法对广告效果的影响

数据积累是广告投放前期的基础性工作，好比是射箭运动员为了比赛而储备的肌肉；广告算法则是将广告内容与目标消费人群进行配对的过程，好比是射箭运动员为了瞄准目标而锻炼的技巧。算法指的是根据一定运算来解决问题的策略机制[①]。广告算法是广告技术最为重要的一个部分，应用于个性化广告投放过程的各个方面，比如程序

① 严士健：《算法初步》，高等教育出版社2005年版，第9页。

化创意算法、广告定向投放算法等，让广告实现了个性化特征。

广告算法并非自诞生以来便完美无瑕，通常需要通过长期的训练才能帮助人们实现既定的目标。而且，不同类型与算力的广告算法，都将影响着广告内容的个性化程度以及广告最终能否被“精准投递”。无论是广告内容个性化程度不佳，还是“投递失误”，都将影响广告的投放效果。

一　广告的定向投放

个性化广告投放是基于广告定向技术而展开的，而广告定向技术早在网络发展初期（20 世纪 90 年代中叶）已经出现，指的是将广告内容信息投放至指定人群面前的广告投放算法。在中国市场，2000 年，新浪网与谷歌双击公司合作，率先推出了国内第一家广告定向投放系统，但是那时中国互联网的发展方兴未艾，网站积累的数据较少，数据存储和处理技术有待加强，广告业者们[①]都认为，“网络广告始终只能演个配角……网络广告市场的成长还需假以时日”。时至今日，个性化广告定向投放技术已经多达 10 种以上，而算法的复杂性也在不断提升，提升了广告精准投放的可能性。以下将介绍几种比较常见的广告定向技术：

第一，地域定向指的是广告主根据用户地址的不同定向投放广告，比如：深访对象用户 Y 介绍：“我在珠海看到的视频广告都是粤语的，而在上海时看到的视频广告却是普通话。”除了地区、城市的定向，个性化广告还能实现定位商圈、学校等更小的范围。通过窄化目标用户的地区范围，广告主既降低了广告投放成本，又提升了广告投放的针对性。

第二，人群自然属性定向指的是根据人口不同的自然属性对人群进行划分，并定向投放广告。人口自然属性包括性别、年龄、教育经

① 朱巍、何江涛：《定向广告来了》，《中国经济时报》2000 年 11 月 7 日。

历、工作情况、婚姻状况、收入情况等信息，通过在广告投放过程中对接用户数据库中相应的标签人群，进而实现不同维度的广告定向投放。

第三，设备定向指的是根据不同人群使用设备的不同定向投放广告，既包括移动端或是 PC 端，也包括不同的手机品牌、型号、操作系统或运营商等。例如：一些基于位置的服务可以直接定向移动设备人群，并通过导航的方式指引用户到达门店。

第四，时间定向指的是在某一个特定的时段内向目标用户群定向投放广告，比如：在用户一起床或是睡前刷手机时推送广告，可能增加广告的效果。深访对象用户 M1 提及："在工作时间内如果看到广告一般都会直接忽略，而且当广告严重影响工作时还可能关闭广告，但是如果晚上在家休闲的时候，还是比较乐意看一些广告，了解一下最近的潮流趋势。"所以，广告主可以考虑避开用户繁忙时期，设定用户空闲的时段，对用户进行广告投放。

第五，天气定向指的是结合不同地理位置的天气状况，向当地用户推送相关产品的广告信息。例如：正逢冬日，北方雾霾天气频率增多，那么口罩、空气净化器、加湿器等企业广告主便可以设定向这些地方的人群推送广告。

第六，上下文定向沿用了软件交互设计用户友好性（User-Friendly）的理念，指的是根据广告投放位置附近的媒体信息定向投放内容相适应的广告。广告媒体首先需要对媒体广告位附近的内容进行提炼和标签，比如：网易有道词典是一个以英语学习和词汇翻译为主的网站，因此根据网站内容提炼的关键词可能是：外语学习、翻译等，在广告主投放广告时便可以自主选择与其品牌最相近的广告媒体进行投放，在本例中，有道词典页面上的广告几乎都来自外语学习机构。深访对象用户 W2 在谈到微信信息流广告时，提及："微信是一个社交平台，用户抱着交流的目的使用这款 APP，所以自己更愿意看到一些与学习、阅读相关的广告信息，太'硬'的广告反而不太喜欢。"上下文定向既保护了广告媒体的用户友好性，而且同样重要的是，它保护了大型广告主的品牌安全：举例来说，一方面，对于大型广告媒体来说，如果一个成人用品广告显示在其最重要的广告位上，这无疑损坏了这个广告媒体的品牌形象和用户友好性；另一方面，对于大型广告主而言，如果其所投放的广告附近都是成人用品广告内容，那么也会影响该广告主的品牌形象。

第七，相似用户定向指的是基于一小群用户的特征而向同样具备该用户群相似特征的人群定向投放广告。广告媒体通过分析广告成功精准投放人群的特征，进而圈定具有类似特征的人群进行广告投放，以增加广告投放成功的可能性。比如：谷歌产品“广告感知”（Google Adsense）分析曾经到访广告页面人群的特征（也就是广告投放成功的案例），在其数据库中寻找相似的人群进行广告投放。

第八，行为定向指的是根据对用户历史行为记录的分析进行广告的定向投放。行为数据不仅可能体现用户的兴趣爱好、生活习惯等信息，也可能体现用户处在购买决策过程的不同阶段。比如：笔者曾为脸书公共主页“中国文化”进行推广，在脸书网站上投放广告，圈定人群兴趣爱好为“茶”“冥想”“美食”“健身”“旅行者”和“瑜伽”，也就是说具备上述兴趣爱好的脸书用户才有可能看到笔者投放的广告。

> 全球前30强数字传播机构的中国区董事总经理J介绍：“在香港时，朋友推荐了一个服装品牌，当我第一次登入该品牌官方网站时，登陆页面的广告位上赫然写着：‘快注册吧’；当我注册后回到加拿大，再次打开这个网站时，这个广告位给我推荐了根据我个人定制的并且在当地可以购买到的衣服款式。”

第九，重定向指的是广告主对曾经产生过与该品牌相关行为的用户重新定向投放的广告形式。这是一种特殊的行为定向，目的是通过不断“提醒”用户，唤起用户关于广告主的记忆，尝试将这些用户

"拉回来"。比如：用户A可能曾经想买一台苹果手机，但是因为各种原因而犹豫，中断了购买流程，通过重定向，让苹果手机广告经常出现在这位用户的面前，唤起他的购买欲望，最终可能实现转化。根据美国电子商务公司 Demac Media 的统计，消费者第二次访问在线商店时，购买转化率会跃升97%，而消费者第一次进入在线商店时，更多的是在发现和研究产品①。另一统计显示，"大约2%的购物转化来源于消费者第一次访问在线商店，而其余的98%皆来自重定向"②。

除了以上介绍的广告定向技术，还有浏览器定向、语言定向、网页定向等多种定向技术，它们是广告定位理论在大数据时代的沿用。在传统媒体的时代，虽然广告投放也是基于定位目标人群而展开，但限于技术水平的发展，广告主无法实现如此细致的目标群体定向投放。随着大数据的体量越来越大，划分方式越来越细，广告定向技术的种类也会越来越多。

二　广告效果预测

广告传播是广告主付费后有目的地进行传播的行为，所以，当预估广告投放效果时，一方面，广告主需要考量受到广告影响的用户数量；另一方面，广告传播行为也要考量广告成本，也就是说，只有在控制成本的前提下使广告影响更多用户，才算提升了广告的投放效果。

笔者曾于2017年12月在脸书网站上为公共主页"中国文化"进行主页付费推广，分别采用了两种不同的推广方式：速推帖（Boosted Post）和主页推广（Page Promotion），图5-3是其中两个案例的对比。速推帖的评估指标包括了到达量（Reach）、帖文互动次数（Post Engagements）和广告花费（Spent）；主页推广的评

① Demac Media, Ecommerce Benchmark Report Q2 2016, http://info.demacmedia.com/q2-2016-ecommerce-benchmark-report, Retrieved on 2018-01-03.

② 鞠宏磊：《大数据时代的精准广告》，人民日报出版社2015年版，第126—127页。

估指标包括了到达量、主页赞（Page Likes）和广告花费（Spent）。从表面上看，主页推广获得了更高的到达量和主页赞，似乎广告投放效果更好，但是如果加上对广告成本维度的考虑，则会出现以下结果：

速推帖“每到达成本”=广告花费/总到达量=CAD0.0109

主页推广“每到达成本”=广告花费/总到达量=CAD0.0131

速推帖“每帖文互动成本”=广告花费/总帖文互动次数=CAD 0.0723

主页推广“每主页赞成本”=广告花费/总主页赞数=CAD 0.0762

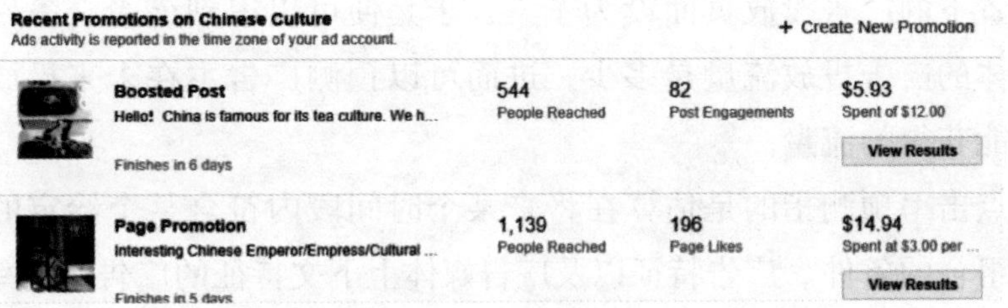

图5-3 脸书网站“中国文化”广告投放

可以发现，如果广告主追求该主页覆盖更多的人群，也就是追求广告的到达量，那么尽管主页推广的总到达量多，但是“每到达成本”却是大于速推帖的，所以速推帖的投放效果更好；如果广告主追求与用户的互动量，那么仍然是速推帖的投放效果更好，尽管帖文互动与主页赞有一定区别。

个性化广告效果区别于小数据时代广告的一大特点在于能够在广告投放前直接预测广告投放的效果，而不是通过广告媒体的受众数量间接估计广告投放效果，能帮助广告主（特别是广告预算不充盈的中小型广告主）节省不必要的广告开支。

广告效果预测不仅是辅助广告主进行广告购买决策的重要因素，更重要的是，它也是竞价类广告投放出价的重要基础。广告效果预测以算法的方式将用户数据、上下文数据与预测指标对应起来，以获得预测的结果。其中，流量预测与点击率预测是个性化广告系统中最为重要的两个预测模型。

流量预测指的是“估算在将来某个时间段内符合某个给定的受众标签组合的条件，并且市场价在该 eCPM（Earning Cost Per Mille，每一千次展示可以获得的广告收入）阈值以下的广告展示量”[①]。它的预测逻辑运用的是先验知识，其主要方法是根据以往广告投放的历史数据来对未来广告投放可能获得的展示量进行预估。在这个问题中，假设在历史数据中，整个互联网的广告投放页面为一个集合，当广告主设置了某一特定的受众条件，比如：18 岁以上的男性，在这个受众条件设置下的广告投放页面设为子集，于是便可以得到该受众条件设置下具体的广告投放流量是多少，进而可以预测广告主在未来投放广告时可能获得的流量。

点击率预测指的是估算在将来某个时间段内符合某个给定的受众标签组合的条件、广告特征以及广告媒体上下文特征的广告点击率。根据第二章对个性化广告运作流程的介绍，每一次广告成功被用户点击都要经过三个流程：广告请求、广告展示和广告点击。在互联网上，每一次广告的请求、展示与点击都会有一条日志上传至服务器，记录了用户特征信息、广告特征信息以及上下文特征信息，比如：用户 A 的性别为男性，年龄 18—25 岁，来自上海，广告展示设备为 iPhone……也就是说，如果一则广告最终被用户 A 点击，那么在服务器里会生成三条日志：广告请求、广告展示和广告点击。为了能够预测广告点击率，首先需要将这三条日志关联起来。然后将用户特征、上下文特征和广告特征这三个特征维度与广告点击率对应起来，形成一个矩阵。由于影响每一次点击的特征因素都不尽相同，所以需要在其中寻找若干个贡献最大的特征值，并运用逻辑回归（Logistic Regression）推导未来

① 刘鹏、王超：《计算广告——互联网商业表现的市场与技术》，人民邮电出版社 2015 年版，第 175 页。

广告投放中可能获得的点击率。

值得注意的是，用于预测广告效果的算法模型并非一成不变。新的算法并非倾一人之力便可实现的，通常是在前人算法的基础上进行改良和创新。

> 数据科学工作者 W 介绍：“作为一名数据科学工作者，首先我们需要掌握应用最经典的算法，力求能够用好经典的算法。”数据科学工作者 C 也提及：“在每一次解决预测问题时，我首先需要阅览大量的营销学、广告学、心理学等相关的文献和理论模型，据此提出自己的假设，并将新的算法放入数据库进行验证。如果对于不太确定的变量，我会先把权重设置得比较小，在数据库验证后再进行调整。”

除了将新的算法在离线数据库进行验证以外，数据科学工作者一般需要对经离线数据库验证后的算法进行在线验证，对比与旧算法的准确率，最终决定是否采纳新的算法。

三 广告可见性

在“制导技术”下，个性化广告终于得以展现在广告媒体，但是，这并不代表用户一定会看到广告。最典型的情况是，在一个长幅的门户网站上，当用户访问一个网站时，位于网站下端的广告得到展示，但是如果用户不用鼠标滚轮往下移动网站页面，用户是没有机会看到广告的。换言之，这样的广告展示是无效的。

> 全球前 30 强数字传播机构的中国区董事总经理 J 介绍：“每一年有 4 万亿的广告在互联网上进行展示，事实上有很大一部分从未被人类看到。统计数字显示，31%的广告被展示在非视域范围内，对于一个特定的广告媒体而言，广告可见的概率为 7%至

100%。所以，如果一个品牌广告主的广告呈现在不可见的范围内，那么宁可减去这种无效率的展示流量，因为它有可能危害广告主的品牌。”

广告可见性（Viewability）指的是广告成功在媒体上展示后有机会被用户看见的概率，这个指标直到2013年以后才开始逐渐为国外业者所重视，因此网络广告投放逐渐形成一系列具体的评估指标，以监测广告是否可见。例如：对于PC端的展示广告来说，它必须有50%的像素面积成功展示在可见区域内，并且停留时间要超过1秒以上，才可被认为是可见的。又如：对于PC端的视频广告来说，它必须有50%的像素面积成功展示在可见区域内，且停留时间至少要超过2秒以上，才可被认为是可见的。

第二章介绍了个性化广告的运作流程，广告可见性的监测是在正常运作流程中加入一个环节：在广告信息成功展示后，展示数据将被传回网站服务器；同时借助相关代码，广告媒体将会持续监测广告的可见性，并不断上传广告的可见性数据。比如：用户A在PC端进入某网站后，并未滚动鼠标滚轮，而是直接点击了页面最上端的某个链接，进入了该网站的下一页。如果用户A在网站首页停留时间低于1秒，则认为首页所有的广告不可见，可见性报告将会传回网站服务器；如果用户A在网站首页停留时间超过1秒，但是由于他并未滚动鼠标滚轮，所以可见区域是网页上半部分，假设在这一部分投放的广告数量占整个网页广告投放数量的60%，那么这些广告即被认为可见，可见性报告将会传回网站服务器。

目前对广告可见性的监测主要集中在PC端上，移动端的应用仍然较少，其测量技术方法主要包括以下几种：第一种方法是比较主页内广告显示位置与主页内浏览器视窗显示位置的相对位置，可以了解用户是否有机会看到该广告。第二种方法是测量广告在整个显示屏上的位置，如果广告位置的坐标超出了屏幕区域，则认为广告不可能被用户看见。第三种方法是测量鼠标的位置，如果用户鼠标位于可见区域内，则认为广告是可以被看见的。第四种方法是对比浏览器在加载广告素材时是否增加了 CPU 的消耗，如果在用户浏览网页时，CPU 的消耗增加了，那么可以被认为浏览器在加载广告，所以广告可见。

值得注意的是，广告可见性并不代表广告一定能被用户看见。深访对象用户 M1、深访对象用户 W3 和深访对象用户 H2 都提及："如果我知道某个区域是广告的话，我会下意识地避开该区域，选择'划过去'或跳到其他内容部分。"也就是说，即使广告成功展示在可见区域内，用户因素仍然会影响广告是否最终被看见。如果使用眼动仪对用户视线进行追踪，可以发现，在 PC 端网页上，用户的视线可能从未停留在广告位上。

四 广告效果优化

由于广告投放系统能够近乎实时地反馈广告投放数据，比如：脸书网站广告投放系统的数据反馈周期是一天，因此一旦广告活动开始，便意味着广告优化也随之开始，广告位的买方（即广告主、广告代理或需求方平台）需要不断监测并优化广告的投放效果。

对于广告主来说，广告投入成本越低，广告投放实现广告主预期目标 KPI（Key Performance Indicator，关键绩效指标）的程度越高，则说明广告效果投放越好。在广告实时交易过程中，广告位的买方需要在 100 毫秒以内决定该次广告展示的价值，并进行最合理的出价，而且对于某个特定的广告投放系统来说，比如某个需求方平台，每 100 毫秒需要决策多个不同的广告投放，所以仅靠人工优化是不可能完成的，这就需要广告算法进行实现。通常来说，广告效果优化既包括了人工优化，也包括了机器优化，但更多的是二者结合。

在广告效果优化过程中，买方需要根据不同的用户人群、广告媒体和广告位、促销活动周期的不同阶段、投放时间、投放地点等因素，制定不同的投放价格，并且投放不同的广告内容，具体方法和流程如下：

第一，在广告活动开始后，广告系统需要一段时间进行数据积累和效果测试，一般来说，这个时间周期约为一个星期。只有积累了一定数据后，买方优化师才能进行数据分析，相应调整广告的投放策略。因此，在这个周期内，广告买方投入的预算较小。

第二，当有了一定的测试数据后，广告买方需要分析广告投放的各项数据是否达到预期目标，发现存在的问题，调整各个维度的投放比重。比如：在测试中，广告主的广告在晚间22—23点获得了最多的点击率，而且这一时段的每点击成本也相对较低，那么广告买方便可在后续投放中将更多的广告预算集中在这个时间段。又如：如果广告买方发现某一特定的用户群在测试中获得了较好的转化效果，那么便可以在接下来的投放中单独对这个用户群进行针对性投放，同时排除那些转化价值较低或转化成本较高的用户群。再比如：在测试中，广告主的广告在某一特定媒体的广告位上表现较好/表现很差，那么广告买方便可选择以后锁定/屏蔽这个广告媒体。

第三，广告买方需要随时优化广告的内容，这将影响广告出价的价格。广告媒体售卖广告位的根本目标在于盈利，换言之，广告媒体需要最大化每一个广告位获得的收入。目前广告媒体衡量每一个广告位获得收入的指标是 eCPM，其基础算法为：eCPM = CTR（Click Through Rate，点击通过率）× CPC（Cost Per Click，每点击成本），也就是说，广告位获得的收入受到广告点击率和广告买方出价的双重影响。举例来说，对于某一个特定的广告位而言，假设广告买方 A 的 CTR 是 2%，CPC 是 1.5 元；广告买方 B 的 CTR 是 1%，CPC 是 2 元。从表面上看，B 出价更高，似乎广告展示机会应该分配给 B；但事实上，对于广告媒体而言，将广告展示机会分配给 A 可以赚 3 元，但如果分配给 B 只能赚 2 元。所以，在多数情况下，广告媒体会把该广告位的展示机会分配给 A。为了提升 CTR，广告买方会不断优化广告内容，目的是相应降低 CPC，比如：一则广告的形式越有趣，用户点击可能性则越高。广告内容的优化将于下一节详细介绍。

第四，对广告买方出价 CPC 的不断优化同样不可忽视。比如：当广告买方 C 和广告买方 D 的 CTR 一样的情况下，广告买方 C 的出价更高，那么最终广告买方 C 的广告便得到了广告展示机会。如果广告买方设定价格过低，那么很可能会错过多次广告展示机会，竞价成功率过低，广告预算花不掉；如果广告买方出价过高，那么广告预算将很快花完，单位价格内广告展示机会较少，总体广告覆盖面较小。所以，广告出价是广告买方系统的核心竞争力。

值得注意的是，实际优化过程中并不是一帆风顺的，很大程度上取决于广告效果数据回流是否受到限制。全球前 30 强数字传播机构的中国区董事总经理 J 介绍：“广告投放系统能否实现广告效果数据的回流（feedback loop），决定了机器能否进行学习并优化。”目前，多数广告系统受到广告效果数据回流的限制，只能通过曝光量或者点击量来作为广告效果衡量的标准，并进而开展优化。然而，事实上，广告投放过程的复杂性决定了广告效果需要更多元的衡量标准。

五　广告内容生产

全球前 30 强数字传播机构的中国区董事总经理 J 认为：“无论在什么时代，广告的终极目标都是在正确的时间、正确的地点向正确的人，说正确的内容。”在大数据时代，起初，以用户数据为基础的广告投放算法理论上解决了广告“在哪儿说”“什么时间说”和“跟谁说”的问题，但却没有解决“说什么”的问题。

（一）程序化创意的诞生与发展

“互联网广告的‘创意匮乏症’由来已久[①]”，在大数据时代，广告领域遭遇“说什么”的问题。比如：图 5－4 是手机淘宝“猜你喜欢”广告，虽然广告内容突出了产品特征，但是无论是从表现形式、

① 鞠宏磊：《大数据时代的精准广告》，人民日报出版社 2015 年版，第 148 页。

视觉效果角度，还是从广告创意角度来看，这些个性化广告内容乏善可陈。曾服务于全球最大传播集团的设计师、国内某高校设计学院外聘教授 F 认为：“总体来讲，（图 5-4）这些（广告）设计看上去非常基础。对我来说，它们的布局和样式也许能让人关注产品信息，但是这些广告的制作成本看上去非常低。”

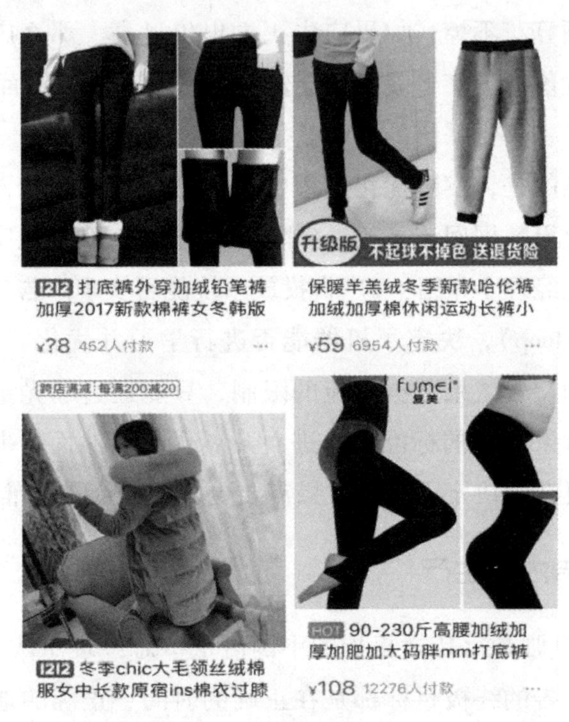

图 5-4 手机淘宝“猜你喜欢”广告

又如：深访对象用户 Q 提及：“前段时间我准备进行牙齿矫正，于是在‘百度’上搜索了一些相关信息，这几天我经常看到许多网页的广告都是‘大钢牙’，‘追着我跑’，让我实在受不了。”

根据第二章对个性化广告产业链构成的介绍，事实上，对于许多个性化广告系统而言，广告内容并非是一个必要影响因素，而是一个可选项。

针对大数据时代广告内容乏善可陈的现象，国内某高校广告系系主任 Z 认为：“由于电子设备屏幕太小，创作空间受限，这一领域的广告内容创作无法施展。”包括国内一家需求方平台公司负责人在内的许多业者认为，互联网广告受到技术条件、创意空间、广告预算等多种因素的限制，个性化广告只需找到广告主的目标消费者即可，创意并非“必需品”。此外，美国营销研究机构 eMarketer 2014 年 11 月针对数字营销业者展开的一项调查结果也显示：只有 22% 的数字营销从业者“时常”根据消费者数据来调整广告内容信息，41% 的数字营销从业者“偶尔”这样做，其余数字营销从业者“很少”或“从不”这样做①。

但是，这些看似合理的原因，在互联网技术高度发达的今天却很难成立。第一，随着 HTML5 等技术的不断成熟，技术和网络空间给广告内容生产造成的障碍已经不复存在；第二，个性化广告的产业流程实现了广告主与（潜在）目标消费者个体的直接对接，提高了广告的投放效率，“高产出”不一定需要“高投入”；第三，广告内容与“效果导向”并不存在冲突，难道“卖东西”不需要“吆喝”的艺术？因此，个性化广告没有理由让人厌恶，观念和态度是最重要的原因。

在大数据时代，广告内容成为个性化广告的软肋。对比过去合约式购买广告，个性化广告在理论上强化并完成了消费者的“精准制导”，但缺少的是针对消费者的更加有感染力的沟通和“直达人心”的力量。

（二）程序化创意的概念

在个性化广告产业链缺失内容生产环节的背景下，2013 年，国内第一家人工智能程序化创意公司筷子科技出现。程序化创意指的是以数据为导向动态化生成广告的过程。它基于一定的程序化创意平台（Programmatic Creative Platform），通过大数据与创意的程序化算法，程序化创意系统能向设计师推荐相关设计素材，如图标、模板、图片、颜色和广告语等，自动生成适合不同消费需求的多版本创意，并能对不同的广告创意进行实时投放筛选，根据这些创意的广告效果进行动

① eMarketer, Programmatic Creative: Look to Existing Processes for Guidance, http: //www.emarketer.com/Article/Programmatic-Creative-Look-Existing-Processes-Guidance/1012434, Retrieved on 2017 – 12 – 21.

态优化。目前，国内专门从事程序化创意服务的公司共有四家：筷子科技、喝彩网、百度霓裳和 Sizmek。

图 5－5 是玛氏巧克力 2016 年与筷子科技合作推出的程序化创意广告。作为个性化广告产业链的一个组成部分，程序化创意平台既要与广告主进行沟通，了解广告主的目标投放人群类型；又要与需求方平台进行对接，根据每一次用户访问的广告环境的不同，进行广告内容的个性化组合，实现广告内容的“千人千面”。根据天猫大数据，玛氏巧克力首先确定了广告目标用户；然后，设计师将设计好的素材（包括 Logo、产品、代言人、文案、背景等）上传至 KuaiPlay 云创意制作平台，便能快速导出多套针对不同人群，能够适应不同广告媒体尺寸的广告创意组合。比如：针对明星粉丝人群，广告内容包含了李易峰的照片，或是“约会李易峰”的文案，以此吸引用户的关注。在广告活动开始后，程序化创意平台会对不同广告内容的投放效果进行监测，优化投放效果好的广告内容组合，摒弃投放效果差的广告内容组合。①

图 5－5　玛氏巧克力与筷子科技合作的程序化创意广告②

① 筷子科技，玛氏巧克力电商高速增长，他是如何做到的？https：//www. kuaizi. co/cases_detail_ 10. html，2018 年 1 月 3 日。

② 图片来源：筷子科技，玛氏巧克力电商高速增长，他是如何做到的？https：//www. kuaizi. co/cases_ detail_ 10. html，2018 年 1 月 3 日。

（三）程序化创意的优点

广告内容向来是广告活动中最凝结人类智慧的一个重要部分。在合约式广告购买模式下，广告主付重金“精雕细刻”广告内容，通过比稿环节决定最终获得订单的广告团队。程序化创意是大数据时代下广告内容生产的新发展，是程序化购买广告复杂流程中的重要环节，呈现出有别于传统“精耕细作”广告创意的新特点。

1. 操作便捷，快速生产广告内容

首先，借助算法和技术，程序化创意平台能快速组合、生产广告内容，简化设计师和营销团队的工作。有别于传统媒体，互联网的广告媒体资源非常丰富，不同广告位的规格和尺寸都不一样。例如：仅腾讯广点通这一个广告产品便有 26 种广告尺寸，分别投放在 QQ 空间、朋友社区、腾讯网、QQ 音乐等媒体上。在程序化创意平台未出现以前，通常设计师需要依靠人力调整广告的布局、格式、尺寸等，以适应不同平台、不同广告位的广告呈现要求，这耗费了广告设计师大量的时间，而且还无法实现广告内容的个性化。比如：在一个基于位置的服务平台（如携程网、驴妈妈等）上，对于一个航空公司而言，如果呈现在所有用户面前的广告内容都是一样的：“机票 299 元起”，那么由于与多数用户都不相关，所以用户点击的可能性较低①；但如果通过后台数据了解用户最近想从 A 地飞往 B 地，在广告内容中嵌入关于 B 地的信息：B 地的风景、“飞往 B 地只需 199 元”的文案，都将可能提升广告的点击率和转化率。然而，仅仅凭借航空公司设计师的人力操作，难以实现如此大量的个性化广告内容。相比之下，程序化创意平台能自动化快速地对设计素材进行大规模个性化组合，简易、快捷、高效地制作大量广告，使其既满足个体消费者的多样化需求，也适用于不同的投放平台，大量减少传统人力设计中繁琐的迭代工作。

① Dorais, J., Creative Personalization with AdReady, https://site.adready.com/creative-personalization-with-adready/, Retrieved on 2018－01－03.

例如：筷子科技运用“创意降维”技术，将一则广告的内容分为多个元素，包括Logo、产品、文案、背景图片、代言人或模特、按钮、颜色等元素，并对这些元素进行排列组合，借助算法，能够在瞬间产生成千上万个不同组合的内容。在手游项目“暴打魏蜀吴”中，筷子科技在30分钟以内完成了对广告素材进行分析，提炼广告模板，并对不同广告元素进行拆分重组的过程，最终获得了能适应12种不同广告位尺寸，共计3840个不同组合的广告内容。[①]

而且，程序化创意平台还能实现视频广告的快速生产。相比平面广告而言，视频广告内容涉及的元素更多，而且各个元素之间如何能够更好地进行衔接、匹配，成为视频广告程序化生产的一大挑战。

在NFL全美橄榄球职业联盟2016—2017赛季，美国安海斯－布希啤酒公司（Anheuser-Busch）专门为28支橄榄球战队分别设计了独有的啤酒瓶，并进行了一场名为“拥有你战队的啤酒”（“Beer With Your Team On It”）的广告活动。这个赛季共有76场比赛，所以安海斯－布希啤酒公司希望为每一场比赛都设计一个个性化的动画广告，分别运用Html5技术和脸书网站广告进行推广。这76个视频广告内容的差异在于每一则视频广告需要呈现每一场比赛参赛双方的啤酒瓶、背景和文字颜色，并且需要体现这两者之间的竞争与碰撞。借助程序化创意平台Thunder Creative Studio，安海斯－布希啤酒公司在1天内获得了76个不同版本的视频广告，如图5－6所示。传统人力设计模式下，平均每1—2小时设计师才能创作一则视频广告，而借助程序化创意平台，设

① 筷子科技，新手游激活成本降低70%，https：//www.kuaizi.co/cases_ detail_ 7.html，2017年12月7日。

计师能够在几分钟内便可生产一则视频广告。①

图5－6　安海斯－布希啤酒公司视频广告中体现参赛双方竞争的动画帧②

此外，程序化创意平台还能根据消费者购买阶段的不同，定制不同的广告内容，不断促成消费者的购买行为。在购买的不同阶段，消费者关注的信息重点也有所不同，而且多数消费者对于同一则广告内容重复推送的容忍度也是有限的。在信息爆炸的时代，用户购买决策阶段趋于复杂（详见第六章），仅凭一则广告内容“打天下”难以说服消费者。深访对象用户Z提及：一般来说，（同一则）广告看过1—2次后就有印象了，3—5次后就开始觉得“恶心”了。深访对象用户W3认为：同一则广告一周内最多出现4—5次。深访对象用户C1认为：同一则广告出现最多不能超过3次。如图5－7所示，在笔者的量化研究中也发现：关于同一则广告投放次数的接受度，在微信平台上，52.66%的样本的接受度是2次以下，42.41%的样本的接受度是3—5次，4.34%的样本的接受度是5—7次，只有0.59%的样本的接受度是8次以上；在淘宝平台上，41.42%的样本的接受度是2次以下，46.55%的样本的接受度是3—5次，9.86%的样本的接受度是5—7次，2.17%的样本接受度是8次以上。总体来看，无论是在什么平台上，约有90%的样本只能接受同一则广告出现5次以下。相比之下，在微信平台上，超过95%的样本只能接受同一则广告出现5次以下，而在淘宝平台上，约有88%的样本只能接受同一则广告出现5次以

① Lennon，R.，The Essential Guide to Programmatic Creative Technologies，http：//resources.makethunder.com/essential-guide-to-programmatic-tech/，Retrieved on 2018－01－03.

② 图片来源：Lennon，R.，The Essential Guide to Programmatic Creative Technologies，http：//resources.makethunder.com/essential-guide-to-programmatic-tech/，2018－01－03。

下。在不同平台上，用户对同一则广告出现次数的接受度有些许不同，这可能与问卷调查前的深度访谈中不少用户表示对电子商务平台广告的容忍度较高有关。深访对象用户 W3 认为："在社交媒体上，我是来放松身心的；而在淘宝、京东等电子商务平台上，我已经有了心理准备，是来'逛街购物'的。"深访对象用户 Q 认为："我觉得微博是一个让人想清静看点东西的地方，所以我看到广告会特别厌烦。"

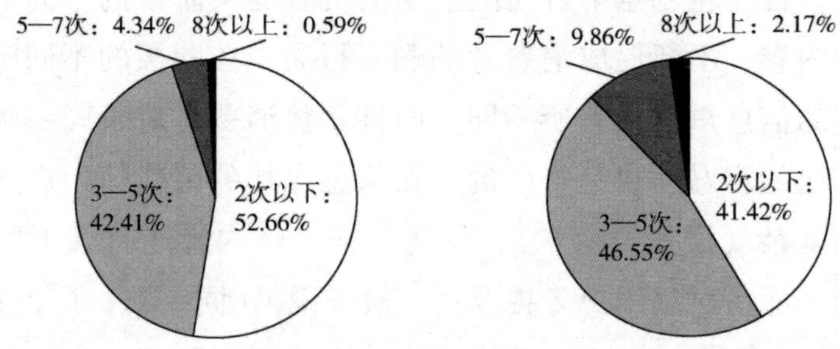

图 5－7 "基于大数据技术的个性化广告效果研究"问卷调查：微信与淘宝平台上关于同一则广告投放频次的接受度

因此，如何能让广告内容更加多元化，让处于购买决策每一阶段的消费者都感觉新鲜，是程序化创意需要解决的另一个问题。2015年，筷子科技推出重定向广告产品"筷销橱窗"，如图 5－8 所示，在用户购买的不同阶段、不同场景、不同时间，程序化创意平台都会生产不同风格的广告内容，以促进用户购买的转化。

2. 效果可视，实时评估与优化广告内容

大数据时代赋予广告主观察消费者行为和评估营销活动效果的能力，是一个"大测量"时代。在广告内容生产方面，大数据技术为设计师实时分析内容效果提供了数据支持，实现了广告内容效果的可视化和实时优化。通过回流的广告数据，广告主不仅能够了解不同广告内容的投放效果，还能了解在一则广告中哪些元素的投放效果更好。

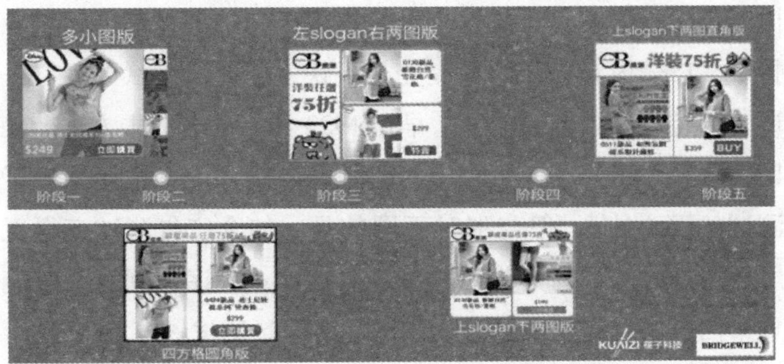

图5－8　筷子科技重定向广告产品“筷销橱窗”①

例如：筷子科技在2015年为广发银行提供了程序化创意服务，利用用户点击热力图技术，发现与“优惠”“免费”等信息相关的内容虽然在屏幕上占比较小，但是用户点击率却不低。如图5－9，图中红色部分表明用户点击率更多，绿色部分表明次之，其他部分表示没有用户点击率。因此，在后续的广告投放中，广告主可以考虑增加这类信息元素的比重，或置换其他表现不佳的元素。

图5－9　程序化创意平台—用户点击热力图②

① 图片来源：超市品牌堆头灵感＋程序化创意，电商橱窗新玩法，https：//www. kuaizi. co/cases_ detail_ 9. html，2018年1月3日。

② 图片来源：筷子科技：金融客户SEM落地页优化放大招，https：//www. kuaizi. co/cases_ detail_ 8. html，2018年1月3日。

由于广告主能够实时监控广告投放效果，加上在程序化创意平台的支持下，广告内容生产的速度变得更快，因此，这赋予了广告主实时测试、调整广告内容的能力。早在1923年，著名广告人克劳德·霍普金斯在《科学的广告》（*Scientific Advertising*）一书中便强调了广告事前测试的重要性[①]，但与那时不同的是，如今广告测试变得更加方便，所耗费的时间和物力都明显减少。比如：程序化创意系统能便捷地实现第四章中曾经提及的分离测试和多变量测试。

总之，相比传统人力设计而言，程序化创意生产的广告内容是可测量的，有反馈的且能优化的，而且广告内容生产的成本大大降低，评估效率却得到了较大提升。这是大数据技术为广告业供给侧带来的一大变化。然而，值得注意的是，广告内容优化在很大程度上也取决于用户数据是否能够及时回流。全球前30强数字传播机构的中国区董事总经理J认为："只有广告系统能够实现数据的及时回流，那么机器才能进行学习和优化。"

3. 广告内容生产价格平民化

个性化广告的交易模式是按效果付费，因此广告投放费用趋向平民化，有别于合约式购买广告高额的收费。在广告内容生产领域，程序化创意赋予了中小品牌广告主投放创意广告的可能性。

一方面，由于版面所限，传统媒体广告投放费用高昂，而互联网却能为广告主提供无限的媒体资源，加之个性化广告产业流程实现了广告主、媒体和消费者用户之间的无缝对接，中小型广告主因而获得了更多广告投放机会。另一方面，相比大型品牌广告主铺天盖地的品牌宣传，中小型广告主更看重广告宣传带来的直接经济效益。在程序化创意平台，结合精确定位和自我优化，中小型品牌企业能相对廉价地借助广告获得关注，甚至是销售产品。

---

① 克劳德·霍普金斯：《科学的广告+我的广告生涯》，华文出版社2010年版，第47页。

比如：在喝彩网上，利用编辑器，广告主无须学习 html5 的代码，便可以设计 html5 的广告。许多设计师都分享了自己的作品和模板，因此中小型广告主可以直接在他人模板的基础上进行修改、完善。整个广告的制作过程是零成本的。又如：在筷子科技平台上，最便宜的程序化创意只有几元钱，这主要是针对那些广告预算只有几十元到几百元不等的中小型广告主而设置的。

“向广告客户收取少许额外费用，（程序化创意）平台便用几组设计素材创造了它们（程序化广告）。价格实惠的创意图片和信息经过反复迭代，能针对你的每一个目标用户群生成特殊的创意……”[①] 这与传统媒体时代花高额聘请设计师的情形相去甚远，广告界的这场变革为更多中小型广告主向目标顾客投放个性化广告内容创造了条件。

4. 广告内容的高效管理

除了生产广告内容，程序化创意平台还能帮助广告主实现对广告内容进行高效管理。

一方面，程序化创意有利于广告团队的工作。由于所有设计素材都已上传至程序化创意平台，所有广告团队成员都可以随时在平台上调用素材，快速地生成各种不同的广告内容，并进行各种广告投放活动。比如：在脸书上，除了笔者以外，公共主页“中国文化”还有多位管理者，他们能随时调用在该主页上发布过的任何图片、文字信息等，所有管理者都可以使用广告管理工具发布广告。

另一方面，更重要的是，程序化创意平台还能利用之前的广告内容生产经验帮助广告主优化之后的广告内容生产。为了分析不同广告元素投放效果的差异，程序化创意平台将广告内容解构成若干个部件，通过量化的方式把这些元素进行数据化转换。具体来说，它通过给广告内容“打标签”的方式将一则广告内容转化为机器可以理解

① Dorais, J., Creative Personalization with AdReady, https://site.adready.com/creative-personalization-with-adready/, Retrieved on 2018-01-03.

的语言——这与用户人群标签有异曲同工之处。

例如：筷子科技用数千个维度对广告内容进行划分和剖析，包括标语内容、标语位置、标语占比、产品效果、产品数量、产品包装、模特个数、模特性别、模特人种、模特身份、模特显示部位、模特携带产品、背景颜色等。通过对广告各个元素进行解构和分析后，筷子科技得出了以下一些广告内容生产的经验：对于电商广告来说，单模特的点击率比双模特高，半身模特的点击率高于全身模特，模特在右的点击率高于模特在左，纯色简洁背景的广告效果高于多色复杂背景；对于广告口号创作来说，包含有“全球”、热词的口号效果更好。

根据历史投放记录，程序化创意平台能动态化挑选广告模板，推荐最适合广告设计要求的各种素材，再由设计师决定是否直接采用该广告的设计，或是对所推荐的广告进行修改，以实现优化广告投放效果的目的。

总而言之，程序化创意平台的出现是大数据技术和人工智能算法对广告内容供给侧的一次重大变革。它为广告创作领域带来了许多新兴的变化：广告内容的可衡量性，广告内容生产的方便与快捷，广告内容的高效管理，广告内容生产的廉价性等，但也因为这项技术方兴未艾，仍然存有很多问题，亟待广告效果研究者谨慎看待。

（四）程序化创意的问题

近年来，我国网民规模增速放缓，网民人口趋于饱和。根据中国互联网络信息中心 CNNIC《第 40 次中国互联网络发展状况统计报告》，截至 2017 年 6 月，我国网民规模达到 7.51 亿，半年共计新增网民 1992 万人；互联网普及率为 54.3%，较 2016 年底提升 1.1 个百分点[①]。在 2017

① 中国互联网络信息中心 CNNIC：《第 40 次中国互联网络发展状况统计报告》，2017 年 7 月。

年12月3日举行的第四届世界互联网大会上，百度董事长兼首席执行官CEO李彦宏指出，中国互联网网民增速已经慢于中国GDP的成长速度，意味着互联网人口的红利正在消失①。在广告领域，人口红利消失意味着流量红利消失，营销市场获客难度增加。在这种时代背景下，只有更好的广告内容才能打动消费者，促使购买行为的转化。

然而，在技术大行其道的今天，个性化广告内容质量却相对较弱。在笔者前期对用户所做的深度访谈中，超过一半的用户认为目前个性化广告内容一般或较差。根据深度访谈反馈的数据，笔者在后期的量化研究中采用李克特量表（1分为特别不好，2分为比较不好，3分为一般，4分为比较好，5分为特别好），对个性化广告内容的四个维度——表现形式、视觉效果、故事性和创意进行调查。据统计，在微信平台上，用户对广告表现形式的评价为（M＝3.36，SD＝0.666），对广告视觉效果的评价为（M＝3.46，SD＝0.727），对广告故事性的评价为（M＝3.30，SD＝0.762），对广告创意的评价为（M＝3.49，SD＝0.744）；在淘宝平台上，用户对广告表现形式的评价为（M＝3.47，SD＝0.586），对广告视觉效果的评价为（M＝3.52，SD＝0.721），对广告故事性的评价为（M＝3.08，SD＝0.737），对广告创意的评价为（M＝3.37，SD＝0.744）。结果显示，网络用户对个性化广告内容的评价为“一般”，尚未达到“比较好”。

1. “廉价”的广告内容

在大数据时代，很多时候中小型广告主可以绕开广告代理公司，廉价甚至接近零成本地生产广告内容。比如：借助程序化创意平台或者直接使用大型广告媒体平台的模板，广告主能够直接生成一则广告。

> 脸书网站为所有公共主页的管理者都提供了适应脸书网站风格的广告模板，包括图片广告、轮播广告、视频广告、幻灯片广

① 方莉、杨舒、刘坤、李彦宏：《人工智能是未来中国互联网发展的主要推动力》，《光明日报》2017年12月4日第11版。

告、精品栏广告等，广告主可以在操作面板上进行调整和修改。首先，在主页推广页面的“广告创意”一栏中，广告主可以添加广告文案信息、视频或图片；在“编辑图片”一栏中，广告主可以为图片添加滤镜、裁剪图片、添加文字或贴图等。在对广告内容进行修改后，广告主便可预览该广告出现在脸书网不同广告位（桌面版动态消息、移动版动态消息和右边栏）上的效果。对于其余类型的广告，在广告内容/创意部分所能调整的元素也与主页推广广告基本一致。

可以发现，脸书网为中小型广告主提供了基本的广告内容设计要素，既方便了他们生产广告内容，又统一了整个脸书网内容的风格。然而，这也使所有广告变得千篇一律。

在跨国服装电商从事广告投放的业者 Z 认为：“举个例子，在 Facebook 上有一个产品叫作 Facebook Dynamic Product Ads（动态化产品广告）。我们做电商的一般都有一个产品目录，然后 Facebook 一般都能追踪到哪些用户浏览过哪一个具体的产品，然后它就直接抓取你电商网站上的产品图片，再给用户推送他曾经浏览过的产品。作为广告主，我们可以在这些图片上加一些文案，加一个 Logo、边框、模板等，目前它提供的一些模板都还是很粗糙，不太利于建立品牌形象，所以我们宁可不加这些东西。个人觉得，目前所谓的‘广告创意的个性化’还是比较粗糙，比较丑。”

廉价的生产成本也导致了广告内容数量的激增，同时消费者也感知到了广告内容的“廉价”。在笔者对用户的深度访谈中，有多位用户认为，广告制作看上去“廉价”会影响他们对广告的态度。

深访对象用户 Y 认为：“正因为广告内容生产的门槛很低，

所以大多数广告都是粗制滥造。”深访对象用户 W3 认为：“现在大多数（个性化）广告看上去很 low，一般来说我对它们是没有兴趣的。”深访对象用户 M1 认为：“除非是那些大型品牌制作精良的广告，否则我可能兴趣不大。”深访对象用户 W1 提及：“对于一些大牌的产品，我本身对它们的价格也是比较了解的，但是如果一则广告中出现过低价格的内容信息，那么我就会觉得它的产品是假的。”

可以发现：在很大程度上，广告内容的“档次”将影响用户对待广告的态度。广告制作成本越低，广告视觉效果越差，便越不可能引起用户的注意；广告品质越低，则更会降低用户对广告产品价值的评估。所以，尽管个性化广告内容生产成本降低了，但不意味着用户便会降低对广告品质的要求，接受视觉效果较差的广告内容。相反，在“信息爆炸”时代，用户更需要让人“眼前一亮”的高品质广告内容。

2. 雷同的广告内容

由于目前大多数程序化创意平台只能让广告主在版式、布局、基础元素等方面进行调整和修改，所以呈现出来的广告内容非常相似。尤其是在电商网站上，同类型的产品在相似框架下导出的广告内容几乎一模一样，难以进行区分。在世界最大传播集团从事程序化购买数据分析的 H 认为：“目前绝大多数所谓的‘程序化创意’，都只能对广告内容进行一个简单、机械的修改和调整，只是对各个元素进行一个排列组合。”

在深度访谈中，笔者发现多位用户抱怨目前广告内容相似程度过高，这影响了他们对个性化广告的看法和态度。

深度访谈用户 Y 认为：“技术化拼贴出来的广告内容都是大同小异的，给我的感觉就是非常粗制滥造。比如：微博和微信上经常有一些想要‘走心’的广告，刚开始看到还会‘哭一哭’，但是现在同质化倾向比较严重，连让人哭的套路都很一致。”深访对象用户 W2 认为：“我觉得目前个性化广告的内容创意都很一般，没有什么亮点，只不过它能找到我这个人，向我推荐一些我可能有需求的产品而已。”深访对象用户 Z 认为：“我觉得有些广告还是做得比较好的，比如杜蕾斯的广告，但是很多广告做得有点‘僵硬’。”深访对象用户 W3 指出：“同类型的产品，或者相关的产品，一周给我推送不要超过 4—5 次，一天给我推送不要超过 2 次。大多数同类型产品的广告内容都差不多，换个平台也就是换了一种方式，偶尔会突然出现一两个画面比较特别的广告，或者有一些互动的广告，但整体来说，同类型产品的广告内容没有什么区别，新奇点不大。”

可以发现：处于“信息爆炸”时代的用户对广告主创意水平的要求更高了。大数据时代，互联网空间充斥着海量信息，让网络用户应接不暇。信息超载本身便会引人焦虑和厌烦，内容同质化倾向严重更可能惹人反感，网络用户容易厌倦同一个广告“套路”多次重复出现。大数据时代的广告没有理由让人反感，所以，在这种传播环境下的广告主需要应对用户时时刻刻多变的需求，提升广告的创新水平。

3. 广告内容与传播渠道的脱节

互联网的出现极大地丰富了广告媒体资源和广告表现形式。一方面，互联网海量的平台资源打破了传统媒体时代广告位稀缺的紧张局面，从 PC 端到移动端，从新闻媒体、社交媒体、游戏媒体到电子商务平台，广告主进行广告投放的选择变多了。另一方面，互联网技术的发展赋予广告主更多表现广告内容的方式：不仅涵盖了图片、文案、视频、音频、Flash 等多种格式，而且 H5、弹窗等技术的出现更增加了广告的互动性。

然而，广告媒体资源的极大丰富也造成了广告内容与传播渠道（平台）不相匹配的问题。每一个广告媒体本身具有一定的特点——

它能解决用户日常生活需求的“痛点”，这也是一个互联网产品为何能够广受用户使用的原因。比如：支付宝解决了用户日常生活中取钱、收集零钱、携带现金等“痛点”，因此它受到了喜欢线上支付、转账用户的欢迎；美图秀秀解决了手机自带相机功能无法把用户“拍美”的“痛点”，因此它受到了爱美人士的欢迎；微信解决了用户发短信要花钱的“痛点”，因此它受到了需要线上沟通联系的用户的欢迎。广告内容隶属于互联网产品，是这些产品的一个部分。如果广告内容与这些产品本身的属性脱节，那么既损伤了广告媒体的品牌形象，也削弱了广告传播的效果。根据笔者前期对用户的深度访谈，发现目前个性化广告内容与传播渠道的脱节主要体现在两个方面：

一方面，广告诉求目标与传播平台脱节。广告诉求目标主要包括两点：品牌推广和效果导向。品牌广告指的是通过广告投放提升广告主品牌的知名度；效果广告则指的是通过广告投放直接转化用户的消费行为。

> 深度访谈用户 W3 认为：“如果我在超市，看到促销的广告，让我‘买买买’，我会觉得很合适，不突兀；但是如果我在逛公园、参加聚会，看到周围都是‘买买买’的广告，我就觉得不舒服。”深度访谈用户 Q 认为：“我对社交媒体网站的大数据广告没有任何好感，但是觉得电商网站的广告还可以接受。”

可以发现：在不同的传播平台上，广告诉求的重点也应有所区别。在类似“超市”的电子商务网站上，广告内容可以直接与效果挂钩，宣传广告产品的折扣力度和最新活动，内容创新力度较小；在类似“朋友聚会”的社交媒体上，广告内容应该更偏重品牌宣传，注重品牌故事的演绎。深度访谈用户 Y 指出：“我觉得很多视频贴片广告过于以效果为导向了，一上来就是产品怎么好怎么好，是一种叫卖式的广告，非常无聊。”在视频网站上，用户看视频的目的性很强，或是为了获得知识，或是为了娱乐身心，让用户看广告本身便是一种降低视频网站用户体验性的做法。如果广告内容诉求点是转化用户消费行为，那么，一方面影响了用户观视频的体验；另一方面用户中断观影行为而进入网站“注册”或“购买”的可能性较低，对于广告传播效果也是不利的。深度访谈用户 M2 认为：“视频网站有一点像电影院，电影院在播放电影前播放的广告，除了新电影的宣传以外，感觉效果都不是很好。”

另一方面，广告内容与传播平台风格脱节。基于功能属性的不同，每一个传播平台为用户提供的信息内容也是有所区别的——这与用户对于该平台的期待有关。比如：在新闻网站上，用户对信息的期待和预设是该网站提供的信息都是真实、可靠的。在社交媒体上，一方面用户期待与他人沟通交流，另一方面用户期待通过与他人的交流分享获取新的知识。在电子商务网站上，用户的期待是获得最新的打折信息和符合自身需求的产品信息。

> 深度访谈用户 W2 认为：“我觉得一些（微信）朋友圈广告过于‘强行销售’（Hard Sale）了。在我看来，微信是一个供人们分享、学习、阅读的软件，所以当我看到一些与学习雅思、教育孩子、书籍阅读等内容相关的广告时，我会很喜欢，也很接受；但是当我看到一些……比如一套化妆品、一瓶香水、一辆豪车，出现在朋友圈里，我就无法接受。”深度访谈用户 Q 也认为：“我觉得微博是一个让人想清静看点东西的地方，所以我看到广告会特别厌烦。”

六　广告技术热的冷思考（二）：广告算法对广告效果的影响

不可否认，个性化广告算法的快速发展令业界为之惊叹。但是，与消费者数据采集处理环节相似，广告算法同样不是一个“绝对正确”的黑箱，却带有不少技术偏见，因而产生了许多影响广告投放效果的新问题。

（一）假性相关关系

假性相关关系的分析逻辑，是影响个性化广告效果又一个关键因素。传统的广告调查方法是基于因果关系展开的，而大数据分析更多的不在于对事情因果关系的分析，是对其相关性的体现，进而对未来发展趋势做出预测和判断。

但是，统计学中存在着大量假性相关关系的案例，没有因果关系支撑的假性相关关系被称为“相关不蕴含因果”（“Correlation does not imply causation.”）。比如：2006 年至 2011 年之间，美国的谋杀率与微软自带浏览器 Internet Explorer 的市场份额成正相关关系：两者都呈现极速下滑的趋势，让人头疼的是，它们两者之间究竟存在着怎样的因果关系呢？再比如：1998 年至 2007 年之间，新诊断的孤独症患者人数与有机食物的销量呈非常良好的相关关系：两者都急剧上增，但是获得这样的相关关系并不会告诉我们，健康饮食与孤独症之间有什么必然关系。纽约大学的两位教授 Gary Marcus 和 Ernest Davis 曾经指出，没有经过因果关系逻辑判别的相关关系很可能处处是陷阱①。

因此，当这种没有经过真实生活调查、检验的相关关系广泛地应用于广告领域时，许多广告主的广告被“精准”地投放至“错误人群”面前，相应地，“正确人群”却失去了看到广告的机会，导致广告投放效果较差，甚至不如“广撒网”的广告投放。再比如：在上述孤独症与有机食物的案例中，如果将有机食物广告推送给曾经搜索过“孤独症”的人群与推送给“养生”或“健身”人群相比，哪一个设定更加可能提升有机食物的销量呢？仅仅依赖或滥用广告数据和相关关系得出的结果，而不深入、全面地研究、分析目标消费者和潜在市

① Marcus, G., Davis, E., Eight (No, Nine!) Problems With Big Data, http://www.nytimes.com/2014/04/07/opinion/eight-no-nine-problems-with-big-data.html?_r=0, Retrieved on 2016-04-14.

场，武断地得出看似“创新”的洞见，最终导致对目标消费人群的勾勒失真。

此外，基于相关关系的个性化广告算法模型存有不少缺陷。首先，广告算法模型的设计过程存在不严谨之处。数据科学工作者 C 介绍：“我们首先会参照营销学、广告学、心理学等相关学科的研究成果和理论模型，在过去表现较好算法的基础上增加变量和权重，再分别放入离线和在线数据库进行测试，验证新模型的效果是否提升。”其次，社会科学研究成果的理论模型并非在所有条件下都可以成立，而是基于一定条件才得以成立的。而且，即使曾经在离线或在线数据库进行验证，在新的广告投放环境下是否成立也是不确定的。此外，广告算法模型是基于用户数据分析而制定的，得到的算法模型又进一步影响用户的行为……如此往复，在哲学上，这种往复被称为“自反性[①]”，是“鸡生蛋还是蛋生鸡”的问题，“降低了数据分析的可靠性和可用性[②]”。

于是，个性化广告系统对于用户属性或行为特征的判断是存有误差/错误的。从统计学角度来看，当这种误差/错误进行叠加时，误判用户的可能性便增大了。由于多数平台都无法直接得到用户的属性或行为特征信息，所以多数平台主要借助算法“猜测”用户的信息。比如：上文提及，需求方平台璧合科技性别标签的准确率达 97%，年龄标签的准确率达 85%[③]。那么，当广告主同时设定了“性别”和“年龄”两个标签时，准确率便会降至 82%—85%。如果再多设定几个标签，则准确率又会降低，相应地，误判用户、错误投递的可能性就增大了。

因此，在笔者看来，数据之间的对应和逻辑推导，是个性化广告效果的又一重要影响因素。如果对广告投放环境、目标人群、潜在市

① 马澈：《关于计算广告的反思——互联网广告产业、学理和公众层面的问题》，《新闻与写作》2017 年第 5 期。

② 刘铁岩：《方兴未艾的计算广告学》，《中国计算机学会通讯》2013 年第 3 期。

③ 璧合科技，璧合科技以数据打通整合之力，用创意呼唤行业惊喜，http：//www.sohu.com/a/115858739_485840，2017 年 12 月 5 日。

场等广告定位理论中最为重要的部分不加以深入分析和严谨洞察，那么广告算法便很可能“帮了倒忙”：让广告出现在错误的人群面前。数据科学工作者 W 认为：“在商业领域内，相关关系的应用的确可以带来一定的商业变现，但是，相关关系只是指两者之间有关联，若要进行严谨的科学研究，还应进行因果关系之间的分析。”因此，在复杂多变的广告投放环境中，如何评估广告算法的能力与准确性，是目前个性化广告行业尚未解决的一个重要问题。

（二）计算主义的难点

计算主义是在当代科技进步和科学研究发展的背景下所得到的一个新的世界观，是认知科学哲学研究领域自 20 世纪 90 年代以来的一个新发展。在计算主义理论和方法的指导下，2008 年雅虎研究员 Andrei Broder 首次提出计算广告学（Computational Advertising）的概念。

计算主义认为，宇宙是一个巨型计算机/程序，这其中所有的过程都是一个又一个的计算过程[①]。有关计算主义的讨论主要涉及三个维度：第一，在本体论维度上讨论计算主义，认为心灵是一台计算机；第二，在认识论维度上讨论计算主义，认为人类的认识活动是计算；第三，在方法论维度上讨论计算主义，认为“认知是可以且需要通过计算方式实现的[②]”。当然，这种世界观也遭遇不少难题，比如：美国哲学家 John Searle 提出：“程序对于心灵而言既非构成性的也并非是充分的。”[③]

同样地，根据目前个性化广告领域的发展现状，计算主义的应用并不是卓有成效的。笔者认为，尽管消费者的行为轨迹可以被“量化”、被“计算”，但是消费者的态度、情绪等是难以被统一“量化”和“计算”的——即使如今的需求方平台的用户标签数达到了数百

① 李建会：《科学前沿的计算主义哲学意蕴》，《哲学动态》2012 年第 12 期。

② 孟伟：《情境主义与计算主义难题的解决：读〈计算主义及其理论难题研究〉》，《科学文化评论》2017 年第 1 期。

③ 夏永红：《意义如何涌现于形式系统——评〈计算主义及其理论难题研究〉》，《科学技术哲学研究》2017 年第 6 期。

个，也是难以衡量用户多元化的思考的。深访对象用户 Q 认为："每一个人都是独立的个体，通过数据只能划分不同人群，但是却没法完全了解某个具体的用户究竟在想什么。"

"精准制导"的人工智能算法看似神奇，但也很可能会导致许多机械性结果和决策的产生。在进行某项决策时，人类会综合多种因素，包括联系前后情景，感性、理性双重的作用等，最终形成判断，这是人脑如此发达的原因。然而，没有情感的机器却无法做到这一点，许多通过算法自动生成的预测和决策都具有一定的机械性。

> 深访对象用户 Q 指出："我发现微博的（大数据）个性化广告很'脑残'：它可能觉得我这个年龄段（35 岁）应该是结婚了几年的，所以我经常收到'怎么挽救婚姻'、'怎么抢回老公'的广告推送。在我多次关闭它以后，它居然开始给我推送'相亲交友'的广告，所以它是默认我离了吗?！我觉得它就是将一个'统一的标准'放之四海……"

的确，计算广告可以"量化"地衡量用户的年龄、性别、地域等指标，却无法了解用户的婚姻是否幸福，离婚用户是否希望从此单身，还是想要再觅良偶？

诚然，随着信息处理技术的进步与发展，越来越多有关用户属性、行为甚至思想的信息将会得以量化。然而，计算机程序始终只能处理数字符号，难以完整地体现一则信息背后所含的意义、情绪，相应地，关于用户画像的勾勒也将有所缺失。

此外，网络用户在现实世界与虚拟世界中的行为表现具有不一致性，虚拟世界为用户提供了多重身份体验的可能，"同一个体可以塑造多个自我。"① 许多时候，某个特定网络用户的现实自我与虚拟自我

① 侯岩：《网络虚拟自我与人格新探》，《河南师范大学学报》（哲学社会科学版）2013 年第 4 期。

是不一致的。所以，这也为“量化”用户带来了挑战。

（三）弱人工智能创意

在数据和算法的主导下，个性化广告系统为不同的网络用户定制了个性化的广告内容，但是，就目前来看，包括在可见的未来，人工智能都无法替代“人脑智能”。

> 全球前30强数字传播机构的中国区董事总经理J提及：“我们仍然需要大量的广告创意人才，在深挖用户洞察的基础上，创造一些引人入胜并且能与用户进行共鸣的广告内容。至少就现在来说，这是机器无法实现的事情，可能在N年后机器能够学习如何生产广告创意吧。”

一方面，目前的人工智能创意只是对广告内容元素进行机械性地解构、量化，而对于广告内容真正打动用户的内容，比如让用户会心一笑，人工智能还无法实现。好的广告内容浑然天成，是艺术与科技的有机融合，是广告设计师的灵光乍现。它虽然包括了多个维度的广告基本元素，但又超越了这些基本元素本身所蕴含的意义，这才能给消费者带来难以用语言形容的“感觉”。绝对牌伏特加（Absolut Vodka）的系列广告堪称经典，所有的广告海报都是基于“标准格式”（一个伏特加酒瓶和只有两个词的文案）制作而成的。虽然“格式”不变，但绝对伏特加的海报广告内容千变万化，融合了大量城市、艺术、节日、口味、服装、文学、时事等内容，创造了多种风格迥异的主题广告。比如：在“绝对的节日”系列主题中，圣诞节的海报广告内容是一棵挂满灯的伏特加酒瓶形状的圣诞树，以及两个英文单词：绝对的圣诞节（Absolut Christmas）；而情人节的海报广告内容是两个互相依偎的伏特加酒瓶，以及两个英文单词：绝对的情人节（Absolut Valentine）。绝对伏特加采用的是一种“总是相同，但又总是不同”的广告创意哲学，这让消费者每一次见到都感觉“既熟悉又陌生”——

这绝不是通过机械地解构和重组广告内容元素便可实现的。

另一方面，人工智能创意受到了人工智能技术偏见的影响。广告内容生产和广告内容评价体系都出自一套算法，在逻辑上本身便存在自反性。也就是说，这里面本身便存在一个“鸡生蛋，还是蛋生鸡”的问题。而且，现象学技术哲学认为，“技术是物的展现，世界的构造，什么样的工具被运用，就意味着什么样的世界被呈现出来”[①]，工具不可能是中立的，反而是具有导向性的，人用什么工具，便会按照那个工具所指引的方向前进，受到工具的指引。比如：如果给一个飞行员看飞机的仪表盘，他可能能解读出很多内容；如果给一个普通人看飞机的仪表盘，他可能只能看到密密麻麻的数字；而如果给一个两三岁大的幼儿看飞机的仪表盘，那他可能什么都看不懂。换言之，在互联网上，广告主设计团队生产广告内容的思维是受到大数据技术发展的指引的，也就是说，在大数据时代背景下，广告主设计团队在生产广告内容时，考虑更多的是如何能够提升广告的点击率、互动率和转化率。这种思维方式是大数据技术环境赋予他们的，与传统媒体时代下广告创作的思维方式有所差异——人工智能创意也是基于这种生产逻辑而展开的。

然而，点击率、互动率和转化率高的广告一定意味着人们越喜欢这则广告内容吗？笔者在前期的深度访谈中发现，不少用户认为：当他们觉得广告内容好的时候，未必会给广告“点赞”或“评论”。

深访对象用户 Z 认为：“当我觉得广告内容好时，我不一定会点赞；然而，当我觉得广告内容有争议时，我会评论广告。另外，当我朋友评论一则广告时，我一般会在广告底下跟他们进行互动。”深访对象用户 W2 认为：“我觉得给广告点赞的行为是为了在朋友圈里刷存在感，通常来说，即使广告内容再好，我都不

① 吴国盛：《海德格尔与科学哲学》，《自然辩证法研究》1998 年第 9 期。

会点赞或者评论，但是会查看详情。”深访对象用户Q认为：“当我愿意看到一个品牌相关的广告时——但不一定认同广告内容，我会点赞告诉系统：我喜欢这类广告；有两种情况我会评价：一是觉得广告内容非常好，另一方面也可能觉得广告‘槽点’满满。”深访对象用户M2认为：“我基本很少点赞广告，但是对于特别搞笑或者内容特别好的广告，我会评论。”深访对象用户L认为：“有时候我点赞（大数据）广告是因为虚荣心，是为了让别人知道我能看到如此‘高大上’的广告，但是我从来不评论广告。”深访对象用户F认为：“我基本不点赞或评论广告，无论广告做得好还是差。”

总结来说，当用户觉得广告内容好时，可能会“点赞”或“评论”；当用户觉得广告满足了自我虚荣心（但是不一定代表广告内容好），或者当用户觉得广告内容有争议，以及当用户发现朋友评论时，用户也有可能会“点赞”或“评论”广告。也就是说，广告内容好坏与用户是否通过行动（点赞、评论等）表现出来，不一定具有必然联系。那么，广告内容质量与用户参与行为之间存在什么关系呢？广告内容质量与用户的心理效果之间又存在什么关系呢？

根据深度访谈的数据，为了探究广告内容质量与用户广告参与行为之间的关系，以及广告内容质量与用户的心理效果之间的关系，笔者以微信个性化广告为例，进一步通过量化研究对上述问题进行探讨。

首先，在SPSS中，笔者对问卷中涉及广告内容的四个维度的自变量——表现形式、视觉效果、故事性和创意进行计算合并，获得了一个值域为1—20的新的自变量：广告内容。接着，笔者对这个新变量进行编码，将其转化为定类变量，其中1—5为广告内容非常差，6—10为广告内容较差，11—15为广告内容较好，16—20为广告内容非常好。在因变量方面，用户广告参与行为分为四个定比变量：是否点赞广告（1为是，0为否）、是否评价广告（1为是，0为否）、是否查看详情（1 为是，0 为否）以及是否关闭广告（1 为是，0 为否）。广告心理效果借鉴了广告效果阶梯模型，采用李克特量表（1 分为最不符合，2 分为比较不符合，3 分为一般，4 分为比较符合，5 分为特别符合），分为三个定比变量：消费者认知效果、情感效果和行为意向效果，每个变量分别有两个问题。因此，笔者通过计算变量的方式将心理效果六个问题转化为三个变量。接着，笔者在 SPSS 中分别将自变量—广告内容与七个因变量进行均值比较分析，得出结果：

有关广告内容是否影响用户点赞行为（Sig = 0.000，p < 0.001），广告内容的四个级别的均值分别为：广告内容非常差（M = 0.1667，N = 6，SD = 0.40825）、广告内容比较差（M = 0.2549，N = 51，SD = 0.44014）、广告内容比较好（M = 0.5340，N = 324，SD = 0.49962）和广告内容非常好（M = 0.8571，N = 126，SD = 0.35132）。可以发现：用户对广告内容评价与用户点赞广告的可能性呈正相关：用户对广告内容的评价越高，用户点赞广告的可能性便越大。

有关广告内容是否影响用户评论行为（Sig = 0.000，p < 0.001），广告内容的四个级别的均值分别为：广告内容非常差（M = 0.5000，N = 6，SD = 0.54772）、广告内容比较差（M = 0.2745，N = 51，SD = 0.45071）、广告内容比较好（M = 0.3889，N = 324，SD = 0.48825）和广告内容非常好（M = 0.6667，N = 126，SD = 0.47329）。可以发现：当用户对广告内容的评价处于两极（非常差或者非常好）时，用户评论广告的可能性较大；而当用户认为广告内容一般时，用户评论广告的可能性较小。也就是说，广告评论数越多，并不代表用户对广告的态度与评价一定是积极的。

有关广告内容是否影响用户查看详情行为（Sig = 0.000，p < 0.001），广告内容的四个级别的均值分别为：广告内容非常差（M = 0.0000，N = 6，SD = 0.00000）、广告内容比较差（M = 0.2353，N = 51，SD = 0.42840）、广告内容比较好（M = 0.3580，N = 324，SD = 0.48016）和广告内容非常好（M = 0.6667，N = 126，SD = 0.47329）。

可以发现：用户对广告内容评价与用户查看详情的可能性呈正相关：用户对广告内容的评价越高，用户查看广告详情的可能性便越大。

有关广告内容是否影响用户关闭广告行为（Sig = 0.000，$p < 0.001$），广告内容的四个级别的均值分别为：广告内容非常差（M = 0.8333，N = 6，SD = 0.40825）、广告内容比较差（M = 0.8039，N = 51，SD = 0.40098）、广告内容比较好（M = 0.5648，N = 324，SD = 0.49655）和广告内容非常好（M = 0.3413，N = 126，SD = 0.47603）。可以发现：用户对广告内容评价与用户关闭广告的可能性呈负相关：用户对广告内容的评价越低，用户关闭广告的可能性便越大。

有关广告内容是否影响用户认知效果（Sig = 0.000，$p < 0.001$），广告内容的四个级别的均值分别为：广告内容非常差（M = 1.0833，N = 6，SD = 0.20412）、广告内容比较差（M = 1.9804，N = 51，SD = 0.96933）、广告内容比较好（M = 2.6667，N = 324，SD = 0.93934）和广告内容非常好（M = 3.7302，N = 126，SD = 0.89811）。可以发现：广告内容质量与用户的认知效果呈正相关：广告内容质量越高，用户的认知效果越好。

有关广告内容是否影响用户的情感效果（Sig = 0.000，$p < 0.001$），广告内容的四个级别的均值分别为：广告内容非常差（M = 1.4167，N = 6，SD = 1.02062）、广告内容比较差（M = 1.7647，N = 51，SD = 0.96619）、广告内容比较好（M = 2.5864，N = 324，SD = 1.04479）和广告内容非常好（M = 3.8690，N = 126，SD = 0.93205）。可以发现：广告内容质量与用户的情感效果呈正相关：广告内容质量越高，用户的情感效果越好。

有关广告内容是否影响用户对广告的行为意向效果（Sig = 0.000，$p < 0.001$），广告内容的四个级别的均值分别为：广告内容非常差（M = 1.2500，N = 6，SD = 0.41833）、广告内容比较差（M = 1.9216，N = 51，SD = 1.02163）、广告内容比较好（M = 2.7438，N = 324，SD = 1.00500）和广告内容非常好（M = 3.9167，N = 126，SD = 0.76877）。可以发

现：广告内容质量与用户的行为意向效果呈正相关：广告内容质量越高，用户的行为意向效果越好。

根据上述的统计结果，可以发现：广告内容质量的确能影响用户的心理效果，广告内容越好，用户的心理效果则越好，用户越有可能产生购买产品的行为意向，则广告的投放效果越好。但是，广告内容质量与用户广告参与行为并不一定呈正相关，尤其体现在广告内容质量与用户评论广告可能性之间的关系——它符合了笔者在先前深度访谈中所获得的结果：当用户觉得一则广告非常好或非常具有“槽点”时，用户评论广告的可能性比较大。所以，当大数据技术简单地只将“互动数”或“评论数”作为评价个性化广告传播效果的指标时，广告主便无法真实地了解用户对一则广告的真正态度究竟是什么——而且也无法准确衡量一则广告的内容好坏。

当然，目前人工智能在语义分析方面已经取得了不小进步，系统可以了解用户对待一则信息内容的态度是“积极态度”、“中立”还是“消极态度”。不过，语义分析人工智能还停留在较为初级的阶段，比如：通过用户评论“好”、“赞”等词语判断用户对待信息内容是“积极的”，而对一些复杂语境的分析力仍然较弱。汉语是一种高语境（High-Contextual）语言，中国人习惯的表达方式较为委婉而不直接，所以，数据科学工作者 W 也谈道：“很多时候，中国人说话喜欢运用反讽，整句话都是好词，但是表达的意思却是截然不同的。在这方面，目前人工智能机器还无法很准确地理解人们反讽的意思。”

总之，人工智能创意平台生产广告内容的基础是过去广告的投放效果和算法，而限于数据的积累程度、评估体系的准确性以及算法的能力（简称“算力”），就目前来说，人工智能创意平台还存在着很多不足，智能创意能力较弱，对广告内容生产这一部分的贡献仍然具有很大的提升空间。

综上所述，可以发现：尽管广告算法为广告的个性化投放创造了可能性，而且正在朝着“智能化”的目标不断前进，但是就目前而言，个性化广告算法仍然存在许多难点是机器无法自行解决的。首先，基于相关关系的分析是大数据技术自带的一个特点，但是没有经过因果验证的假性相关分析是无用的，可能危害广告算法的训练与人们的洞见。同时，就目前的技术水平而言，世界是无法完全得以量化的，所以消费者的数据既不准确也不完整，输入的数据带有偏见，训练的广告算法便也存有偏见。此外，广告内容向来是影响广告投放效果的一项重要因素，但是当下的人工智能创意平台能力仍然十分有限。

小　结

本章通过介绍个性化广告技术——数据与算法的现状，理性思考目前广告技术存有的偏见与局限，反映广告技术对广告效果的影响。广告技术飞速发展，逐渐替代了过去在广告投放中的人类劳动，并呈现出弱人工智能化特征，影响着广告的投放效果。这是广告业的一次新变革，正因为如此，广告技术才能成为一个新的广告效果控制主体。但是，任何作为“人工物”的技术本身都不可避免地带有一定偏见，无法比技术设计人员更为正确、中立以及客观。而且，利润较高的广告业还存在技术作弊的现象，进一步影响了广告技术的准确性。此外，限于技术发展水平，目前广告人工智能技术处于较为初级的阶段，仍然需要人类的主导、甄别，辅以完善。

因此，在广告投放阶段，广告主与广告技术共同控制了广告的投放效果，而自用户看到广告信息的那一刻起，用户成为广告投放末端的控制主体，决定着广告投放的最终结果。

第六章　大数据时代个性化广告效果末端控制主体：消费者

Wilbur Lang Schramm 将传播学定义为“研究人的学问”，其中“人”便是信息传播的受众。在传统媒体时代，受众是同质化、无差别的“大众”，但是随着互联网技术“连接、激活、整合了社会与个人的闲置资源[①]”，“受众”被“激活”了。于是，在互联网语境下，“人”便是用户。消费者用户是个性化广告的作用主体，是广告信息到达的目的地，是广告主在投放广告前、中、后阶段都需要认真研究的对象。消费者控制着个性化广告投放的最终结果，是对前期广告准备工作的反馈。

在本章中，笔者依据统计机构数据、文献资料以及前期深度访谈的结果，探讨个性化广告环境下影响消费者进行购买决策的因素，之后通过实证研究对这些因素进行验证。

第一节　大数据时代中国数字化消费者的基本特征

目前，中国互联网网民规模增长趋于稳定，网络购物用户规模仍然高速增长，根据 CNNIC 中国互联网络信息中心第 40 次《中国互联

① 喻国明：《“互联网发展下半场”：关于技术逻辑与操作路线的若干断想》，《教育传媒研究》2017 年第 6 期。

网络发展状况统计报告》，“截至2017年6月，我国网络购物用户规模达到5.14亿，相较2016年底增长10.2%”[①]。计算机科学家尼古拉·尼葛洛庞帝认为，随着计算机和互联网的发展，人类迎来了数字化的生存，在“虚拟的、数字化的活动空间”里，人类所有行为都将发生改变[②]。处于数字化空间中的消费者，无论是人口统计学基本属性，还是消费购买决策过程，都与生活在非数字化环境中的人们有所差异。

一　人口统计学属性

数字化消费者的人口统计学属性是体现整个消费市场结构性的信息，在一定程度上反映了消费市场的新兴变化和发展走向，主要包括性别、年龄、学历、收入、职业等维度的信息。目前，对于网络消费者研究比较权威的机构包括：中国互联网络信息中心、中国国家统计局以及各个国内外知名的统计调查机构，如尼尔森、艾瑞咨询、易观智库等。这些机构能够获取大量的样本，所以调查统计的准确性较高。根据这些统计，笔者确定了用户深度访谈和问卷调查中不同人口统计学属性人群的占比。

从性别维度来看，中国数字化消费者的男女比例差异不大，男性比例略微高于女性，与中国网民男女结构、中国人口男女比例相似。根据CNNIC中国互联网络信息中心第40次《中国互联网络发展状况统计报告》，“截至2017年6月，中国网民男女比例为52.4∶47.6，同期全国人口男女比例为51.2∶48.8，网民性别结构趋向均衡，并且与人口性别比例基本一致”[③]。根据调查机构尼尔森于2015年年底发布的《中国电子商务行业发展“杭州指数”白皮书》，中国网购消费者男女

① 中国互联网络信息中心CNNIC：《第40次中国互联网络发展状况统计报告》，2017年7月。

② 尼古拉·尼葛洛庞帝：《数字化生存》，胡泳、范海燕译，电子工业出版社2017年版，第61—62页。

③ 中国互联网络信息中心CNNIC：《第40次中国互联网络发展状况统计报告》，2017年7月。

比例为 55 : 45①；根据调查机构艾瑞咨询发布的《2015 年中国网络购物用户调研报告》，中国 PC 端网购用户性别比例为 55.2 : 44.8，中国网购 App 用户性别比例为 57 : 43②；根据中国国家统计局于 2015 年第四季度发布的《2015 年中国网购用户调查报告》，男女消费者网购对传统消费的替代率分别为 78.7% 和 77.6%③。因此，根据上述多项研究的结果，可以发现：中国数字化消费者的性别结构比较均衡，男性比例略高于女性比例，两者差异不大。但是，也有研究显示，女性逐渐崛起成为网购消费主力，而且由于多数女性将商品放入“购物车”后会转给自己的伴侣进行支付，所以导致男性比例高于女性比例④。

从年龄维度来看，80 后和 90 后是网络消费和线上交易的主力。根据 CNNIC 中国互联网络信息中心的统计，截至 2017 年 6 月，中国网民年龄结构分布情况为：10 岁以下占 3.1%，10—19 岁占 19.4%，20—29 岁占 29.7%，30—39 岁占 23%，40—49 岁占 14.1%，50—59 岁占 5.8%，60 岁及以上占 4.8%⑤。根据尼尔森的统计，中国网购消费者的年龄段分布情况为：18—25 岁占 18%，26—30 岁占 25%，31—35 岁占 26%，36—40 岁占 15%，41—45 岁占 11%，46—50 岁占 5%⑥。根据艾瑞咨询发布的《升级：变化中的中国网络零售》报告显示：80 后成为网络零售的消费主力⑦。根据调查机构易观国际《2016 中国网上超市消费者行为专题研究》的统计，80 后和 90 后成为网上超市新

---

① 新浪浙江，杭州发布电商发展指数，男性才是网购消费主力（组图），http://zj.sina.com.cn/news/s/2015-10-30/detail-ifxkhcfq0973561.shtml，2017 年 12 月 21 日。

② 艾瑞咨询，2015 年中国网络购物用户调研报告简版，http://report.iresearch.cn/report/201504/2360.shtml，2017 年 12 月 25 日。

③ 国家统计局：《2015 中国网购用户调查报告》，《中国信息报》2015 年 9 月 29 日第 2 版。

④ 艾瑞咨询，升级：变化中的中国网络零售，http://report.iresearch.cn/report/201711/3083.shtml，2017 年 12 月 21 日。

⑤ 中国互联网络信息中心 CNNIC：《第 40 次中国互联网络发展状况统计报告》，2017 年 7 月。

⑥ 新浪浙江，杭州发布电商发展指数，男性才是网购消费主力（组图），http://zj.sina.com.cn/news/s/2015-10-30/detail-ifxkhcfq0973561.shtml，2017 年 12 月 21 日。

⑦ 艾瑞咨询，升级：变化中的中国网络零售，http://report.iresearch.cn/report/201711/3083.shtml，2017 年 12 月 21 日。

族群[①]。因此，根据上述多项研究的结果，可以发现：中国数字化消费者的年龄分布与中国网民年龄结构分布较为相似，主要分布于20—40岁，80后和90后是网络消费的主要群体。其中，国家统计局的调查显示，20—29岁消费者网络购物冲动较大，30—39岁消费者消费比较理性[②]。笔者在对用户的深度访谈中，也发现：20—30岁的用户比较容易受广告影响，产生购物冲动，进而购买商品；30岁以上人群较为理性，而且已经有了一些自己习惯使用的品牌，因为广告投放而改变购买习惯的可能性减小。

> 深访对象用户M2提及："看到广告上有一些新鲜的东西，我便马上想买。"深访对象用户Z提及："看到广告是会有购买欲望的，虽然可能不一定最终会买。"深访对象用户W1提及："20多岁的时候很容易看到广告便会想买一个东西，而现在30多岁了便不那么容易有购物冲动了。"深访对象用户Q提及："20来岁时可能会因为广告炫而去购买，但到我这个年纪……广告只能拿来欣赏了，哈哈！"

从学历维度来看，中国数字化消费者学历结构显现"高学历"特征，本科以上学历人群占比较大。目前，对于这一方面的研究和统计较少。根据国家统计局的数据显示，用户教育程度越高，对网络购物越青睐[③]。根据尼尔森的报告，具备本科及以上教育程度的中国网购消费者比例达到79%[④]。因此，可以发现：本科以上学历的"高学历"人群是中国网络消费的主要人群。

---

① 易观国际，2016中国网上超市消费者行为专题研究，https://www.analysys.cn/analysis/trade/detail/1000257/，2017年12月25日。

② 国家统计局：《2015中国网购用户调查报告》，《中国信息报》2015年9月29日第2版。

③ 国家统计局：《2015中国网购用户调查报告》，《中国信息报》2015年9月29日第2版。

④ 新浪浙江，杭州发布电商发展指数，男性才是网购消费主力（组图），http://zj.sina.com.cn/news/s/2015-10-30/detail-ifxkhcfq0973561.shtml，2017年12月21日。

从收入维度来看，中国数字化消费者主要为中等收入人群。根据中国互联网络信息中心的统计，截至2017年6月，中国网民个人月收入结构分布如下：无收入人群占比8.2%，500元以下占比10.4%，501—1000元占比8.0%，1001—1500元占比7.8%，1501—2000元占比8.2%，2001—3000元占比15.8%，3001—5000元占比22.9%，5001—8000元占比10.4%，8000元及以上占比8.2%①。根据国家统计局的统计显示，中等收入人群更可能因网络购物而减少外出购物的次数，"月收入在5001—10000元之间的网购用户减少外出购物次数的人数比例为76.2%，比月收入2000元及以下的高出7%②"。根据尼尔森的调查显示，在中国网购消费者人群中，"8000元及以上月收入的人群占总体比例81%③"。因此，可以发现：中国大部分网络购物用户的月收入都在3000元以上，其中5000元以上人群占比较大，多为中等收入人群。

从职业维度来看，有稳定职业人群的更青睐数字化消费，但不同职业人群之间的区别不大。目前，这方面的研究和统计较少。根据国家统计局的调查显示：有稳定职业人群（如党政机关、事业单位职员或企业中层以上人员）网购对传统消费的替代率较高，比无收入人群或工作不稳定群体高12.7%；但是，不同职业人群网购对传统消费的替代率没有明显差异④。

综上所述，从人口统计学属性角度分析，中国数字化消费者具有以下基本特征：性别结构较为均衡，男女比例差异不大；20—40岁为网络消费的主要群体，其中多为高学历（本科以上）、中等收入（月收入5000元以上）以及有稳定职业人群。

① 中国互联网络信息中心CNNIC：《第40次中国互联网络发展状况统计报告》，2017年7月。

② 国家统计局：《2015中国网购用户调查报告》，《中国信息报》2015年9月29日第2版。

③ 新浪浙江，杭州发布电商发展指数，男性才是网购消费主力（组图），http://zj.sina.com.cn/news/s/2015-10-30/detail-ifxkhcfq0973561.shtml，2017年12月21日。

④ 国家统计局：《2015中国网购用户调查报告》，《中国信息报》2015年9月29日第2版。

二 消费者用户购买决策过程(Customer Journey)

根据第一章对“广告效果”的定义,若要探究个性化广告的效果,最终的落脚点是要洞察消费者从接触广告到付诸购买行为这一过程中发生的心理变化。消费者用户购买决策过程指的是消费者做出购买某个商品决策以前所经历的心理过程。根据文献综述中对知名的广告效果模型进行的梳理,无论是 Carl Hovland 提出的“学习模型”,Elmo Lewis 提出的 AIDA 法则,还是 Russell Colley 提出的 DAGMAR 模式,日本电通公司提出的 AISAS 法则等广告效果评估模型,全球前 30 强数字传播机构的中国区董事总经理 J 认为:“如今用户在进行购买决策时并非是线性的,而是包括但不仅限于以下的过程:浏览官网、浏览竞争对手的网站、搜索社交媒体的评论、订阅新闻信息、阅读博客、免费试用、阅读分析报告、询问老板等。”

单一、线性的广告效果评估模型无法完全概括如今消费者用户的购买决策过程。但是,这些模型和法则都脱离不了用户心理变化的过程,即消费者用户态度转变的过程。广告效果阶梯模型(The Hierarchy of Effects Model in Advertising)较好地解释了这一变化过程。该模型认为①:“态度,是个体对一定对象所持有的相对稳定的心理反应倾向”,包括认知、情感和行为三个要素②③。在广告的作用下,广告受众依次经历这三个要素:认知—情感—行为,如同爬升阶梯一般,两个阶梯之间存在着递进关系。

认知指的是对广告信息的知觉(Awareness)和理解(Knowledge),是理性思考层面的要素。一则广告,若要对消费者产生一定的

① Lavidge, R. J., Steiner, G. A., A model for predictive measurements of advertising effectiveness, *Journal of Marketing*, 1961, 25 (6): 59-62.

② Michael L. Ray, Alan G. Sawyer, Michael L. Rothschild, Roger M. Heeler, Edward C. Strong, Jerome B. Reed, *Marketing communication and the hierarchy of effects*, New Models for Mass Communication Research, 1973, pp. 147-176.

③ Wijaya, B. S., The development of hierarchy of effects model in advertising, *International Research Journal of Business Studies*, 2012, 5 (1): 73-85.

效果，则首先需要让消费者了解广告内容包含的各种信息。一方面，消费者需要知觉广告信息，也就是说，消费者需要发现广告信息，并且感知到广告信息的存在。另一方面，在知觉广告信息的基础上，消费者还要对广告信息进一步进行理解，明白广告信息所介绍的产品、品牌、故事情节等内容。在“信息爆炸”时代，消费者用户每时每刻都有大量的信息选择，对于广告信息来说，通常消费者用户不会用完整的注意力和大量的时间集中钻研某一则广告的内容，而是在“碎片化”的时间内浏览广告。深访对象用户 M1 提及：“白天上班的时候我都没心情看广告，如果有广告影响了我的工作任务，我会直接关掉。但是到了晚上准备休息的时候，我也会打开一些 App，看看最近有什么新的产品，这个时候会稍微浏览一下广告。”可见，在认知广告阶段，用户仅仅使用了“碎片化”的时间和注意力，这就可能出现：用户在浏览广告后转向其他内容，忘记了广告提及的产品。因此，通常情况下，广告主会让同一则广告重复出现在消费者面前，唤起消费者的印象和回忆，从而实现消费者对广告内容的长期记忆。

情感指的是对广告信息产生的兴趣（Liking）和偏爱（Preference），是情感、情绪层面的要素。在认知广告信息后，广告信息可能会改变消费者的态度和情绪，消费者进而会对广告及产品形成一定的评价——这种评价是围绕情绪/情感而展开的。一方面，消费者会对广告及产品产生一定的兴趣，即喜欢广告及产品，形成对广告及产品的良好态度。另一方面，消费者会偏爱广告及产品，从对广告及产品的良好态度（情绪）转化成为更深层次的情感黏着。消费者对广告及产品的情绪/情感越积极，他们对广告及产品的评价则越高，反之则越低。深访对象用户 M1 提及：“以前我不太关注雷克萨斯（Lexus）品牌的汽车，最近我在朋友圈经常看到这个品牌汽车的广告，发现它的汽车造型挺不错的，久而久之，现在非常愿意看到它的广告，看到它的广告时，也会经常点进去查看一下它的新款车型和产品信息。”可见，当消费者用户形成对广告及产品的积极态度时，消费者用户对广告的包容度会相应增加。广告的情感效果不仅与个人对品牌和产品的认知程度有关，而且还与个人的经历和喜好相关。

行为指的是对广告信息的确认（Conviction）和购买（Purchase），是动机、意向层面的要素。在对广告及产品形成一定的情感黏着度后，消费者进而将产生购买产品的行为意向。一方面，消费者将在内心形成对广告及产品的确认性看法，包括积极目标和消极目标。另一方面，当消费者确认了积极的目标，比如："我想得到那个商品"以后，他将最终付诸行动，购买商品。这一个环节是消费者对某一产品态度的外在行为显现，是消费者态度变化的最终结果，也是整个态度转变过程中最容易测量的一环——广告主可以通过销售数据了解产品的购买情况。

广告是一种有意识、有目的的传播行为。长久以来，广告营销业孜孜以求的目标便是转变消费者对广告产品的态度，使其完成上述三个阶梯——认知、情感和行为的路径，最终实现产品销售的提升。由于态度转变的过程涉及人类的心理活动，除了严谨的学术研究和广告的事后调查，通常来说，广告主难以观测消费者态度转变的每一个过程。这也正是所谓广告营销界"哥德巴赫猜想"——"我知道我的广告费有一半是浪费的，但我不知道浪费的是哪一半"所描绘的情形。

大数据技术的出现与发展让测量消费者态度转变"三阶梯"成为了可能。而且，随着互联网"激活"个人，大众传播时代下被动的"受众"开始成为"传受一体"的"用户"，如今的消费者是积极的、主动的广告参与者①。用户与传者之间的互动，是用户对信息的态度的一种外在行为体现，传者可以据此掌握更多关于用户的信息。在广告业也是如此，通过了解消费者用户参与广告的行为，广告主可以了解更多有关消费者态度变化的信息。消费者用户参与个性化广告的行为多发生在社交媒体平台，比如：用户可以对微信朋友圈广告点赞、评论、分享或关闭。根据腾讯公司 2017 年 12 月 24 日推出的广告产

① 肯特·沃泰姆、伊恩·芬威克：《奥美的数字营销观点》，中信出版社 2009 年版，第 27 页。

品——朋友圈投票式卡片广告，用户还能对广告进行投票，向广告主直接进行表态，以此增加用户对广告的情感卷入度（Involvement），使广告主与用户产生连接。

由于研究时限的关系，在本文中，笔者仅对四种广告参与行为——点赞、评论、分享与关闭广告进行研究。在笔者前期的深度访谈中，笔者发现：用户的广告参与行为与用户的态度转变过程并无线性关系，没有绝对的对应关系。例如：

> 深访对象用户 W1 提及："当我对一款产品感兴趣、具有购买意向时，或者感觉自己属于某个消费群体（因此被投放某个广告）时，我会点赞；我基本不会评论广告，只有当广告做得不太好时，我有时候会评论；当我觉得某个朋友可能对广告有需求，或者觉得广告内容不错、有笑点时，我会分享一则广告；当我对广告完全没有兴趣，绝对不可能购买它，而它又铺天盖地地进行宣传时，我会关闭广告。"

因此，笔者认为并提出假想：在态度"三阶梯"过程中，消费者用户都可能进行广告参与，消费者的心理效果与消费者广告参与行为效果之间的关系如图 6－1 所示：消费者广告参与行为始终贯穿于整个消费者态度变化的过程，是个性化广告（尤其是社交媒体上个性化广告）一个重要的效果衡量指标①。

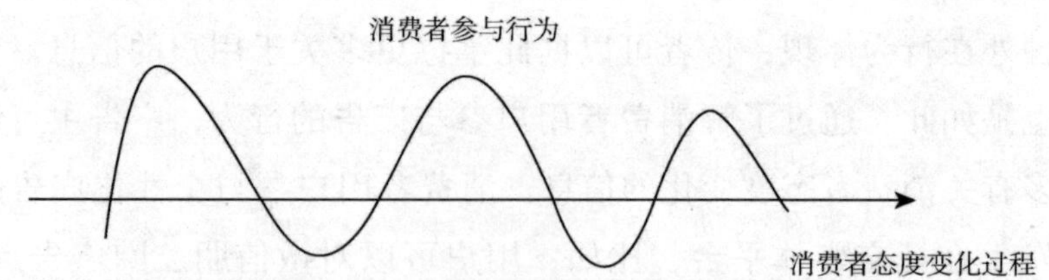

图 6－1 消费者心理效果与消费者广告参与行为效果的关系图

---

① 徐智、杨莉明：《微信朋友圈信息流广告用户参与效果研究》，《国际新闻界》2016 年第 5 期。

第二节　大数据时代个性化广告环境下消费者决策影响因素初探

全球前30强数字传播机构的中国区董事总经理J认为："无论在什么时代，广告的终极目标都是在正确的时间、正确的地点向正确的人，说正确的内容。"个性化广告最大的特征就是广告可以实现针对消费者用户的个性化定制。在前期的深度访谈中，笔者也发现：所有深度访谈用户都提到了"只有当我对广告中的产品有需求时，我才可能关注广告，或者购买广告产品"，足见广告定制程度的影响之大。个性化广告的定制程度指的是广告投放的精准度，即是否将"正确的产品"推送给"正确的人"。其次，广告内容也是一个重要的影响因素，即是否向"正确的人"推送"正确的内容"。另外，关于"正确的时间"和"正确的地点"，笔者认为这二者可以合为一个因素，即"正确的情境"。最后，隐私问题是伴随个性化广告的发展而产生的一个新问题，根据前期深度访谈的结果：多数用户提及对个性化广告隐私侵犯的担忧，因此笔者猜测，用户感知隐私风险也是影响个性化广告效果的一个因素。

综上所述，以下笔者将对个性化广告的"广告定制程度""广告内容""用户使用情境"和"感知隐私风险"四个因素进行初步探索。

一　广告定制程度

信息定制，指的是信息传者根据对目标用户自然属性、行为和兴趣等数据的挖掘，向他们提供个性化的信息。在健康传播研究领域，个性化信息被认为在鼓励人们减少脂肪摄入、增加蔬果饮食比例方面比非个性化信息更具激励作用①，在改变与癌症相关行为（如吸烟、

① Brug，J.，Steenhuis，I.，Assema，P. V.，Vries，H. D.，The impact of a computer-tailored nutrition intervention，*Preventive Medicine*，1996，25（3）：236－242.

锻炼、节食、定期检查等）的传播中也具有成功实践①。在广告业，个性化广告被认为是这个领域的一场变革，但目前有关广告定制程度对广告效果影响的研究仍然较少。有研究显示，定制程度更高的个性化广告信息能让消费者对广告及产品产生更为积极的态度，并且影响消费者浏览的积极性②。

在前期的深度访谈中，笔者也发现：个性化广告的定制程度对消费者广告态度的影响非常大。

> 深度访谈用户 H2 认为："广告直击我的需求是基础，广告中的一些优惠活动是促使我购买商品的导火索。"笔者提炼以下两个关键词：有利性（优惠活动）和相关性（直击需求）。
>
> 深度访谈用户 Y 提及："当我买了 A 产品后，广告系统会向我推送与 A 互补的 B 产品，我会觉得非常好。比如我觉得淘宝推荐的（产品）精准度就很高，总是给我推荐一些相似的商品。"笔者提炼以下关键词：有利性（互补、相似）。
>
> 深度访谈用户 W1 认为："我觉得（大数据）广告会跟进你的需求，这点非常好。但是，对于一些奢侈品产品来说，如果它价格偏低或者有水分，我一般是不会在网上买的，宁可通过线下其他渠道购买。"笔者提炼以下两个关键词：相关性（跟进需求）和怀疑度（有水分）。
>
> 深度访谈用户 W3 提及："当我第一眼看到广告时，如果广告能解决我的问题，而且设计得比较有趣，广告场景、广告代言人比较有吸引力，很可能会刺激我购买的欲望。"笔者提炼以下两

---

① Rimer, Barbara, K., Kreuter, Matthew, W., Advancing Tailored Health Communication: A Persuasion and Message Effects Perspective, *Journal of Communication*, 2006, 56 (Supplement s1): S184 - S201.

② Kalyanaraman, S., Sundar, S. S., The psychological appeal of personalized content in web portals: does customization affect attitudes and behavior? *Journal of Communication*, 2006, 56 (1): 110 - 132.

个关键词：有利性（解决问题）和卷入度（有趣、有吸引力）。

……

因此，笔者猜想：广告的定制程度影响个性化广告效果，而个性化的广告定制程度涉及以下四个方面：卷入度、有利性、相关性和怀疑度。

二 广告内容

广告内容，指的是以广告主为广告活动制定的内容。尽管在大数据时代，人工智能创意平台已经代替一部分人力，开始涉足广告内容生产。但是，就目前人工智能创意的发展来看，广告最根本和最关键的内容仍然是由人力创造和制作。而且，个性化广告系统没有完全实现广告内容的个性化定制，尚处于发展的半成品阶段。因此，笔者在此将广告内容区别于广告定制程度，单独进行分析。

有关广告内容对广告效果的影响研究[①][②][③]在传统媒体广告效果研究中已经出现。在信息个性化定制领域，也有不少研究探讨了内容对传播效果的影响。互动广告模型（The Interactive Advertising Model，简称 IAM）认为，广告主控制了广告类型、广告格式和广告特性，进而对广告效果产生影响[④]。有研究显示，用户感知内容创新性作为信息定制程度的中介变量，影响用户对待信息提供商的态度[⑤]。

在前期的深度访谈中，笔者也发现：不少深访对象提及了广告内容对个性化广告效果的影响。

---

① 丁娜：《广告语对广告效果的影响初探》，《今传媒》2016 年第 9 期。

② 齐春媚：《地产平面广告的视觉表现形式对受众注意的影响》，《科技信息》2011 年第 13 期。

③ Underhill，M. 、王青云：《说的越多，记住的会越少——益普索 asi 中国区总经理谈广告创意的实证研究》，《市场观察》2005 年第 9 期。

④ Rodgers，S. ，Thorson，E. ，*The interactive advertising model*：*how users perceive and process online ads*，Routledge，2000：41 – 60.

⑤ Kalyanaraman，S. ，Sundar，S. S. ，The psychological appeal of personalized content in web portals：does customization affect attitudes and behavior? *Journal of Communication*，2006，56（1）：110 – 132.

深访对象用户 Z 提及："我认为情节故事性强不强，表现形式有没有趣，视觉上有没有冲击，这三点会影响我对广告的态度。"笔者提炼以下两个关键词：故事性（情节、故事性）、表现形式（表现形式）和视觉效果（视觉）。

深访对象用户 Y 提及："我会从以下几个维度评价一则广告：广告文案、画面的表现形式，剧情需要耐人寻味、铺垫和转折。"笔者提炼以下两个关键词：故事性（文案、剧情）和表现形式（画面的表现形式）。

深访对象用户 L 提及："我觉得微信朋友圈广告创意度比较高，广告比较有品位，能将网络流行语与广告商品结合在一起，淘宝上的广告都没什么创意，很普通，相比之下，我觉得淘宝（商品）的阶层更 low 一点。"笔者提炼以下两个关键词：故事性（网络流行语）和创意度（广告创意度、创意）。

……

因此，笔者猜想：广告内容影响个性化广告效果，而个性化广告内容主要涉及以下四个方面：广告的表现形式、广告的故事性、广告的视觉效果和广告的创意度/创新性。

三　用户使用情境

用户的使用情境，指的是用户接触广告时所处的媒介情境。媒介情境对广告效果的影响研究主要包括情绪效价、情绪唤起度、媒介情境好感度、情境属性和广告—情境一致性等几个方面①。由于个性化广告投放的媒介情境很多，笔者难以在本文中一一细数每一种情境下用户的情绪效价、情绪唤起度、媒介情境好感度和情境属性。而且，个性化广告投放的一大特征在于广告竞价交易，这意味着广告内容与

① 林幽兰：《媒介情境对广告效果的影响之研究综述》，硕士学位论文，厦门大学，2009 年。

媒介情境是实时进行“配对”，二者之间的匹配度存在不确定性。因此，在本书语境中，笔者主要考察广告—情境一致性（Ad-Context Congruence）对个性化广告效果的影响。

广告—情境一致性是指广告内容与媒介情境（主要指媒介内容和主题）的匹配程度①。比如：新电影上映的广告插播在电影院的电影正式放映之前。研究显示，当广告置于与其内容相关的媒介情境时，用户的回忆、参与②以及态度③将会得到提升。

在前期的深度访谈中，笔者也发现：不少深访对象提及了广告—情境一致性影响他们对待个性化广告的态度。

深访对象用户 Z 提及：“如果我在打游戏或者看‘百度文库’，你给我推送一条食品广告，我没什么感觉；但是如果我在天猫 App 上，你给我推送一个食品的促销信息，我会有（购物）感觉。”笔者提炼以下关键词：App 使用动机［有（购物）感觉］。

深访对象用户 W2 提及：“在我看来，微信是一个供人们分享、学习、阅读的软件，所以当我看到一些与学习雅思、教育孩子、书籍阅读等内容相关的广告时，我会很喜欢，也很接受；但是当我看到一些……比如一套化妆品、一瓶香水、一辆豪车，出现在朋友圈里，我就无法接受。”笔者提炼以下关键词：平台性质（供人们分享、学习、阅读的软件）。

深访对象用户 W3 认为：“在微博上，我觉得就是为了放松自己，无论是什么广告我都会忽略它；在淘宝、京东上，我本来就已经有了购物的心理准备。”笔者提炼以下关键词：App 使用动机

① Zanjani, S. H. A., Chan, K., Does ad-context congruity help surfers and information seekers remember ads in cluttered e-magazines? *Journal of Advertisin*, 2011, 40 (4): 67–84.

② Yaveroglu, I., Donthu, N., Advertising repetition and placement issues in on-line environments, *Journal of Advertising*, 2008, 37 (2): 31–44.

③ 骆婕茹：《广告—情境一致性和社会影响对网络行为定向广告态度的影响研究》，硕士学位论文，西南交通大学，2016 年。

（放松自己、心理准备）。

……

综上所述，笔者猜想：广告—情境一致性将影响个性化广告的效果。

四 感知隐私风险

感知隐私风险，指的是用户在接触广告时对隐私可能被泄露的担忧程度。个性化广告的基础在于数据挖掘，而一个数据漏洞便可能泄露数万条个人信息①，这可能会诱发用户对于隐私信息泄露的担忧情绪。

在前期的深度访谈中，笔者也发现：不少深访对象提及了隐私风险将影响他们对待个性化广告的态度。

> 深访对象用户 Z 提及："我可以允许它们（指广告系统）收集我的一些兴趣数据，但是涉及私密信息，比如地理位置信息，我不太能接受，会引起我对隐私侵犯的担忧。"笔者提炼以下关键词：保护数据力度（隐私侵犯担忧）。
>
> 深访对象用户 Q 提及："广告本身对我来说并不重要，如果可以选择的话，我宁可不要他们给我推送个性化广告，我也不想向他们泄露我的信息。"笔者提炼以下关键词：担心数据追踪（泄露信息）。
>
> 深访对象用户 W2 提及："我有点介意他们（指广告系统）收集我的数据，后台分析有点可怕，可能会涉及我一些很隐私的东西，比如：它可能知道你家里有小孩，月收入、年收入是多少，每年的出行计划安排是什么……"笔者提炼以下关键词：担心数据追踪（后台分析可怕）。
>
> ……

---

① 马克·罗滕伯格、茱莉亚·霍维兹、杰拉米·斯科特主编：《无处安放的互联网隐私》，苗淼译，中国人民大学出版社 2017 年版，第 I 页。

综上所述，笔者猜想：用户感知隐私风险将影响个性化广告的效果。

第三节　大数据时代个性化广告环境下消费者决策影响因素的验证性研究

根据前期的文献研究和深度访谈得到的数据和猜想，笔者进而通过量化研究——问卷调查的方式对前期的猜想进行验证。

一　研究问题与假设

本研究旨在从个性化广告的定制程度、广告内容、广告—情境一致性和用户感知隐私风险四个维度，探讨影响消费者购买决策的因素。

（一）个性化广告效果

如前文所述，笔者将测量个性化广告效果的心理效果和参与行为效果。其中，心理效果是根本，而参与行为的效果是外在体现。

一方面，根据广告效果阶梯模型，消费者从接触个性化广告至实施购买的心理变化过程可以细分为认知、态度和行为意向三个环节。该模型认为，这三个环节彼此之间呈递进的关系。换言之，消费者对广告的认知态度影响其对广告的情感态度，而情感态度又将进一步影响购买商品的意向，进而付诸行动。因此，笔者提出假设：

H1：消费者用户对于个性化广告的认知效果越好，那么消费者用户对于个性化广告的情感效果越好。

H2：消费者用户对于个性化广告的情感效果越好，那么消费者用户对于个性化广告的购买意向效果越好。

另一方面，笔者设定了消费者用户广告参与行为的四个变量：点赞、评论、分享与关闭。如上文所述，笔者认为，用户广告参与行为将贯穿用户的心理变化过程。因此，笔者有如下假设：

H3：消费者的心理效果与广告点赞行为

H3a：消费者用户对于个性化广告的认知效果越好，则消费者用户对广告点赞的可能性越大。

H3b：消费者用户对于个性化广告的情感效果越好，则消费者用户对广告点赞的可能性越大。

H3c：消费者用户对于个性化广告的行为意向效果越好，则消费者用户对广告点赞的可能性越大。

H4：消费者的心理效果与广告评论行为

H4a：消费者用户对于个性化广告的认知效果越好，则消费者用户对广告评论的可能性越大。

H4b：消费者用户对于个性化广告的情感效果越好，则消费者用户对广告评论的可能性越大。

H4c：消费者用户对于个性化广告的行为意向效果越好，则消费者用户对广告评论的可能性越大。

H5：消费者的心理效果与广告分享行为

H5a：消费者用户对于个性化广告的认知效果越好，则消费者用户对广告分享的可能性越大。

H5b：消费者用户对于个性化广告的情感效果越好，则消费者用户对广告分享的可能性越大。

H5c：消费者用户对于个性化广告的行为意向效果越好，则消费者用户对广告分享的可能性越大。

H6：消费者的心理效果与广告关闭行为

H6a：消费者用户对于个性化广告的认知效果越好，则消费者用户关闭广告的可能性越小。

H6b：消费者用户对于个性化广告的情感效果越好，则消费者用户关闭广告的可能性越小。

H6c：消费者用户对于个性化广告的行为意向效果越好，则消费者用户关闭广告的可能性越小。

（二）广告定制程度与个性化广告效果

如上文所述，广告定制程度影响个性化广告的效果，因此，笔者有如下假设：

H7：广告定制程度与个性化广告效果

H7a：消费者用户感知广告定制程度越高，则消费者用户对于个性化广告的认知效果越好。

H7b：消费者用户感知广告定制程度越高，则消费者用户对于个性化广告的情感效果越好。

H7c：消费者用户感知广告定制程度越高，则消费者用户对于个性化广告的行为意向效果越好。

H7d：消费者用户感知广告定制程度越高，则消费者用户对广告点赞的可能性越大。

H7e：消费者用户感知广告定制程度越高，则消费者用户对广告评论的可能性越大。

H7f：消费者用户感知广告定制程度越高，则消费者用户对广告分享的可能性越大。

H7g：消费者用户感知广告定制程度越高，则消费者用户关闭广告的可能性越小。

（三）广告内容与个性化广告效果

如上文所述，广告内容影响个性化广告的效果，因此，笔者有如下假设：

H8：广告内容与个性化广告效果

H8a：广告内容越好，则消费者用户对于个性化广告的认知效果越好。

H8b：广告内容越好，则消费者用户对于个性化广告的情感效果越好。

H8c：广告内容越好，则消费者用户对于个性化广告的行为意向效果越好。

H8d：广告内容越好，则消费者用户对广告点赞的可能性越大。

H8e：广告内容越好，则消费者用户对广告评论的可能性越大。

H8f：广告内容越好，则消费者用户对广告分享的可能性越大。

H8g：广告内容越好，则消费者用户关闭广告的可能性越小。

（四）广告—情境一致性与个性化广告效果

如上文所述，广告—情境一致性影响个性化广告的效果，因此，笔者有如下假设：

H9：广告—情境一致性与个性化广告效果

H9a：广告—情境一致性越高，则消费者用户对于个性化广告的认知效果越好。

H9b：广告—情境一致性越高，则消费者用户对于个性化广告的情感效果越好。

H9c：广告—情境一致性越高，则消费者用户对于个性化广告的行为意向效果越好。

H9d：广告—情境一致性越高，则消费者用户对广告点赞的可能性越大。

H9e：广告—情境一致性越高，则消费者用户对广告评论的可能性越大。

H9f：广告—情境一致性越高，则消费者用户对广告分享的可能性越大。

H9g：广告—情境一致性越高，则消费者用户关闭广告的可能性越小。

（五）感知隐私风险与个性化广告效果

如上文所述，用户感知隐私风险影响个性化广告的效果，因此，笔者有如下假设：

H10：用户感知隐私风险与个性化广告效果

H10a：用户感知隐私风险越高，则消费者用户对于个性化广告的认知效果越差。

H10b：用户感知隐私风险越高，则消费者用户对于个性化广告的情感效果越差。

H10c：用户感知隐私风险越高，则消费者用户对于个性化广告的行为意向效果越差。

H10d：用户感知隐私风险越高，则消费者用户对广告点赞的可能性越小。

H10e：用户感知隐私风险越高，则消费者用户对广告评论的可能性越小。

H10f：用户感知隐私风险越高，则消费者用户对广告分享的可能性越小。

H10g：用户感知隐私风险越高，则消费者用户关闭广告的可能性越大。

二　研究框架

综上所述，本研究的主体框架如图6－2所示：笔者从广告定制程度、广告内容、广告—情境一致性和感知隐私风险四个维度探讨影响消费者购买决策的因素。本研究的自变量为四个：广告定制程度、广告内容、广告—情境一致性和感知隐私风险（实际测量指标为感知隐私保护力度）；因变量包括广告的心理效果和用户广告参与行为效果，其中，心理效果是广告效果的内在体现，而用户广告参与行为的效果是心理效果的外在显现。

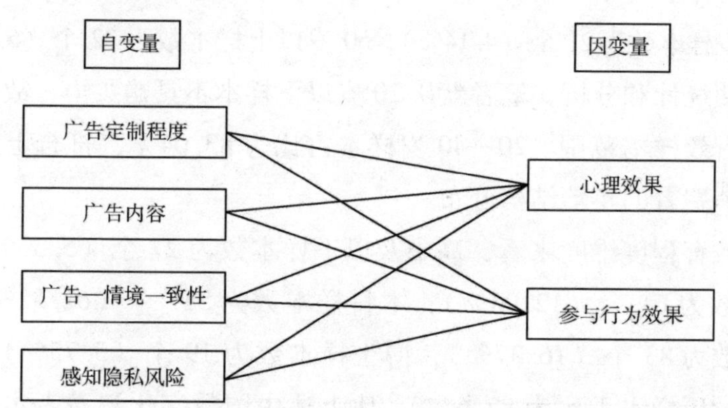

图6－2　个性化广告环境下消费者决策影响因素的验证性研究框架

三　研究方法与变量测量

（一）研究方法

根据前期的文献综述和深度访谈结果，为了验证上述假设，笔者选择了目前中国最大的两家技术公司旗下的两个平台（电子商务平台——淘宝，以及社交媒体平台——微信）的个性化广告作为研究对象，并拟定了一份题目总数为70题的问卷，在“问卷星”网站（www.sojump.com）上进行投放。其中，关于广告的参与行为，由于微信广告的互动功能较多，用户较为熟悉，故只设置在问卷中的微信部分，而淘宝部分没有此类问题。在获得50份样本后，笔者将已有数据导入SPSS 22.0进行预分析，并最终将题目总数缩减为56题。问卷投放时间为2017年12月，共回收问卷679份，有效问卷为507份（N=507），有效问卷率为74.67%，其中196份是通过微信朋友圈以“滚雪球”方式进行回收的，311份是委托“问卷星”网站采取付费形式回收的。

从性别维度来看，男性样本数为258个（50.89%），女性样本数为249个（49.11%），这与上述中国数字化消费者的性别分布比例较为一致。

从年龄维度来看，21—25岁样本数为109个（21.5%），26—30岁样本数为153个（30.18%），31—35岁样本数为107个（21.1%），36—40岁样本数为52个（10.26%），40—45岁样本数为33个（6.51%），46—50岁样本数为21个（4.14%），50岁以上样本数为32个（6.31%）。为了方便统计和分析，笔者默认20岁以下样本不具购买力，故不计入调查的有效样本范围。20—40岁样本占比为83.04%，符合上述中国数字化消费者的年龄结构分布。

从教育程度维度来看，高中及以下样本数为27个（5.33%），专科样本数为61个（12.03%），本科样本数为317个（62.52%），硕士样本数为83个（16.37%），博士样本数为19个（3.75%）。本科及以上学历样本占比为82.64%，比上述中国数字化消费者本科及以上人数占比略微偏高。

从月收入维度来看，1000元以下样本数为33个（6.51%），1000—3000元样本数44个（8.68%），3000—5000元样本数107个（21.10%），5000—8000元样本数162个（31.95%），8000—10000元样本数81个（15.98%），10000元以上样本数80个（15.78%）。3000元以上样本占

比为84.81%，高于中国数字化消费者月收入3000元以上人数的占比。

从职业维度来看，从事与大数据相关职业样本数为68个（13.41%），从事与广告行业相关职业样本数为91个（17.95%），从事与大数据和广告行业两者都无关的职业的样本数为348个（68.64%）。

调查问卷（见附录五）共分为三个部分：概念介绍、基本信息和正式问卷。概念介绍指的是向受调查者介绍“个性化广告”的概念，以让他们正确的理解研究问题。基本信息指的是向受调查者收集基本的人口统计学信息，包括年龄、月收入、学历、性别等；另外，基本信息中也包括了两个甄别问卷的题项，以甄别未见过个性化广告和年龄未到20岁的受调查者。正式问卷指的是本研究的主体部分，分别测量微信和淘宝个性化广告效果。

（二）变量测量

本研究主要采用李克特（Likert scale）五分制量表对自变量所涉及的四个维度，以及因变量—心理效果的三个维度进行测量，从1分至5分分别表示“特别不好”至“特别好”，或“最不符合”至“特别符合”；另外，有关因变量—参与行为效果的测量，本研究参照已有研究①，选择“二项选择量表”。

本研究量表主要有以下两种来源：一方面，笔者采用了已有同类研究的量表②，另一方面，笔者借鉴了扎根理论方法③，对深度访谈收集的原始素材进行三级编码，将所获得的二级编码结果用于补充/修正原有量表，并原创了三个自变量的量表。其中，对于“感知隐私风险”自变量，为了方便表述和提升问卷的整体性，笔者采用“感知（广告平台）隐私保护力度”进行测量。具体如表6-2。

---

① 徐智、杨莉明：《微信朋友圈信息流广告用户参与效果研究》，《国际新闻界》2016年第5期。

② 注释：同类研究量表来源：（1）朱书琴《定制程度对个性化广告效果的影响》，《郑州航空工业管理学院学报》2014年第5期；（2）Lavidge，R. J.，Steiner，G. A.，A model for predictive measurements of advertising effectiveness，*Journal of Marketing*，1961，25（6）：59-62.（3）徐智、杨莉明《微信朋友圈信息流广告用户参与效果研究》，《国际新闻界》2016年第5期。

③ Glaser，B.，*The Discovery of Grounded Theory*：*Strategies for Qualitative Research*，Aldine Transaction，1999.

四 信度分析

信度，又称可靠性（Reliability），指的是调查问卷的可靠性，主要检验问卷结果的一致性、稳定性和再现性。测量变量信度最常用的方法是考察量表的内在一致性，并使用 Cronbach's Alpha 系数进行体现。笔者采用 SPSS 22.0 对所有李克特量表变量进行信度分析，得到表 6 – 1 结果（Cronbach's Alpha = 0.974，N = 42）。然后笔者对每个自变量和因变量进行信度分析，得到表 6 – 2。可以发现，除了广告—情境一致性的信度系数为 Cronbach's Alpha = 0.658 以外，其余各变量的信度都在 0.8 以上。在统计学上，如果信度系数 Cronbach's Alpha 值大于 0.7，则说明变量量表的信度可以接受。由此可得，本问卷设计良好。

表 6 – 1　所有李克特量表变量信度分析

Cronbach's Alpha	N
0.974	42

表 6 – 2　自变量和因变量的量表来源及信度分析

变量	量表	来源	信度 Cronbach's Alpha
广告定制程度	1. 我认为微信/淘宝广告非常吸引我，与我的实际情况很像。 2. 我认为微信/淘宝广告与我非常相似，我也经常有类似的需求。 3. 我认为微信/淘宝广告内容很适合我。 4. 我认为微信/淘宝广告内容就像是为我量身定做的。 5. 我希望能得到微信/淘宝广告中更多的产品信息。 6. 我可以根据微信/淘宝广告了解到实情。 7. 微信/淘宝广告是我获得产品信息的可靠来源。	Maslowska & Putte 研究①；朱书琴研究②；并使用深度访谈结果进行补充/修正	0.949

① Maslowska, E., Smit, E. G., Putte, B. V. D, Assessing the cross-cultural applicability of tailored advertising, *International Journal of Advertising*, 2013, 32 (4): 487 – 511.

② 朱书琴：《定制程度对个性化广告效果的影响》，《郑州航空工业管理学院学报》2014 年第 5 期。

续表

变量	量表	来源	信度 Cronbach's Alpha
广告内容	您认为微信/淘宝广告的表现形式怎么样？ 您认为微信/淘宝广告的视觉效果怎么样？ 您认为微信/淘宝广告的故事性怎么样？ 您认为微信/淘宝广告的创意怎么样？	本研究	0.845
广告—情境一致性	您认为微信/淘宝上的广告与它的平台性质相符吗？ 您认为微信/淘宝广告的内容与您使用微信/淘宝App的动机相符吗？	本研究	0.658
感知隐私保护力度	我不担心微信/淘宝广告追踪我的数据。 我认为微信/淘宝能够好好地保护我的数据。	本研究	0.848
心理效果—认知效果	我认为微信/淘宝广告传递的信息非常可信。 我认为微信/淘宝广告传递的信息很重要。	Lavidge & Steiner 研究①；朱书琴研究②	0.869
心理效果—情感效果	我对微信/淘宝广告很感兴趣。 微信/淘宝广告对我很有吸引力。	Lavidge & Steiner 研究③；朱书琴研究④	0.878
心理效果—行为意向效果	通过微信/淘宝广告，我对广告中的产品产生了积极的认知。 通过微信/淘宝广告，我渴望拥有广告中的产品。	Lavidge & Steiner 研究⑤；朱书琴研究⑥	0.857
参与行为效果（只限于微信平台）	您是否给微信广告点过赞？ 您是否评论过微信广告？ 您是否转发过微信广告？ 您是否关闭过微信广告？	徐智 & 杨莉明研究⑦	无

① Lavidge, R. J., Steiner, G. A., A model for predictive measurements of advertising effectiveness, *Journal of Marketing*, 1961, 25 (6): 59 – 62.

② 朱书琴:《定制程度对个性化广告效果的影响》,《郑州航空工业管理学院学报》2014 年第 5 期。

③ Lavidge, R. J., Steiner, G. A., A model for predictive measurements of advertising effectiveness, *Journal of Marketing*, 1961, 25 (6): 59 – 62.

④ 朱书琴:《定制程度对个性化广告效果的影响》,《郑州航空工业管理学院学报》2014 年第 5 期。

⑤ Lavidge, R. J., Steiner, G. A., A model for predictive measurements of advertising effectiveness, *Journal of Marketing*, 1961, 25 (6): 59 – 62.

⑥ 朱书琴:《定制程度对个性化广告效果的影响》,《郑州航空工业管理学院学报》2014 年第 5 期。

⑦ 徐智、杨莉明:《微信朋友圈信息流广告用户参与效果研究》,《国际新闻界》2016 年第 5 期。

五　效度分析

结构效度用于评价量表测量结果是否与研究假设、框架相关，通常采用因子分析法（Factor Analysis）。笔者在 SPSS 22.0 对本研究微信和淘宝自变量的所有题目分别进行因子分析，提取 4 个公因子，得出以下结果。

（一）微信自变量的因子分析

笔者对微信自变量的所有题目进行因子分析和主成分提取后，得到以下结果：KMO 检验值为 0.949，Bartlett 球度检验 $\chi 2$ = 5280.011（df = 105，Sig. = 0.000），说明适合做因子分析。按照“提取 4 个固定因子”的标准，获得 4 个公因子，与笔者设定的四个自变量一致，分别命名为“微信广告定制程度”“微信广告内容”“微信广告—情境一致性”和“微信感知隐私保护力度”；采用主成分分析法，最大方差法旋转提取的因子总累积方差贡献率为 75.486%。

（二）淘宝自变量的因子分析

笔者对淘宝自变量的所有题目进行因子分析和主成分提取后，得到以下结果：KMO 检验值为 0.934，Bartlett 球度检验 $\chi 2$ = 5058.166（df = 105，Sig. = 0.000），说明适合做因子分析。按照“提取 4 个固定因子”的标准，获得 4 个公因子，与笔者设定的四个自变量一致，分别命名为“淘宝广告定制程度”“淘宝广告内容”“淘宝广告—情境一致性”和“淘宝感知隐私保护力度”；采用主成分分析法，最大方差法旋转提取的因子总累积方差贡献率为 74.986%。

六　数据分析与研究发现

由于个性化广告心理效果的量表是李克特五分制量表，而用户广告参与行为效果是二分定类量表。因此，在数据分析时，笔者对心理效果进行线性回归分析（Linear Regression），以及对广告参与行为效果进行二元逻辑回归分析（Binary Logistic Regression）。此外，有关人口统计学变量，年龄、月收入和学历均为定序变量；对于“性别”这一定类变量来说，笔者将其中一个设置为哑变量，于是得到：女性 = 0，男性 = 1。

（一）描述性统计分析

根据因子分析以及描述性统计分析，笔者分别得到表 6 - 3 和表 6 - 4 的结果。通过对比发现，总体来说，淘宝广告（M = 3.22，SD = 0.747）比微信广告（M = 2.97，0.813）表现更好，但是两者在感知隐私保护力度方面表现都较差，分别为微信感知隐私保护力度（M =

表 6 - 3　　微信自变量描述性统计分析（N = 507）

因子	题项	因子载荷	平均值 M	标准差 SD
微信广告定制程度（M = 2.76，SD = 1.049）	我认为微信广告非常吸引我，与我的实际情况很像	0.783	2.74	1.165
	我认为微信广告与我非常相似，我也经常有类似的需求	0.834	2.80	1.213
	我认为微信广告内容很适合我	0.816	2.72	1.185
	我认为微信广告内容就像是为我量身定做的	0.779	2.34	1.178
	我希望能得到微信广告中更多的产品信息	0.725	3.10	1.243
	我可以根据微信广告了解到实情	0.757	2.86	1.179
	微信广告是我获得产品信息的可靠来源	0.767	2.74	1.272
微信广告内容（M = 3.40，SD = 0.700）	您认为微信广告的表现形式怎么样	0.652	3.36	0.816
	您认为微信广告的视觉效果怎么样	0.721	3.46	0.853
	您认为微信广告的故事性怎么样	0.804	3.30	0.873
	您认为微信广告的创意怎么样	0.765	3.49	0.863
微信广告—情境一致性（M = 3.09，SD = 0.876）	您认为微信上的广告与它的平台性质相符吗	0.868	3.30	0.873
	您认为微信广告的内容与您使用微信 App 的动机相符吗	0.692	2.88	1.103
微信感知隐私保护力度（M = 2.73，SD = 1.140）	我不担心微信广告追踪我的数据	0.871	2.68	1.292
	我认为微信能够好好地保护我的数据	0.714	2.78	1.257
整体			2.97	0.813

表 6-4　　淘宝自变量描述性统计分析（N=507）

因子	题项	因子载荷	平均值 M	标准差 SD
淘宝广告定制程度（M=3.16，SD=0.958）	我认为淘宝广告非常吸引我，与我的实际情况很像	0.810	3.09	1.074
	我认为淘宝广告与我非常相似，我也经常有类似的需求	0.854	3.21	1.148
	我认为淘宝广告内容很适合我	0.783	3.14	1.103
	我认为淘宝广告内容就像是为我量身定做的	0.781	2.92	1.135
	我希望能得到淘宝广告中更多的产品信息	0.745	3.47	1.158
	我可以根据淘宝广告了解到实情	0.610	3.18	1.132
	淘宝广告是我获得产品信息的可靠来源	0.698	3.11	1.133
淘宝广告内容（M=3.36，SD=0.681）	您认为淘宝广告的表现形式怎么样	0.632	3.47	0.765
	您认为淘宝广告的视觉效果怎么样	0.708	3.52	0.849
	您认为淘宝广告的故事性怎么样	0.787	3.08	0.858
	您认为淘宝广告的创意怎么样	0.821	3.37	0.863
淘宝广告—情境一致性（M=3.67，SD=0.786）	您认为淘宝上的广告与它的平台性质相符吗	0.852	3.71	0.840
	您认为淘宝广告的内容与您使用微信App的动机相符吗	0.787	3.63	0.920
淘宝感知隐私保护力度（M=2.72，SD=1.145）	我不担心淘宝广告追踪我的数据	0.879	2.67	1.259
	我认为淘宝能够好好地保护我的数据	0.803	2.78	1.219
整体			3.22	0.747

2.73，SD=1.140）和淘宝感知隐私保护力度（M=2.72，SD=1.145），说明用户在接收个性化广告时对广告系统隐私侵犯问题存有担忧，与深度访谈所获得的数据相吻合。具体来说，在广告定制程度方面，淘宝广告（M=3.16，SD=0.958）优于微信广告（M=2.76，SD=1.049），这与前期对广告业者的专家访谈以及对用户的深度访谈所获得的数据相吻合，其主要原因是电子商务平台拥有闭合的生态链，广告投放基础——广告数据皆是用户的购物行为和交易数据。在广告内容方面，微信广告（M=3.40，SD=0.700）比淘宝广告（M=3.36，SD=0.681）略高，但二者差异不大，这可能是由于微信广告具有 H5、小视频、图

片等多种丰富的表现形式所决定的。在广告—情境一致性方面，淘宝广告（M＝3.67，SD＝0.786）优于微信广告（M＝3.09，SD＝0.876），这也与前期深度访谈所获得的数据相吻合——不少深访对象用户认为：电子商务平台比较适宜投放广告。

（二）个性化广告效果

首先，笔者对个性化广告效果内部各个变量之间的关系进行检验，即检验 H1—H6。

对于个性化广告心理效果内部各个变量之间的关系，笔者采用了线性回归方法和散点图，分别对认知效果（自变量）和情感效果（因变量），以及情感效果（自变量）和行为意向效果（因变量）进行分析。

在微信平台的广告认知效果和情感效果的关系中，微信广告认知效果（自变量）对微信广告情感效果（因变量）有显著影响（F＝959.379，Sig＝0.000），自变量（B＝0.899，S.E.＝0.088，Beta＝0.809，t＝30.974，p＜0.001），获得散点图（图6－3）。在淘宝平台的广告认知效果和情感效果的关系中，淘宝广告认知效果（自变量）

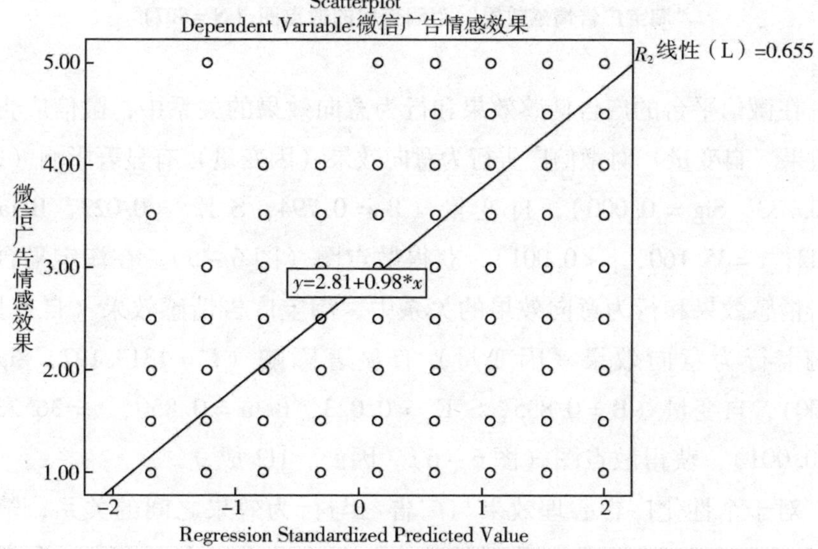

图6－3　以“微信广告认知效果”为自变量，以及“微信广告情感效果”为因变量的散点图（N＝507）

对淘宝广告情感效果（因变量）有显著影响（F = 902.133，Sig = 0.000），自变量（B = 0.844，S.E. = 0.028，Beta = 0.801，t = 30.036，p < 0.001），获得散点图（图 6 - 4）。因此，H1 成立。

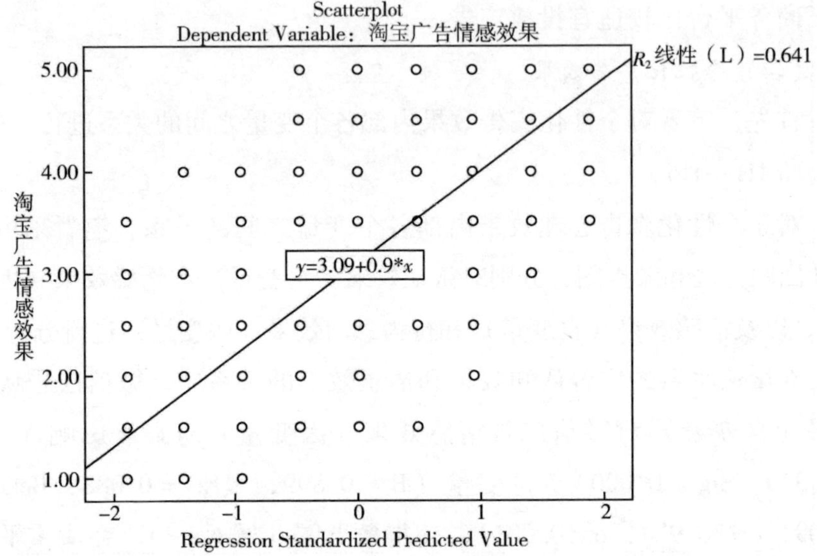

图 6 - 4　以“淘宝广告认知效果”为自变量，以及“淘宝广告情感效果”为因变量的散点图（N = 507）

在微信平台的广告情感效果和行为意向效果的关系中，微信广告情感效果（自变量）对微信广告行为意向效果（因变量）有显著影响（F = 1236.233，Sig = 0.000），自变量（B = 0.794，S.E. = 0.023，Beta = 0.843，t = 35.160，p < 0.001），获得散点图（图 6 - 5）。在淘宝平台的广告情感效果和行为意向效果的关系中，淘宝广告情感效果（自变量）对淘宝行为意向效果（因变量）有显著影响（F = 1313.197，Sig = 0.000），自变量（B = 0.835，S.E. = 0.023，Beta = 0.850，t = 36.238，p < 0.001），获得散点图（图 6 - 6）。因此，H2 成立。

对于个性化广告心理效果与广告参与行为效果之间的关系，笔者采用二元逻辑回归方法，分别对微信心理效果（三个自变量）和微信广告点赞、评论、转发及关闭行为进行分析。

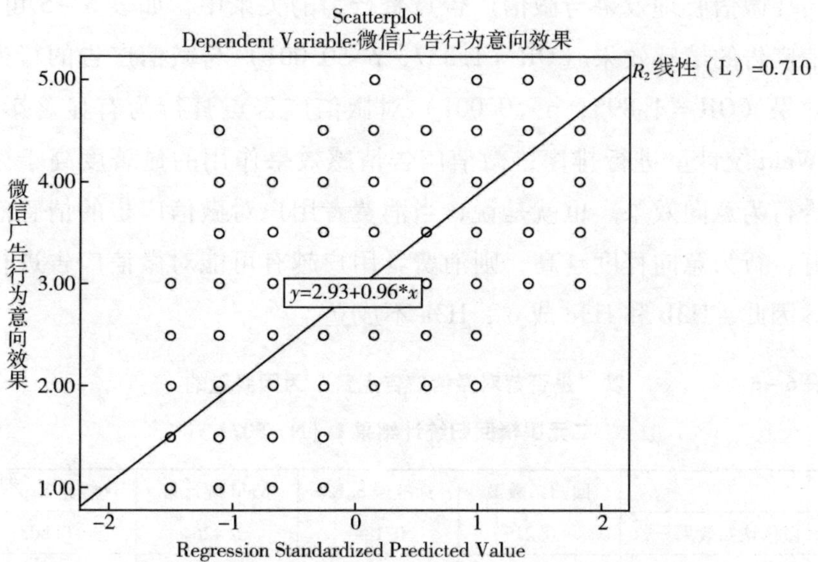

图 6－5　以“微信广告情感效果”为自变量，以及“微信广告行为意向效果”为因变量的散点图（N＝507）

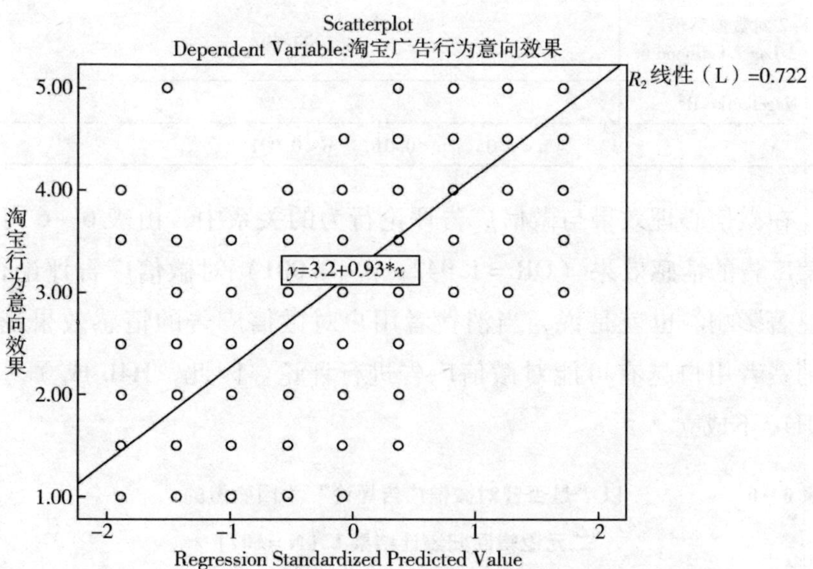

图 6－6　以“淘宝广告情感效果”为自变量，以及“淘宝广告行为意向效果”为因变量的散点图（N＝507）

在微信心理效果与微信广告点赞行为的关系中，如表 6－5 可知，微信广告的情感效果（OR＝1.837，p＜0.001）与微信广告的行为意向效果（OR＝1.895，p＜0.001）对微信广告点赞行为有显著影响。按 Wald 统计量进行排序，微信广告情感效果作用的显著度高于微信广告行为意向效果。也就是说，当消费者用户对微信广告的情感效果越好，行为意向程度越高，则消费者用户越有可能对微信广告进行点赞。因此，H3b 和 H3c 成立，H3a 不成立。

表 6－5　　以“是否曾对微信广告点赞”为因变量的二元逻辑回归统计结果 1（N＝507）

	回归系数 B	标准误 S. E.	Wald 统计量	优势比 Exp（B）
微信认知效果	－0.219	0.184	1.426	0.803
微信情感效果	0.608	0.171	12.676	1.837 ***
微信行为意向效果	0.639	0.186	11.783	1.895 ***
常数	－2.533	0.323	61.550	0.079 ***
卡方值	133.735 ***			
－2 对数似然值（－2 Log Likelihood）	555.467			
Nagelkerke R^2	31.2%			
*p＜0.05，**p＜0.01，*** p＜0.001				

在微信心理效果与微信广告评论行为的关系中，由表 6－6 可知，微信广告的情感效果（OR＝1.942，p＜0.001）对微信广告评论行为有显著影响。也就是说，当消费者用户对微信广告的情感效果越好，则消费者用户越有可能对微信广告进行评论。因此，H4b 成立，H4a 和 H4c 不成立。

表 6－6　　以“是否曾对微信广告评论”为因变量的二元逻辑回归统计结果 1（N＝507）

	回归系数 B	标准误 S. E.	Wald 统计量	优势比 Exp（B）
微信认知效果	－0.174	0.173	1.007	0.840

续表

	回归系数 B	标准误 S. E.	Wald 统计量	优势比 Exp（B）
微信情感效果	0. 664	0. 164	16. 486	1. 942 ***
微信行为意向效果	0. 272	0. 178	2. 350	1. 313
常数	-2. 422	0. 312	60. 211	0. 089 ***
卡方值	87. 979 ***			
-2 对数似然值（-2 Log Likelihood）	609. 321			
Nagelkerke R^2	21. 3%			
*p<0. 05，**p<0. 01，*** p<0. 001				

在微信心理效果与微信广告分享行为的关系中，由表 6-7 可知，微信广告的认知效果（OR=1. 580，p<0. 01）与微信广告的行为意向效果（OR=1. 923，p<0. 001）对微信广告分享行为有显著影响。按 Wald 统计量进行排序，微信广告行为意向效果作用的显著度高于微信广告认知效果。也就是说，当消费者用户对微信广告的行为意向程度越高，或者对微信广告的认知效果越好，则消费者用户越有可能分享转发微信广告。因此，H5a 和 H5c 成立，H5b 不成立。

表 6-7　以“是否曾转发微信广告”为因变量的二元逻辑回归统计结果 1（N=507）

	回归系数 B	标准误 S. E.	Wald 统计量	优势比 Exp（B）
微信认知效果	0. 458	0. 187	5. 994	1. 580 *
微信情感效果	0. 223	0. 169	1. 731	1. 250
微信行为意向效果	0. 654	0. 193	11. 449	1. 923 ***
常数	-4. 327	0. 410	111. 206	0. 013 ***
卡方值	164. 129 ***			
-2 对数似然值（-2 Log Likelihood）	525. 074			
Nagelkerke R^2	37. 2%			
*p<0. 05，**p<0. 01，*** p<0. 001				

在微信心理效果与微信广告关闭行为的关系中，由表 6-8 可知，

微信认知效果、微信情感效果和微信行为意向效果对微信广告的关闭行为均无显著影响。因此，H6a、H6b 和 H6c 均不成立。

表 6－8　以“是否曾关闭微信广告”为因变量的二元逻辑回归统计结果 1（N＝507）

	回归系数 B	标准误 S. E.	Wald 统计量	优势比 Exp（B）
微信认知效果	－0.238	0.161	2.182	0.788
微信情感效果	－0.254	0.152	2.791	0.775
微信行为意向效果	－0.020	0.168	0.014	0.980
常数	1.607	0.281	32.764	4.988 ***
卡方值	36.359 ***			
－2 对数似然值（－2 Log Likelihood）	663.790			
Nagelkerke R^2	9.2%			
*p＜0.05，**p＜0.01，*** p＜0.001				

（三）个性化广告效果影响因素假设检验

接着，笔者对个性化广告效果的四个影响因素（即四个自变量）进行检验，即检验 H7—H10。与上文相似，笔者采用线性回归方法对个性化广告效果的四个影响因素与个性化广告心理效果之间的关系假设进行检验，采用二元逻辑回归方法对个性化广告效果的四个影响因素与个性化广告参与行为效果之间的关系假设进行检验。通过因子分析，笔者采用提取的 4 个公因子作为自变量，以及人口统计学变量，对个性化广告心理效果和个性化广告参与行为效果分别进行检验，探讨个性化广告效果的影响因素。

1. 个性化广告认知效果影响因素假设检验

笔者采用线性回归分析，选取逐步进入方法，分别检验在不同平台上（微信和淘宝）个性化广告定制程度、广告内容、广告—情境一致性和广告感知隐私保护力度四个维度（自变量），以及人口统计学变量，对广告认知效果的影响。

在微信平台上，微信广告定制程度、广告内容、广告—情境一致性、广告感知隐私保护力度以及人口统计学变量对广告认知效果的影响如表 6 - 9 所示。可以发现：微信广告定制程度、广告内容、广告—情境—致性和感知隐私保护力度对广告认知效果均有显著影响（F = 322.125，Sig = 0.000）。四个自变量对广告认知效果的解释程度为 71.7%（R^2 = 0.720，Adjusted R^2 = 0.717）。根据非标准化系数的符号，可以发现：四个自变量对广告认知效果均有积极影响。按照标准系数 Beta 从大到小依次排序，可以发现：微信广告定制程度对广告认知效果的影响最大，其次是微信广告感知隐私保护力度，然后是微信广告内容，最后是微信广告—情境—致性。

表 6 - 9 以“微信广告认知效果”为因变量的线性回归统计结果（N = 507）

模型	非标准化系数		标准系数 Beta	t	显著性 Sig.
	B	标准误 S. E.			
（常量）	2.843	0.026		110.704	0.000
微信广告定制程度	0.710	0.026	0.653	27.621	0.000
微信广告内容	0.318	0.026	0.293	12.387	0.000
微信广告—情境—致性	0.288	0.026	0.264	11.185	0.000
微信感知隐私保护力度	0.404	0.026	0.371	15.717	0.000

a. 因变量：微信广告认知效果

在淘宝平台上，淘宝广告定制程度、广告内容、广告—情境—致性、广告感知隐私保护力度以及人口统计学变量对广告认知效果的影响如表 6 - 10 所示。可以发现：淘宝广告定制程度、广告内容、广告—情境—致性、感知隐私保护力度、年龄和性别对广告认知效果均有显著影响（F = 260.994，Sig = 0.000）。自变量对广告认知效果的解释程度为 75.5%（R^2 = 0.758，Adjusted R^2 = 0.755）。根据非标准化系数的符号，可以发现：四个自变量、年龄和性别对广告认知效果均有积极影响。按照标准系数 Beta 从大到小依次排序依次是：淘宝广告定制程度、淘宝感知隐私保护力度、淘宝广告内容、淘宝广告—情境—致性、性别和年龄。

表6-10　以“淘宝广告认知效果”为因变量的线性回归统计结果（N=507）

模型	非标准化系数		标准系数	t	显著性 Sig.
	B	标准误 S. E.	Beta		
（常量）	2.834	0.050		56.582	0.000
性别	0.137	0.048	0.065	2.852	0.005
年龄	0.033	0.015	0.053	2.258	0.024
淘宝广告定制程度	0.647	0.024	0.610	27.149	0.000
淘宝广告内容	0.360	0.024	0.340	15.272	0.000
淘宝广告—情境—致性	0.204	0.023	0.192	8.678	0.000
淘宝感知隐私保护力度	0.501	0.024	0.472	21.243	0.000

a. 因变量：淘宝广告认知效果

综上所述，个性化广告定制程度、广告内容、广告—情境—致性和感知隐私保护力度与个性化广告认知效果呈正相关关系，也就是说，感知隐私风险与个性化广告认知效果呈负相关关系。因此，H7a、H8a、H9a 和 H10a 成立。

2. 个性化广告情感效果影响因素假设检验

笔者采用线性回归分析，选取逐步进入方法，分别检验在不同平台上（微信和淘宝）个性化广告定制程度、广告内容、广告—情境—致性和广告感知隐私保护力度四个维度（自变量），以及人口统计学变量，对广告情感效果的影响。

在微信平台上，微信广告的定制程度、广告内容、广告—情境—致性、广告感知隐私保护力度和人口统计学变量对广告情感效果的影响如表6-11 所示。可以发现：首先微信广告定制程度、广告内容、广告—情境—致性、感知隐私保护力度和年龄对广告情感效果均有显著影响（F=348.270，Sig=0.000）。自变量对广告情感效果的解释程度为77.4%（R^2=0.777，Adjusted R^2=0.774）。根据非标准化系数的符号，可以发现：四个自变量对广告情感效果均有积极影响，人口统计学变量—年龄对广告情感效果有消极影响。按照标准系数 Beta 从大到小依次排序，可以发现：微信广告定制程度对广告情感效果的影响最大，其次是微信广告内容，然后是微信广告感知隐私保护力度，再者是微信广告—情境一致性，最后是年龄。

表 6-11　以“微信广告情感效果”为因变量的线性回归统计结果（N=507）

模型	非标准化系数		标准系数	t	显著性 Sig.
	B	标准误 S. E.	Beta		
（常量）	2.903	0.050		57.931	0.000
年龄	-0.033	0.015	-0.046	-2.189	0.029
微信广告定制程度	0.900	0.026	0.746	35.303	0.000
微信广告内容	0.384	0.026	0.318	15.069	0.000
微信广告—情境—致性	0.262	0.026	0.217	10.278	0.000
微信感知隐私保护力度	0.319	0.026	0.264	12.502	0.000

a. 因变量：微信广告情感效果

在淘宝平台上，淘宝广告定制程度、广告内容、广告—情境一致性、广告感知隐私保护力度以及人口统计学变量对广告情感效果的影响如表 6-12 所示。可以发现：淘宝广告定制程度、广告内容、广告—情境一致性、感知隐私保护力度和学历对广告情感效果均有显著影响（F=313.396，Sig=0.000）。自变量对广告情感效果的解释程度为 75.5%（R^2=0.758，Adjusted R^2=0.755）。根据非标准化系数的符号，可以发现：四个自变量对广告情感效果均有积极影响，人口统计学变量—学历对广告情感效果有消极影响。按照标准系数 Beta 从大到小依次排序，可以发现：首先淘宝广告定制程度对广告情感效果的影响最大，其次是淘宝感知隐私保护力度，然后是淘宝广告内容，再者是淘宝广告—情境一致性，最后是学历。

表 6-12　以“淘宝广告情感效果”为因变量的线性回归统计结果（N=507）

模型	非标准化系数		标准系数	t	显著性 Sig.
	B	标准误 S. E.	Beta		
（常量）	3.310	0.097		33.991	0.000
学历	-0.074	0.031	-0.053	-2.355	0.019
淘宝广告定制程度	0.810	0.025	0.724	32.779	0.000
淘宝广告内容	0.329	0.025	0.294	13.175	0.000

续表

模型	非标准化系数		标准系数	t	显著性 Sig.
	B	标准误 S. E.	Beta		
淘宝广告—情境—致性	0.230	0.025	0.206	9.313	0.000
淘宝感知隐私保护力度	0.361	0.025	0.323	14.661	0.000

a. 因变量：淘宝广告情感效果

综上所述，个性化广告定制程度、广告内容、广告—情境—致性和感知隐私保护力度与个性化广告情感效果呈正相关关系，也就是说，感知隐私风险与个性化广告情感效果呈负相关关系。因此，H7b、H8b、H9b 和 H10b 成立。

3. 个性化广告行为意向效果影响因素假设检验

笔者采用线性回归分析，选取逐步进入方法，分别检验在不同平台上（微信和淘宝）个性化广告定制程度、广告内容、广告—情境—致性和广告感知隐私保护力度四个维度（自变量），以及人口统计学变量，对广告行为意向效果的影响。

在微信平台上，微信广告定制程度、广告内容、广告—情境—致性、广告感知隐私保护力度和人口统计学变量对广告行为意向效果的影响如表 6–13 所示。可以发现：微信广告定制程度、广告内容、广告—情境—致性、感知隐私保护力度和年龄对广告行为意向效果均有显著影响（F = 316.528，Sig = 0.000）。自变量和人口统计学变量对广告行为意向效果的解释程度为 75.7%（R^2 = 0.760，Adjusted R^2 = 0.757）。根据非标准化系数的符号，可以发现：四个自变量对广告行为意向效果均有积极影响，年龄对广告行为意向效果具有消极影响。按照标准系数 Beta 从大到小依次排序，可以发现：微信广告定制程度对广告行为意向效果的影响最大，其次是微信广告内容，然后是微信广告感知保护力度，再者是微信广告—情境—致性，最后是年龄。

表 6-13　　以“微信广告行为意向效果”为因变量的线性回归统计结果（N=507）

模型	非标准化系数		标准系数	t	显著性 Sig.
	B	标准误 S. E.	Beta		
（常量）	3.067	0.049		62.577	0.000
年龄	-0.046	0.015	-0.069	-3.127	0.002
微信广告定制程度	0.826	0.025	0.726	33.120	0.000
微信广告内容	0.369	0.025	0.324	14.791	0.000
微信广告—情境一致性	0.266	0.025	0.234	10.675	0.000
微信感知隐私保护力度	0.297	0.025	0.261	11.913	0.000

a. 因变量：微信广告行为意向效果

在淘宝平台上，淘宝广告定制程度、广告内容、广告—情境一致性、广告感知隐私保护力度和人口统计学变量对广告行为意向效果的影响如表 6-14 所示。可以发现：淘宝广告定制程度、广告内容、广告—情境一致性和感知隐私保护力度对广告行为意向效果均有显著影响（F=363.861，Sig=0.000）。自变量对广告行为意向效果的解释程度为 74.1%（R^2=0.744，Adjusted R^2=0.741）。根据非标准化系数的符号，可以发现：四个自变量对广告行为意向效果均有积极影响。按照标准系数 Beta 从大到小依次排序，可以发现：淘宝广告定制程度对广告行为意向效果的影响最大，其次是淘宝广告内容，然后是淘宝感知隐私保护力度，最后是淘宝广告—情境一致性。

表 6-14　　以“淘宝广告行为意向效果”为因变量的线性回归统计结果（N=507）

模型	非标准化系数		标准系数	t	显著性 Sig.
	B	标准误 S. E.	Beta		
（常量）	3.196	0.025		128.792	0.000
淘宝广告定制程度	0.770	0.025	0.701	31.016	0.000
淘宝广告内容	0.358	0.025	0.326	14.409	0.000
淘宝广告—情境一致性	0.271	0.025	0.247	10.917	0.000

续表

模型	非标准化系数		标准系数 Beta	t	显著性 Sig.
	B	标准误 S. E.			
淘宝感知隐私保护力度	0.321	0.025	0.292	12.910	0.000

a. 因变量：淘宝广告行为意向效果

综上所述，个性化广告定制程度、广告内容、广告—情境一致性和感知隐私保护力度与个性化广告行为意向效果呈正相关关系，也就是说，感知隐私风险与个性化广告行为意向效果呈负相关关系。因此，H7c、H8c、H9c 和 H10c 成立。

4. 个性化广告点赞行为影响因素假设检验

笔者采用二元逻辑回归分析，检验微信平台上个性化广告定制程度、广告内容、广告—情境一致性和广告感知隐私保护力度四个维度（自变量），以及人口统计学变量对广告点赞行为的影响。

由表 6－15 可知，微信广告定制程度（$OR = 2.716$，$p < 0.001$）、微信广告内容（$OR = 2.231$，$p < 0.001$）、微信广告—情境一致性（$OR = 1.612$，$p < 0.001$）、微信广告感知隐私保护力度（$OR = 1.564$，$p < 0.001$）、年龄（$OR = 0.784$，$p < 0.001$）和月收入（$OR = 1.210$，$p < 0.05$）均对微信广告点赞行为有显著影响。按 Wald 统计量进行排序依次是：微信广告定制程度、微信广告内容、微信广告—情境一致性、微信广告感知隐私保护力度、年龄以及月收入。也就是说，当用户认为微信广告定制程度越高，广告内容越好，广告—情境一致性越高，感知隐私保护力度越高，或者，当消费者用户月收入越高或年龄越小时，消费者用户越有可能对微信广告进行点赞。

表 6－15　以“是否曾对微信广告点赞”为因变量的二元逻辑回归统计结果 2（N＝507）

	回归系数 B	标准误 S. E.	Wald 统计量	优势比 Exp（B）
性别	－0.131	0.229	0.329	0.877
年龄	－0.243	0.071	11.639	0.784***

续表

	回归系数 B	标准误 S. E.	Wald 统计量	优势比 Exp（B）
月收入	0. 191	0. 087	4. 797	1. 210 *
学历	-0. 127	0. 142	0. 798	0. 881
微信广告定制程度	0. 999	0. 122	67. 221	2. 716 ***
微信广告内容	0. 802	0. 123	42. 368	2. 231 ***
微信广告—情境—致性	0. 477	0. 112	18. 046	1. 612 ***
微信广告感知隐私保护力度	0. 447	0. 110	16. 438	1. 564 ***
常数	0. 875	0. 519	2. 845	2. 400
卡方值	171. 296 ***			
-2 对数似然值（-2 Log Likelihood）	517. 907			
Nagelkerke R^2	38. 6%			
*p<0. 05, **p<0. 01, *** p<0. 001				

因此，可以发现：个性化广告定制程度、广告内容、广告—情境一致性和感知隐私保护力度对广告点赞行为有积极影响，也就是说，感知隐私风险对广告点赞行为有消极影响。因此，H7d、H8d、H9d 和 H10d 成立。

5. 个性化广告评论行为影响因素假设检验

笔者采用二元逻辑回归分析，检验微信平台上个性化广告定制程度、广告内容、广告—情境一致性和广告感知隐私保护力度四个维度（自变量），以及人口统计学变量，对广告评论行为的影响。

由表 6-16 可知，微信广告定制程度（OR = 1. 891，p<0. 001）、微信广告内容（OR = 1. 597，p<0. 001）、微信广告—情境一致性（OR = 1. 257，p<0. 05）、微信广告感知隐私保护力度（OR = 1. 419，p<0. 001）、年龄（OR = 0. 819，p<0. 01）和月收入（OR = 1. 174，p<0. 05）均对微信广告评论行为有显著影响。按 Wald 统计量进行排序依次是：微信广告定制程度、微信广告内容、微信广告感知隐私保护力度、年龄、微信广告—情境一致性以及月收入。也就是说，当消费者用户认为微信广告定制程度越高，广告内容越好，感知隐私保护力度

越高以及广告—情境一致性越高时，或者，当用户年龄越小或月收入越高时，消费者用户越有可能对微信广告进行评论。

表6-16 以“是否曾对微信广告评论”为因变量的二元逻辑回归统计结果2（N=507）

	回归系数B	标准误S. E.	Wald统计量	优势比Exp（B）
性别	0.134	0.206	0.421	1.143
年龄	-0.199	0.067	8.817	0.819**
月收入	0.160	0.081	3.944	1.174*
学历	-0.023	0.133	0.029	0.978
微信广告定制程度	0.637	0.103	38.039	1.891***
微信广告内容	0.468	0.106	19.357	1.597***
微信广告—情境一致性	0.229	0.101	5.175	1.257*
微信广告感知隐私保护力度	0.350	0.099	12.353	1.419***
常数	-0.305	0.483	0.398	0.737
卡方值	93.941***			
-2对数似然值（-2 Log Likelihood）	603.359			
Nagelkerke R^2	22.6%			
*p<0.05，**p<0.01，***p<0.001				

因此，可以发现：个性化广告定制程度、广告内容、广告—情境一致性和感知隐私保护力度对广告评论行为有积极影响，也就是说，感知隐私风险对广告评论行为有消极影响。因此，H7e、H8e、H9e和H10e成立。

6. 个性化广告分享行为影响因素假设检验

笔者采用二元逻辑回归分析，检验微信平台上个性化广告定制程度、广告内容、广告—情境一致性和广告感知隐私保护力度四个维度（自变量），以及人口统计学变量，对广告分享行为的影响。

由表6-17可知，微信广告定制程度（OR=3.215，p<0.001）、微信广告内容（OR=1.881，p<0.001）、微信广告—情境一致性（OR=1.394，p<0.01）、微信广告感知隐私保护力度（OR=1.637，

$p<0.001$）和学历（OR = 0.736，$p<0.05$）均对微信广告评论行为有显著影响。按 Wald 统计量进行排序依次是：微信广告定制程度、微信广告内容、微信广告感知隐私保护力度、广告—情境一致性以及学历。也就是说，当消费者用户认为微信广告定制程度越高，广告内容越好，感知隐私保护力度越高以及广告—情境一致性越高时，或者，当用户学历越低时，消费者用户越有可能转发微信广告。

表 6 - 17　以"是否曾转发微信广告"为因变量的二元逻辑回归统计结果 2（N = 507）

	回归系数 B	标准误 S. E.	Wald 统计量	优势比 Exp（B）
性别	-0.146	0.227	0.412	0.864
年龄	0.013	0.070	0.033	1.013
月收入	0.128	0.091	1.970	1.136
学历	-0.307	0.149	4.264	0.736*
微信广告定制程度	1.168	0.126	85.295	3.215***
微信广告内容	0.632	0.123	26.347	1.881***
微信广告—情境一致性	0.332	0.112	8.760	1.394**
微信广告感知隐私保护力度	0.493	0.113	18.938	1.637***
常数	-0.003	0.533	0.000	0.997
卡方值	175.161***			
-2 对数似然值（-2 Log Likelihood）	514.041			
Nagelkerke R^2	39.3%			

*$p<0.05$，**$p<0.01$，*** $p<0.001$

因此，可以发现：个性化广告定制程度、广告内容、广告—情境一致性和感知隐私保护力度对广告转发行为有积极影响，也就是说，感知隐私风险对广告转发行为有消极影响。因此，H7f、H8f、H9f 和 H10f 成立。

7. 个性化广告关闭行为影响因素假设检验

笔者采用二元逻辑回归分析，检验微信平台上个性化广告定制程度、广告内容、广告—情境一致性和广告感知隐私保护力度四个维度

（自变量），以及人口统计学变量，对广告关闭行为的影响。

由表6－18可知，微信广告定制程度（OR＝0.654，p＜0.001）、微信广告内容（OR＝0.654，p＜0.001）、微信广告—情境一致性（OR＝0.776，p＜0.01）和微信广告感知隐私保护力度（OR＝0.793，p＜0.05）均对微信广告评论行为有显著影响。按Wald统计量进行排序依次是：微信广告定制程度、微信广告内容、广告—情境一致性以及微信广告感知隐私保护力度。也就是说，当消费者用户认为微信广告定制程度越低，广告内容越差，广告—情境一致性越低以及感知隐私保护力度越差时，消费者用户越有可能关闭微信广告。

表6－18　以“是否曾关闭微信广告”为因变量的二元逻辑回归统计结果2（N＝507）

	回归系数B	标准误S.E.	Wald统计量	优势比Exp（B）
性别	－0.035	0.196	0.031	0.966
年龄	－0.094	0.061	2.350	0.910
月收入	0.146	0.077	3.632	1.157
学历	－0.050	0.126	0.158	0.951
微信广告定制程度	－0.425	0.096	19.635	0.654***
微信广告内容	－0.424	0.102	17.327	0.654***
微信广告—情境一致性	－0.254	0.096	6.956	0.776**
微信广告感知隐私保护力度	－0.232	0.094	6.050	0.793*
常数	0.037	0.460	0.006	1.037
卡方值	51.147***			
－2对数似然值（－2 Log Likelihood）	649.002			
Nagelkerke R^2	12.8%			
*p＜0.05，**p＜0.01，***p＜0.001				

因此，可以发现：个性化广告定制程度、广告内容、广告—情境一致性和感知隐私保护力度对广告关闭行为有消极影响，也就是说，感知隐私风险对广告关闭行为有积极影响。因此，H7g、H8g、H9g和H10g成立。

8. 人口统计学变量数据分析

根据前文数据，可以发现：本书所设置的四个控制变量——性别、年龄、月收入和学历对个性化广告效果均有不同程度和层面的影响。总体上来说，根据B值、Beta值、Wald值和Sig值，人口统计学变量对个性化广告效果的影响低于四个自变量的影响。

在认知效果层面，在微信平台上，没有人口统计学变量的影响；性别（B = 0.137，S.E. = 0.048，Beta = 0.065，t = 2.852，$p < 0.01$）和年龄（B = 0.033，S.E. = 0.015，Beta = 0.053，t = 2.258，$p < 0.05$）对淘宝广告的认知效果有积极影响。也就是说，男性用户，或者年龄越大的用户，对淘宝广告的认知效果越好。

在情感效果层面，年龄（B = −0.033，S.E. = 0.015，Beta = −0.046，t = −2.189，$p < 0.05$）对微信广告的情感效果有消极影响。也就是说，年龄越大的用户，对微信广告的情感效果越差。学历（B = −0.074，S.E. = 0.031，Beta = −0.053，t = −2.355，$p < 0.05$）对淘宝广告的情感效果有消极影响。也就是说，学历越高的用户，对淘宝广告的情感效果越差。

在行为意向效果层面，年龄（B = −0.046，S.E. = 0.015，Beta = −0.069，t = −3.127，$p < 0.01$）对微信广告的行为效果有较强的消极影响。也就是说，年龄越大的用户，对微信广告的行为意向效果越差。在淘宝平台上，没有人口统计学变量的影响。

因此，可以发现，在个性化广告的心理效果层面，性别、年龄和学历都对广告心理效果有所影响，月收入对广告心理效果没有显著作用。

在广告点赞行为方面，年龄（B = −0.243，OR = 0.784，$p < 0.001$）对微信广告点赞行为有消极影响。也就是说，年龄越大的用户，对微信广告点赞的可能性越低。月收入（B = 0.191，OR = 1.210，$p < 0.05$）对微信广告点赞行为有积极影响。也就是说，月收入越高的用户，对微信广告点赞的可能性越高。

在广告评论行为方面，年龄（B = −0.199，OR = 0.819，$p < 0.01$）

对微信广告评论行为有消极影响。也就是说，年龄越大的用户，对微信广告评论的可能性越小。月收入（$B = 0.160$，$OR = 1.174$，$p < 0.05$）对微信广告评论行为有积极影响。也就是说，月收入越高的用户，对微信广告评论的可能性越大。

在广告分享行为方面，学历（$B = -0.307$，$OR = 0.736$，$p < 0.05$）对微信广告分享行为有消极影响。也就是说，学历越高的用户，分享微信广告的可能性越小。

在广告关闭行为方面，没有人口统计学变量的影响。

因此，可以发现，在个性化广告参与行为效果层面，年龄、月收入和学历对广告参与行为有所影响，性别对广告参与行为效果没有显著作用。

七 讨论与结论

本章通过问卷调查的方式，旨在研究影响个性化广告心理效果和参与行为效果的因素。通过数据处理与分析，可以得到：对于个性化广告心理效果和广告参与行为效果，个性化广告定制程度、广告内容、广告—情境一致性和用户感知隐私风险四个自变量均是显著作用变量。其中，个性化广告定制程度、广告内容和广告—情境一致性对广告效果有积极影响，而用户感知隐私风险对广告效果有消极影响。数据分析研究结果是否支持相关假设具体如表 6－19 所示。

表 6－19 消费者决策影响因素的验证性研究假设检验结果

编号	假设	是否支持假设
H1	消费者用户对于个性化广告的认知效果越好，那么消费者用户对于个性化广告的情感效果越好	支持
H2	消费者用户对于个性化广告的情感效果越好，那么消费者用户对于个性化广告的购买意向效果越好	支持
H3a	消费者用户对于个性化广告的认知效果越好，则消费者用户对广告点赞的可能性越大	不支持
H3b	消费者用户对于个性化广告的情感效果越好，则消费者用户对广告点赞的可能性越大	支持

续表

编号	假设	是否支持假设
H3c	消费者用户对于个性化广告的行为意向效果越好，则消费者用户对广告点赞的可能性越大	支持
H4a	消费者用户对于个性化广告的认知效果越好，则消费者用户对广告评论的可能性越大	不支持
H4b	消费者用户对于个性化广告的情感效果越好，则消费者用户对广告评论的可能性越大	支持
H4c	消费者用户对于个性化广告的行为意向效果越好，则消费者用户对广告评论的可能性越大	不支持
H5a	消费者用户对于个性化广告的认知效果越好，则消费者用户对广告分享的可能性越大	支持
H5b	消费者用户对于个性化广告的情感效果越好，则消费者用户对广告分享的可能性越大	不支持
H5c	消费者用户对于个性化广告的行为意向效果越好，则消费者用户对广告分享的可能性越大	支持
H6a	消费者用户对于个性化广告的认知效果越好，则消费者用户关闭广告的可能性越小	不支持
H6b	消费者用户对于个性化广告的情感效果越好，则消费者用户关闭广告的可能性越小	不支持
H6c	消费者用户对于个性化广告的行为意向效果越好，则消费者用户关闭广告的可能性越小	不支持
H7a	消费者用户感知广告定制程度越高，则消费者用户对于个性化广告的认知效果越好	支持
H7b	消费者用户感知广告定制程度越高，则消费者用户对于个性化广告的情感效果越好	支持
H7c	消费者用户感知广告定制程度越高，则消费者用户对于个性化广告的行为意向效果越好	支持
H7d	消费者用户感知广告定制程度越高，则消费者用户对广告点赞的可能性越大	支持
H7e	消费者用户感知广告定制程度越高，则消费者用户对广告评论的可能性越大	支持
H7f	消费者用户感知广告定制程度越高，则消费者用户对广告分享的可能性越大	支持

续表

编号	假设	是否支持假设
H7g	消费者用户感知广告定制程度越高，则消费者用户关闭广告的可能性越小	支持
H8a	广告内容越好，则消费者用户对于个性化广告的认知效果越好	支持
H8b	广告内容越好，则消费者用户对于个性化广告的情感效果越好	支持
H8c	广告内容越好，则消费者用户对于个性化广告的行为意向效果越好	支持
H8d	广告内容越好，则消费者用户对广告点赞的可能性越大	支持
H8e	广告内容越好，则消费者用户对广告评论的可能性越大	支持
H8f	广告内容越好，则消费者用户对广告分享的可能性越大	支持
H8g	广告内容越好，则消费者用户关闭广告的可能性越小	支持
H9a	广告—情境一致性越高，则消费者用户对于个性化广告的认知效果越好	支持
H9b	广告—情境一致性越高，则消费者用户对于个性化广告的情感效果越好	支持
H9c	广告—情境一致性越高，则消费者用户对于个性化广告的行为意向效果越好	支持
H9d	广告—情境一致性越高，则消费者用户对广告点赞的可能性越大	支持
H9e	广告—情境一致性越高，则消费者用户对广告评论的可能性越大	支持
H9f	广告—情境一致性越高，则消费者用户对广告分享的可能性越大	支持
H9g	广告—情境一致性越高，则消费者用户关闭广告的可能性越小	支持
H10a	用户感知隐私风险越高，则消费者用户对于个性化广告的认知效果越差	支持
H10b	用户感知隐私风险越高，则消费者用户对于个性化广告的情感效果越差	支持
H10c	用户感知隐私风险越高，则消费者用户对于个性化广告的行为意向效果越差	支持
H10d	用户感知隐私风险越高，则消费者用户对广告点赞的可能性越小	支持
H10e	用户感知隐私风险越高，则消费者用户对广告评论的可能性越小	支持
H10f	用户感知隐私风险越高，则消费者用户对广告分享的可能性越小	支持
H10g	用户感知隐私风险越高，则消费者用户关闭广告的可能性越大	支持

（一）研究结论

总的来说，通过问卷调查和数据分析，笔者得到如下结论。

首先，广告定制程度对于个性化广告效果的作用最为显著，这种影响作用并无平台或媒体的差异。与事前深度访谈的结果相符：对于消费者用户而言，“满足需求”比“广告内容”更为重要。这体现了广告个性化定制和精准投放的意义，也间接说明了技术“制导”精确性的重要性。个性化广告系统对于目标人群需求的了解程度和预测准确性，成为影响个性化广告效果的最为重要的一个因素。

接下来，影响个性化广告效果的重要因素包括两项：广告内容和感知隐私风险。相比之下，在总共 10 个回归分析中，在多数情况下，广告内容对广告效果的显著作用高于感知隐私风险。广告内容的作用主要体现在对消费者用户行为的促进。无论是在促进消费者用户参与广告行为（点赞、评论、分享、关闭），或者在促进消费者用户产生购买意向进而实现最终销售方面，广告内容的显著作用都高于感知隐私风险。这说明了广告内容对于行为转化的重要性，与事前深度访谈的结果相符：对于消费者用户而言，如果广告既“有趣”又能满足“需求”，那么便很有可能购买广告产品。感知隐私风险是另一个也具有较高显著作用的因素，其作用主要体现在消费者认知广告阶段，甚至高于广告内容的作用。这说明，在刚刚接触广告（认知和情感阶段）时，消费者用户对媒介情境隐私安全性的关注程度要高于对广告内容本身。因此，对于广告主来说，应尽可能选择隐私保护力度较高的广告媒体进行投放，在投放初期放弃一些隐私保护力度较低的广告媒体，这能让消费者更“放心”地浏览广告，提升消费者对广告的好感度和认知度，增进消费者对广告产品态度的转化。相应地，广告媒体应尽可能平衡“用户友好性”与“广告投放”两者之间的关系，提升消费者用户在广告媒介环境中的感知隐私保护力度。

然后，广告—情境一致性是四个自变量中对个性化广告效果作用显著性最低的一个因素，但它的影响作用仍然高于人口统计学变量对于个性化广告效果的影响。广告—情境一致性的作用贯穿于整个消费者心理变化过程。这既要求个性化广告系统能够运用相关定向技术和算法，将相关的广告和广告媒体连接在一起，也要求广告主能根据不同广告投放环境，确定与之相符的广告内容与表现形式。曾服务于全球最大传播集团的设计师、国内某高校设计学院外聘教授 F 提及：

“当广告设计能与广告投放环境相匹配时，我认为这样的广告设计能够被称为‘有创意的’。”

再者，人口统计学变量对个性化广告效果的影响作用相对较小，而且因平台性质的不同而呈现差异。第一，对于性别变量，总体来说，性别差异对广告效果的影响作用非常小，除了一项：在电商平台上，男性对广告的认知效果较好。这与男性的购物习惯相关。在事前的深度访谈中，深访对象用户 F 提及：“一般来说，我在消费面前是比较理性的，缺什么便买什么。”在这种以目的为导向的购物模式下，当具有购买需求时，男性用户将直接“求助”电商平台，因此对于电商平台广告的认知效果较好，而在社交媒体上，性别与广告效果之间则无显著关系。第二，年龄是四个人口统计学变量中对广告效果影响作用最大的一个变量，具体体现在：在社交媒体上，年龄越小的消费者用户，就越可能对广告产生情感态度以及行为意向态度，而且也越可能发生广告参与行为；年龄越大的消费者用户的情况则相反，而且年龄越大的消费者用户，对电商平台广告的认知效果也越好。社交媒体广告内容表现形式比较丰富，更新频率较快，结合时事，而且，广告主也经常与消费者用户进行互动，这迎合了年轻用户的口味。加之年轻消费者更容易接受新兴外来事物，更易冲动，因此，年轻消费者更容易被社交媒体广告“打动”。相反，对于年龄较大用户而言，他们一则有了较为稳定的购物习惯，不会轻易被广告所打动；二则他们的购物习惯也趋向理性，而电商广告能够为他们提供最优惠的选择。深访对象用户 M1 提及：“我现在这个年纪……基本上都有了固定使用某些牌子产品的习惯，一般来说很难去关注其他牌子产品的广告。”深访对象用户 Q 提及：“20 来岁时可能会因为广告炫而去购买，但到我这个年纪……广告只能拿来欣赏了，哈哈!”因此，在电商平台上，对于熟悉的品牌产品广告，他们的认知效果较好，而社交媒体上出现的广告并未与其购物习惯和交易数据进行关联，因此两者之间并无显著关系。第三，月收入对广告心理效果的影响作用不显著，而对用户广告参与行为的影响勉强显著，主要体现在：月收入越高的消费者群体，点赞或评论广告的可能性也越大。这项分析结果与一项前人研究的结果相符①。该研究提及：用户广告点赞和评论行为将受微信好友的影响——这与笔者事前的深度访谈结果相符。月收入越多，意味着消费者的购买能力越强，便越可能关注产品动态信息，进而对广告或产品内容“评头论足”，“物以类聚，人以群分”，微信好友之间的互动也将促进同一“圈子”消费者的广告参与行为。第四，学历对广告效果的作用均勉强显著，主要体现在两个方面：一方面，在电商平台上，学历越低的消费者用户，对广告的情感效果越好。电商平台广告的内容多数与销售直接挂钩，相比之下，学历越低的消费者用户越可能受到广告的影响，而学历较高的消费者用户越可能理智对待。另一方面，学历越低的消费者用户，转发广告的可能性也越大。在事前的深度访谈中，多位具有研究生学历及以上的深访对象用户（深访对象用户 H1、深访对象用户 Q、深访对象用户 F 和深访对象用户 C）都提及，广告对于自己进行决策购买的影响比较小。因此，可以解释上述研究结果。未来的研究可对不同人口统计学群体在不同广告媒体上的广告认知和态度转变过程、购物习惯、广告参与行为等方面进行探究。

最后，有关个性化广告心理效果与广告参与行为效果之间的关系，总体来说，消费者的广告参与行为是广告心理变化的外在体现，广告参与行为指标在一定程度上反映出消费者的心理变化。除了广告关闭行为，点赞、评论和转发行为对广告心理效果的不同阶段有显著作用，因此，在一定程度上，考察广告点赞数、评论数和转发数这三个指标，对于个性化广告效果的评估是有意义的。但是，广告参与行为还可能受其他因素影响，比如用户自身性格和心理特征，或者朋辈影响，亟待未来研究探索发现，因此，仅仅将这几项指标当作个性化广告效果的评估指标是不科学的。

---

① 徐智、杨莉明：《微信朋友圈信息流广告用户参与效果研究》，《国际新闻界》2016 年第 5 期。

（二）研究不足

这个问卷调查研究的不足之处主要包括：第一，本研究以微信和淘宝为例，尽管二者皆是目前中国市场上最大的互联网广告媒体，各自拥有最多的使用用户，在其他广告媒体上，个性化广告效果的影响因素可能不同。第二，本研究调查的是用户对所接触个性化广告的整体评价，然而在内容个性化推送的互联网环境下，不同消费者接触的个性化广告千差万别，因此可能出现在总体评价模式下，不同个性化广告差异相互抵消的情况，进而对本研究结果产生影响。而且，限于研究体量，本研究也无法囊括不同品牌、不同媒体、不同产品类型的个性化广告效果影响因素。第三，本研究属于截面研究，难以考察在一段时间内个性化广告效果的变化情况。作为对个性化广告效果的一项探索性研究，本研究仍不失为是一次有益和有意义的尝试。

小　　结

本章探索了在个性化广告环境下影响消费者购买决策的因素，根据前期深度访谈结果，笔者获得了四个影响因素：广告定制程度、广告内容、广告—情境一致性和感知隐私保护力度，并通过量化研究对上述假设进行验证。结果发现，上述四项皆为影响消费者购买决策的因素，其中广告定制程度的影响作用最为明显；此外，人口统计学变量也对消费者购买决策有所影响。

消费者是广告传播的终点。广告主与技术在广告投放前端控制着广告投放效果，而消费者则在广告投放末端控制着广告投放的结果。至此，可以得出：个性化广告效果的三个控制主体：广告主、技术和消费者。消费者的反馈将最终回流至广告主与技术，形成一个完整的闭环，影响新一轮的广告投放。

第七章　结语

“广告主—技术—消费者”是影响个性化广告效果的三个主体，是个性化广告效果研究的基本框架。在本章中，笔者将首先对前文研究进行总结；其次梳理、深化这三个控制主体之间的关系，提出个性化广告效果评估公式，完善个性化广告效果评估模型；最后，笔者总结研究局限，并展望未来研究方向。

第一节　总结：研究发现

在本书中，笔者根据大数据技术发展为广告业及广告效果研究带来的新变化，从宏观视角初步构建了个性化广告效果评估模型；然后笔者分别论述了构成个性化广告效果宏观评估模型的三个变量（控制主体）——广告主、技术及消费者如何影响广告效果。在研究方法上，笔者结合定性研究与定量研究两种方法，先采用深度访谈、试验法、实地调研等方法对影响个性化广告效果的因素进行探索，后采用问卷调查法对研究中形成的假设进行验证。

一　广告业变革带来新的广告效果问题

大数据技术驱动了广告业的大变革，使得广告“一对一”个性化传播成为可能。但是，这也导致业界出现一些新的广告效果问题，难以在传统的广告效果评估模型与理论框架下进行解释。在这一部分，笔者首先介绍了技术驱动下广告业发生的变革，描述了个性化广告的主要类型、产业链和广告投放的运作流程；然后分析在个性化广告环境下广告效果研究发生的新变革和新特点，并从宏观角度初步构建了个性化广告效果的评估模型。

基于大数据技术的个性化广告指的是运用大数据挖掘与受众定向等技术收集、分析消费者信息，针对每一个特定（潜在）消费者的个性化特征和需求，差异化推送高相关性商业信息的广告传播方式。个性化广告的主要类型包括程序化购买广告及部分不进行程序化购买的个性化推荐广告，两者的共同点是基于大数据和人工智能技术开展的“自动化”广告投放，其中程序化购买广告是主要核心。

“程序化购买”是互联网和大数据技术驱动下的一种新兴广告交易模式。按交易方式的不同，程序化购买广告又可以进一步分为四种类型：私有程序化购买、优先交易、私有竞价和公开竞价。程序化广告购买交易过程涉及了大量产业链主体，包括广告主、广告代理（交易专柜）、需求方平台、广告网络、广告交易平台、供应方平台、数据服务商、程序化创意、广告认证平台、广告媒体等。与传统合约式广告投放相比，程序化广告产业链新增了许多广告技术市场主体。随着这一领域的不断发展，产业链主体呈现复杂化和专业化的趋势。不仅如此，广告技术的发展也变革了广告效果研究，主要体现在研究主体、研究范式、研究方法、研究样本、研究时效和呈现方式等方面。

然而，技术驱动下的广告业也产生了新的效果问题，近年来许多个性化广告实践未能达到业者预期的效果，有时甚至不如非个性化广告投放的效果。

基于此，笔者从宏观角度初步构建了个性化广告评估模型，提出了个性化广告效果宏观评估模型的三个控制主体：广告主、技术和消费者，相比先前的广告效果评估模型，技术作为一个新的效果控制主体首次被提出。

二　个性化广告效果一级控制主体：广告主

一些前人研究①②认为，广告主是广告效果的一个控制主体，通过制定广告内容影响广告投放效果。在这一部分，延续前人研究成果，笔者介绍了广告主在个性化广告投放中的角色以及基于目标管理的一系列广告准备工作——广告目标设定、目标人群分析、广告媒体选择及广告内容制定，体现了广告主对个性化广告最终投放效果的限定、控制与影响。

在个性化广告准备的第一阶段，广告主通过设定广告目标和广告KPI，指明了广告效果的衡量作用。在技术的驱动下，如今广告效果衡量指标更为具体，类型更为多样。而后，广告主确定广告目标人群，决定了个性化广告的传播对象。个性化广告的目标人群更为"细致"，一经设定，便意味着广告信息将只会被推送至设定的人群面前，也意味着其他人群将根本没有机会看到该则广告。接着，广告主通过选择广告媒体，限定了广告信息的传播范围，在个性化广告实践中，广告主能通过媒体相关设置剔除广告投放环境中可能降低广告效果的因素。最后，作为广告准备工作的"终点"，广告内容将"代表"广告主，直接与消费者对接。广告内容的每一个元素、组合、布局、格式等，都可能影响广告的投放效果，是广告主对广告效果控制与影响作用最为直接的体现。

广告主的准备工作并非"拍脑袋决策"，而是在广告传播活动中具有起始性和总控性的作用。广告主在广告传播中扮演的角色——人类的"智慧"，是技术与机器一时之间难以替代的。但是，从广告主对广告效果的控制"权力"角度看，随着个性化广告技术的日新月异，特别是近年来人工智能技术的飞速发展，广告技术掠夺了一部分广告主对广告效果的"控制权"。因此，广告投放阶段分化为两个控

---

① Rodgers, S., Thorson, E., *The interactive advertising model: how users perceive and process online ads*, Routledge, 2000, pp. 41 – 60.

② 李丽娜：《人们如何看待互联网广告?》，上海三联书店2017年版，第150—276页。

制主体，共同控制着广告的投放效果。

三 个性化广告效果二级控制主体：技术

个性化广告技术的飞速发展，逐渐替代了过去在广告投放中的人类劳动，并呈现出弱人工智能化特征，影响着广告的投放效果。这是广告业的一次新变革，正因为如此，广告技术才能成为一个新的广告效果控制主体。在这一部分，笔者介绍了个性化广告技术——数据与算法的现状，理性思考目前广告技术存有的偏见与局限，反映广告技术对广告效果的影响。

一方面，在技术的驱动下，如今越来越多消费者的数据得以记录，大数据采集与处理技术的进步性不容置疑。但是，消费者数据的采集与处理并非绝对客观、中立、正确，受客观事实及人为故意的影响，存有包括数据造假、信息孤岛、数据误差与偏见等一系列问题，其中数据造假问题尤为严重。数据基础无法夯实，则将危害广告算法的训练，影响广告系统的分析结果，致使广告投放与内容生产环节出现偏差。

另一方面，尽管广告算法为广告的个性化投放创造了可能性，并且正在朝着"智能化"的目标不断前进，但就目前而言，个性化广告算法仍存在许多难点是机器无法自行解决的。没有经过因果验证的假性相关关系是无用的，可能危害广告算法的训练与人们的洞见；世界是无法完全得以量化的，所以消费者的数据既不准确也不完整，输入的数据带有偏见，训练的广告算法便存有偏见；另外，当下人工智能创意平台能力仍然非常有限，所以生产的广告内容可能影响广告投放效果。

任何作为"人工物"的技术本身都不可避免地带有一定偏见，无法比技术设计人员更为正确、中立以及客观。而且，利润较高的广告业还存在技术作弊现象，进一步影响了广告技术的准确性。此外，限于技术发展水平，目前广告人工智能技术仍然需要辅以人类的主导、甄别以及完善。所以，在广告投放阶段，广告主与广告技术共同控制了广告的投放效果，而自用户看到广告信息的那一刻起，消费者用户便成为广告投放末端的控制主体。

四 个性化广告效果的末端控制主体：消费者

消费者是广告传播的终点，控制着广告投放的最终结果。消费者感知推送的广告内容，可能与广告平台预设的有所差异。在这一部分，笔者依据前期研究结果，猜测个性化广告环境下影响消费者进行购买决策的因素，包括广告定制程度、广告内容、广告—情境一致性以及感知隐私风险，并通过实证研究对这些因素进行验证。

个性化广告定制程度反映的是消费者用户感知广告系统是否将“正确的产品”推送给“正确的人”的程度，根据问卷调查研究结果，这是影响广告效果最为重要的一个因素；对于消费者而言，“满足需求”比“好的广告内容”更为重要。

广告内容反映的是消费者用户感知广告系统是否将“正确的内容”推送给“正确的人”的程度，根据问卷调查研究结果，广告内容的作用主要体现在对消费者行为（广告参与行为以及购买行为）的促进；对于消费者而言，如果广告既满足“需求”又“有趣”，那么便很有可能购买广告产品。

感知隐私风险和广告—情境一致性涉及的是消费者用户感知的广告投放环境。其中，感知隐私风险的作用体现在消费者认知广告阶段，甚至高于广告内容的作用，这说明在刚刚接触广告时，消费者用户对媒介情境隐私安全性的关注程度要高于对广告内容本身。尽管广告—情境一致性是四个自变量中对广告效果作用显著性最低的一个因素，但它贯穿于整个消费者心理变化过程。

此外，人口统计学变量——性别、年龄、月收入和学历对个性化广告效果的影响作用较小，而且因平台性质的不同而呈现差异。

由此，可以得出：个性化广告效果的三个控制主体：广告主、技术和消费者。广告主与技术在广告投放前端控制着广告投放效果，而消费者则在广告投放末端控制着广告投放的结果。消费者的反馈将最终回流至广告主与技术，形成一个完整的闭环，影响新一轮的广告投放。

第二节　大数据时代个性化广告效果宏观评估模型的最终确立

根据前文的详细阐述与分析，结合前人研究成果和广告效果模型，个性化广告效果的三个控制主体得以确立：广告主、技术和消费者。与过去微观的基于消费者心理学和行为学建立的广告效果模型不同的是，笔者构建模型的视角是整个广告传播过程与行为，突出了广告传播的本质——一种有意识、有目的的传播行为。如图 7－1 所示，个性化广告传播过程可以分为两个阶段：广告主与技术合力完成的广告投放阶段，以及消费者的广告接触阶段。在广告投放阶段，原本仅由广告主一个控制主体影响广告效果，由于个性化广告技术的智能化发展，技术作为一个中介角色横亘于广告主与用户之间，成为了广告投放阶段影响广告效果的第二个控制主体，显现了技术对广告业深刻的变革作用。在广告接触阶段，也是广告传播的末端，消费者受各种因素的影响作出决策，决定了广告投放的最终结果。

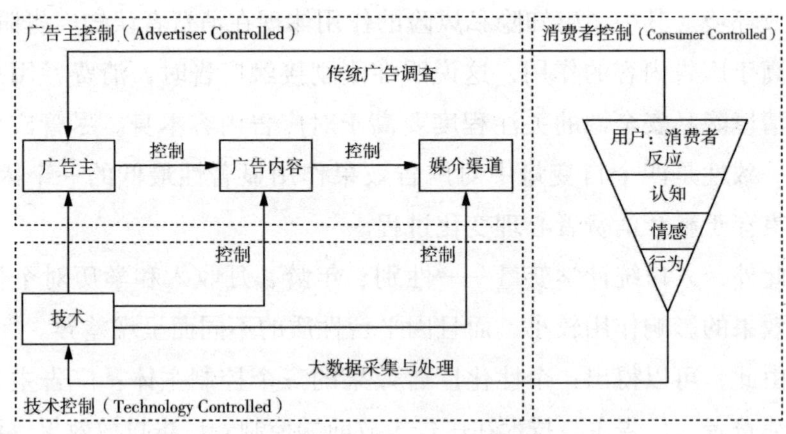

图 7－1　个性化广告效果宏观评估模型

一 技术的“分权”

个性化广告效果宏观评估模型与其他广告效果评估模型最大的区别在于提出“广告技术作为二级控制主体影响个性化广告效果”的观点，这也是广告实现个性化的必然条件和趋势。在小数据时代，技术的发展限制了广告的个性化程度，“广而告之”千篇一律，因此，广告主作为独立的控制主体通过制定广告内容影响广告效果。以大数据为基础的广告技术的出现与发展为广告的个性化传播创造了条件：广告内容的个性化生产以及信息的个性化分发，都需要广告技术的支持和筛选。于是，在广告投放阶段，广告技术渐渐分夺了广告主一部分的“控制权”，并逐渐独立成为一个新的控制主体。

技术的“分权”成为广告技术公司在当下广告业界盈利最高并主导话语权的原因。由于广告技术公司实现了广告的个性化传播，所以广告业界流行着“技术崇拜”。然而，数据的采集与输入，算法的制定与训练，都体现了广告技术设计者的立场。广告设计者的立场是为了更好地为技术公司带来盈利——但这也许并不能完全代表广告主的立场。当广告目标未能达成广告主的预期，一些广告技术公司将可能采取所谓的“黑帽子”策略，进行一系列的作弊操作，“努力”达到广告主的目标。正因如此，盲目的“技术崇拜”很可能造成广告业界的“技术自大”。

广告技术并非完美无瑕，当下的广告技术正处于弱人工智能化阶段，这意味着：广告主与技术两大控制主体将长期共存，共同影响个性化广告的效果。广告主脱离广告技术则无法实现广告的个性化传播，而广告技术这一新兴的控制主体也不能脱离广告主的监督，这既是因为广告技术仍未能达到自行主导广告投放的强人工智能水平，又是因为广告技术自身并非绝对正确、中立、客观的“黑箱”。

面对技术的“分权”以及弱人工智能化的现状，广告主应当首先适应这种趋势，熟悉个性化广告投放的流程、规则和方法。更进一步，人工智能，必是先有“人工”，后有技术，广告主应客观看待广告技术对广告效果的作用与影响，不仅促进“技术制约技术”的方法，而且也应制定人工考核技术投放效果的标准。

二 三个控制主体之间的相互作用

根据笔者构建的个性化广告效果宏观评估模型，广告主、技术和消费者分别都对广告效果有所影响，但是这三者之间并非完全割裂，而是彼此影响，如图 7－2 所示，这种相互作用最终也影响了广告效果。

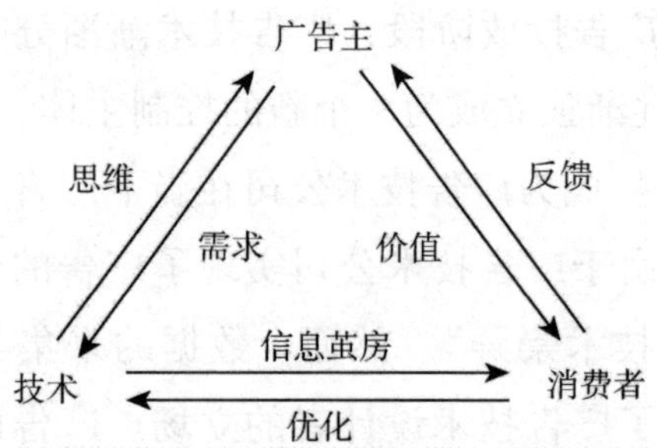

图 7－2 广告主、技术和消费者三者之间的互相作用

在广告投放阶段，广告主与技术协同合作，彼此互相影响。一方面，广告主的不同广告需求，如了解消费者的需求、广告策略需求、不同广告效果评估指标的需求等，都影响着技术端的广告数据采集、处理与广告算法制定。比如：在个性化广告发展初期，广告主发现许多广告曝光在用户无法看见的位置，“广告可见性”核验标准因此诞生。为了迎合广告主，促使广告主更多地使用个性化广告系统，技术人员会不断扩展业务范围，提升业务能力。另一方面，技术并不是完全中立的，而是具有一定导向性的。技术为广告主提供的服务，包括可能对接的人群、可能评估的指标，都为广告主提供了制定广告目标以及评估广告效果的具体框架。比如：一个广告活动的目标是获得 XXX 点赞数、触达率或者评论数，这是受广告技术发展现状所决定的。在个性化广告发展初期，广告效果评估指标较为单一，所以广告主只能通过如点击率、曝光量等指标对广告效果进行评估，但随着广告技术的发展，评估广告效果的指标也愈来愈丰富和多元。

除了在广告投放阶段彼此影响以外，广告主和技术也与广告接触阶段的消费者发生彼此作用，互相影响。广告主生产的产品和自身品牌价值，通过影响消费者的生活态度和价值取向，进而影响消费者的广告态度。同时，通过广告的个性化传播，技术为消费者摒除不相关的内容，加强相关广告内容的推送，为消费者创建了一个广告的“信息茧房”。消费者看到的广告都是自己“历史记录”或“朋友”想看到的。广告信息的同质化，固化了消费者的圈层与广告。例如：

> 自2013年起，由特朗普的支持者、共和党的“大金主”Robert Mercer、剑桥心理学教授Aleksandr Kogan等人合办的剑桥分析公司在脸书网站上开发了一个名为“个性人格测试”的小程序，用户只要完成这个测试便可以得到5美元的奖励。通过这个小程序，剑桥分析公司收集了脸书网站上5000万活跃用户数据，然后定向向这些用户推送新闻与广告，意图影响用户在美国大选中的投票行为。

另一方面，消费者对广告主和技术的影响具体体现在：消费者对广告的反应和态度通过技术监测系统反馈至广告主，影响着广告主新一轮的广告投放与策略。另外，消费者多元化的需求和行为，也影响着广告技术的发展。比如：

> 在跨国服装电商从事广告投放的业者Z提及：“之前我们的投放策略都是根据用户的浏览记录来推送广告，比方说，用户曾经浏览过我们公司哪一个系列的产品，我们会持续向他们推送这个系列的产品。但是其实后来我们发现，通常情况下，用户在浏

览后就大概知道自己是否需要了，有时候用户都下单了，但是系统还在给用户推送这款产品。所以现在的技术也在发生变化，变‘追踪’为‘预测’，比如我们公司一款新上市的泳衣，以前系统会向曾经浏览或购买过我们公司泳衣的用户推送这款产品，但是在可见的未来内，系统将向刚刚预定一张去海岛机票或者有游泳池的大型酒店的用户推送这款产品，尽管这仍然需要等待不同数据库之间进行合作和‘打通’。”

可见，消费者对广告效果的反馈对广告技术和算法的推进与优化有所影响。

综上所述，可以发现：个性化广告效果的三个控制主体彼此影响，而这种相互作用最终又将影响广告效果。广告技术的出现与“分权”，让消费者的反馈过程更加快捷，加速了广告投放阶段与广告接触阶段不同控制主体之间的相互影响。

三 个性化广告效果宏观评估公式

根据个性化广告评估模型及前文研究，笔者尝试提出个性化广告效果宏观评估公式：

$$\mathrm{E} = k_m + \alpha A \cdot \beta T - \gamma C$$

E 为广告效果（Effectiveness），指的是广告活动完成广告主预期目标的程度，可通过评估广告投放后消费者态度产生的变化衡量广告的效果。

k_m为常量，指的是在广告投放以前，消费者对广告主品牌及产品既有的态度，受广告主过去营销结果（Previous Marketing）的影响，$k_m = \sum pm$。如果广告投放以前，消费者对广告主品牌及产品持否定态度，则 $k<0$；如果广告投放以前，消费者从未知晓广告主品牌及产品，则 $k=0$；如果广告投放以前，消费者对广告主品牌及产品持肯定态度，则 $k>0$。

A 为广告主（Advertiser）控制作用，$A>0$，根据不同广告投放情况取值。当广告主的控制作用较大时，则 A 值较大；当广告主的控制作用较小时，则 A 值较小。α 是系数，$0<\alpha<1$，受广告目标制定（ad goal）、目标人群分析（targeted group）、广告媒体选择（ad media）和广告内容（ad content）四者水平的影响，而且也受当时技术（Current Technology）水平和先前消费者（Previous Customers）反馈的影响。因此，$\alpha=a_g \cdot a_{tg} \cdot a_m \cdot a_c \cdot T_c \cdot C_p$。

T 为技术（Technology）控制作用，$T>0$，根据不同广告投放情况取值。当技术的控制作用较大时，则 T 值较大；当技术的控制作用较小时，则 T 值较小。就目前技术发展水平来看，技术水平的影响无法超越人类（广告主）的影响，因此 $T \leqslant A$。β 是系数，$0<\beta<1$，受数据采集与处理（data）过程（包括数据数量、质量以及采集处理技术水平）与广告算法（ad algorithm）的影响，而且也受先前广告主（Previous Advertisers）意见和先前消费者（Previous Customers）反馈的影响。因此，$\beta=d \cdot a_a \cdot A_p \cdot C_p$。其中，广告算法主要包括广告定向投放（targeting algorithm）、广告内容生产（content algorithm）和广告效果优化（optimization algorithm）三种类型的算法，除此之外也可能包括其他类型（etc.）的算法。于是，上式也可以写为：$\beta=d \cdot (t_a+c_a+o_a+e) \cdot A_p \cdot C_p$。

C 为消费者（Customer）控制作用，$C>0$，根据不同广告接触情况取值。当消费者的控制作用较大时，则 C 值较大；当消费者的控制作用较小时，则 C 值较小。γ 是系数，$0<\gamma<1$，受消费者感知广告定制程度（perceived personalization）、感知广告内容（perceived content）、感知广告—情境一致性（perceived ad-context congruence）、感知隐私安全程度（perceived privacy safety）和其他人口属性（features）的影响。值得注意的是，由于具有一定能动性的消费者对来自广告投放阶段的控制作用具有一定的削减作用，所以当消费者感知广告定制程度较高，感知广告内容较好，感知广告—情境一致性较高，感知隐私

安全程度较高时，则 γ 值较小，反之较大。由于消费者受广告主和技术的影响已经体现在 k_m 中，因此，$\gamma = p_p \cdot p_c \cdot p_{ac} \cdot p_{ps} \cdot f$。

因此，个性化广告效果宏观评估公式也可写成：

$$E = \sum pm + (a_g a_{tg} a_m a_c T_c C_p) A \cdot (d(t_a + c_a + o_a + e) A_p C_p) T - (p_p p_c p_{ac} p_{ps} f) C$$

综上所述，根据公式，可以发现：对于大数据时代的个性化广告来说，广告主和技术在广告投放阶段对广告效果形成控制作用，而作为有自主能动性的消费者最终控制了广告投放的结果，对广告主和技术输出的预期结果有一定的削减作用。当广告主与技术的控制作用大于消费者的控制作用时，即 $E > k_m$，说明广告主准确将广告信息传达至消费者面前，而且消费者愿意接受广告主的引导，广告将提升先前消费者对广告主品牌与产品的印象，广告投放效果较好；当广告主与技术的控制作用小于消费者的控制作用时，即 $E < k_m$，说明广告主未能准确将广告信息传达至消费者面前，而且消费者非常不愿意接受广告主的引导，广告将降低先前消费者对广告主品牌与产品的印象，广告投放效果较差。

四 结论

个性化广告是人类与技术协同进行内容生产与推送的广告产品，携带着人类与技术互相渗透的印记，因此个性化广告效果研究必然与传统以人力购买、生产为主的非个性化广告的效果研究存有差异。本文重要结论如下：

广告主、技术和消费者三者共同控制了个性化广告效果，其中广告主和技术在广告投放阶段形成控制作用，而作为有自主能动性的消费者最终控制了广告投放的结果，对广告主和技术输出的预期结果有一定削减作用。这三者对个性化广告效果的影响，可以用公式 $E = k_m + \alpha A \cdot \beta T - \gamma C$ 进行表达。

广告主、技术和消费者三者之间并非完全割裂，而是彼此相互渗透和重塑。在广告传播中，广告主和消费者之间向来彼此影响。互联网时代的到来，加速了广告主与消费者之间的联系，强化了消费者用户地位和需求的重要性。在个性化广告传播中，广告主的需求决定着技术的数据采集与算法，消费者的反应与变化影响着广告技术的发展与变革。技术这一新兴广告效果控制主体，受广告主和消费者的影响和改变，却也对上述二者进行反渗透、反作用。技术用一个无形的框架，限制了广告主的内容生产和广告投放，并塑造了广告主评估广告效果的思维方式。技术同样为消费者建立了一个广告的“信息茧房”，可能使消费者更容易形成对某类产品或某个品牌的依赖。

技术并不是完全中立、准确且可靠的存在，受数据采集、处理，以及各类广告算法算力的差异影响，个性化广告效果存在非常大的区别。目前，中国个性化广告产业存在着假数据、假相关、信息孤岛等一系列问题，让看似“精确且高效”的广告效果充斥着“泡沫”。因此，评估个性化广告的效果，应该纳入对技术原理、机制、流程、算力的考量。

在今天，人类与技术协同进行广告投放，技术既是一种“方便、高效”的工具，却也存在着一定的弊端。技术可能让消费者更加依赖广告主的品牌和产品，也可能造成消费者的反感、厌倦、担忧甚至恐慌。技术可能可以完全量化人类的行为轨迹、兴趣爱好和人口属性特征，却不一定参透界于理性与非理性之间的人类本性。广告主如何正确理解、利用、协同技术对广告效果的控制作用，是个性化广告产业在目前调整期内重要的研究课题。

技术公司和技术人员在个性化广告产业领域具有先发优势，并逐步夺取了这一领域的主导权。然而，技术人员对于消费者的理解不够全面，计算主义不加以人类的思考便会趋于僵化。传播学、广告学、营销学、心理学、消费者行为学背景的从业人员需要跨过技术的门槛，与技术公司、技术人员进行更深入的合作和彼此理解，这既涉及技术公司的开放，广告公司和人员重塑固有的思维，又涉及不同学科的融合与渗透，将带动广告业的未来发展。

第三节 研究局限与研究展望：未来的个性化广告效果研究

本书为探索性研究，旨在探究影响个性化广告效果的因素，先采用文献研究、专家访谈、深度访谈、事前试验、案例分析等研究方法对可能的影响因素进行探索，形成论文的主体框架，并获得假设，而后采用问卷调查研究方法对假设进行验证，最终得出结论。

虽然笔者已经通过与专家、用户的访谈，自己投放个性化广告的实践案例，以及问卷调查等多种质化和量化研究方法获得大量资料和数据，但是个性化广告效果的影响因素非常复杂，不仅受广告本身影响，还受不同消费者心理的影响。笔者只是针对与广告业大数据应用相关的影响因素进行探讨，对于消费者本身属性和性格的影响，本书只是在人口统计学属性方面进行浅入探究，而并未深入剖析。未来研究可以结合消费者人口统计学属性、性格特征以及其他影响因素进行深入挖掘。

笔者提出的个性化广告效果宏观评估模型，对于宏观考察个性化广告的发展以及宏观评估广告活动的效果具有一定意义，但是限于研究体量与时长，本书未能微观考察某个产品类型广告的效果，或者个性化广告对于某个类型人群甚至某个具体用户的效果，因此并未提出具体的评估指标，这方面有待未来研究进行补充。

在本书中，笔者将“参与行为”视为“广告心理效果”外在显现的结果，即参与行为效果。对于广告参与行为发生后，可能对广告心理效果发生的“反哺作用”，限于研究体量与时长，本书并未探究。未来研究可以进一步探讨广告参与行为与广告心理效果之间的关系。此外，在问卷调查研究中，笔者考察的四个自变量较为宏观，对于这些自变量包含哪些子维度，或者是否存在某些变量对广告效果发生中介效应，有待未来研究的补充。

未来研究可以针对“广告主—技术—消费者”三者互相之间的影响关系，或针对其中一个因素深入进行挖掘。尤其对于个性化广告产品的研发，目前主要由计算机学科背景人员主导，缺乏传播学、广告学、营销学等相关专业人员的参与。

> 数据科学工作者W谈及：“大数据技术将深刻变革每一个学科，未来学科文理之间的界限将会变得模糊，你中有我，我中有你。算法和技术不可能替代传播学、广告学、消费者行为学等学科，但却是这些学科重要的辅助工具。因此，在未来，无论什么学科的学生，都将学习和了解数据、算法和技术。”

在这种背景下，传播学、广告学、消费者行为学等学科的学者可以发挥学科优势，对广告投放算法和人工智能广告进行研究，形成算法模型，并进行测试和应用。

最后，随着场景时代的逐步到来，用户的需求不再仅限于广告产品和内容，而且也包含了在具体情境下不同的“高场景度”需求[①]，全场景化营销将是未来几年内广告营销的发展趋势。本书仅对广告—情境一致性进行了简要分析，但广告场景不仅包括媒介情境，还涉及了时间、空间以及物理环境等多个情境因素。未来研究可以对此进行补充和深入。

---

① 喻国明、郭超凯：《轻应用：“互联网发展下半场”消费场景的重构——试论小程序的生成逻辑与操作关键》，《青年记者》2017年第25期。

参考文献

一　中文文献

艾瑞咨询，2015 年中国网络购物用户调研报告简版，http：//report.iresearch. cn/report/201504/2360. shtml，2017 年 12 月 25 日。

艾瑞咨询，升级：变化中的中国网络零售，http：//report. iresearch. cn/report/201711/3083. shtml，2017 年 12 月 21 日。

璧合科技，璧合科技以数据打通整合之力，用创意呼唤行业惊喜，http：//www. sohu. com/a/115858739_ 485840，2017 年 12 月 5 日。

陈培爱、覃胜男：《广告媒体教程》，北京大学出版社 2005 年版。

陈瑞、李小玲、林升栋：《反酒后驾车广告的说服效果：规避伤害与克制冲动》，《国际新闻界》2016 年第 3 期。

崔雯：《广告诉求、来源和类型对社交网络广告效果的影响》，硕士学位论文，清华大学，2011 年。

陈小妹：《程序化购买广告的效果评估体系建构》，硕士学位论文，暨南大学，2016 年。

丁汉青、王军、刘旻：《公益广告效果研究：自变量与因变量的梳理与确认》，《郑州大学学报》（哲学社会科学版）2015 年第 4 期。

丁娜：《广告语对广告效果的影响初探》，《今传媒》2016 年第 9 期。

方莉、杨舒、刘坤、李彦宏：《人工智能是未来中国互联网发展的主要推动力》，《光明日报》2017 年 12 月 4 日第 11 版。

国家统计局：《国家统计局：2015 中国网购用户调查报告》，《中国信息报》2015 年 9 月 29 日第 2 版。

胡长兰：《〈南方周末〉家电广告诉求方式及其变化分析——1998—2007 年〈南方周末〉家电广告内容分析》，《中国报业》2011 年第 4 期。

侯世利：《门户网站网络广告效果影响因素研究》，硕士学位论文，哈尔滨工业大学，2014 年。

黄升民、刘珊：《“大数据”背景下营销体系的解构与重构》，《现代传播——中国传媒大学学报》2012 年第 11 期。

韩雪峰：《平面广告背景对广告效果影响的实验研究》，《中国报业》2012 年第 24 期。

侯岩：《网络虚拟自我与人格新探》，《河南师范大学学报》（哲学社会科学版）2013 年第 4 期。

鞠宏磊：《大数据时代的精准广告》，人民日报出版社 2015 年版。

鞠宏磊、黄琦翔、王宇婷：《大数据精准广告的产业重构效应研究》，《新闻与传播研究》2015 年第 8 期。

鞠宏磊、李欢：《精准广告相关隐私问题的规制原则与策略》，《编辑之友》2016 年第 6 期。

鞠宏磊、王宇婷：《改写广告业的“实时”与“竞价”——实时竞价（RTB）广告的产业链流程和运行机制研究》，《编辑之友》2015 年第 4 期。

卡尔·霍夫兰、欧文·贾尼斯、哈罗德·凯利：《传播与劝服——关于态度转变的心理学研究》，张建中、李雪晴、曾苑等译，彭增军校，中国人民大学出版社 2015 年版。

康瑾、郭倩倩：《消费者对互联网行为定向广告的感知价值研究》，《国际新闻界》2015 年第 12 期。

克劳德·霍普金斯：《科学的广告 + 我的广告生涯》，华文出版社 2010 年版。

肯特·沃泰姆、伊恩·芬威克：《奥美的数字营销观点》，中信出版社 2009 年版。

匡文波、黄琦翔：《大数据热的冷思考》，《国际新闻界》2016 年第 8 期。

筷子科技，超市品牌堆头灵感 + 程序化创意，电商橱窗新玩法，https：//www.kuaizi.co/cases_ detail_ 9.html，2018 年 1 月 3 日。

筷子科技，金融客户 SEM 落地页优化放大招，https：//www.kuaizi.co/cases_ detail_ 8.html，2018 年 1 月 3 日。

筷子科技，玛氏巧克力电商高速增长，他是如何做到的?，https：//www.kuaizi.co/cases_ detail_ 10.html，2018 年 1 月 3 日。

筷子科技，新手游激活成本降低 70%，https：//www.kuaizi.co/cases_ detail_ 7.html，2017 年 12 月 7 日。

RTBChina：《中国程序化广告技术生态图》2017 年第二、三季更新发布，http：//www.rtbchina.com/china-programmatic-ad-tech-landscape-q3-2017-update.html，2017 年 12 月 15 日。

刘德寰、陈斯洛：《广告传播新法则：从 AIDMA、AISAS 到 ISMAS》，《广告大观：综合版》2013 年第 4 期。

李凤萍：《大数据时代的网络广告模式——基于 RTB 的网络广告市场运作模式分析》，《编辑之友》2014 年第 4 期。

刘海龙：《大众传播理论：范式与流派》，中国人民大学出版社 2008 年版。

李晶、昌蕾、吴文涛：《广告效果测评理论与方法》，社会科学文献出版社 2014 年版。

李建会：《科学前沿的计算主义哲学意蕴》，《哲学动态》2012 年第 12 期。

骆婕茹：《广告—情境一致性和社会影响对网络行为定向广告态度的影响研究》，硕士学位论文，西南交通大学，2016 年。

梁丽丽：《程序化广告：个性化精准投放实用手册》，人民邮电出版社 2017 年版。

李丽娜：《人们如何看待互联网广告?》，上海三联书店 2017 年版。

李梦：《基于心流体验视角的原生广告效果影响因素研究》，硕士学位论文，华南理工大学，2016 年。

刘鹏、王超：《计算广告——互联网商业表现的市场与技术》，人民邮电出版社 2015 年版。

刘庆振、赵磊：《计算广告学：智能媒体时代的广告研究新思维》，人民日报出版社 2017 年版。

刘铁岩：《方兴未艾的计算广告学》，《中国计算机学会通讯》2013 年第 3 期。

林升梁、吴晓玲：《国内外内容分析法在广告研究领域中的应用综述》，《广告大观：理论版》2012 年第 2 期。

林幽兰：《媒介情境对广告效果的影响之研究综述》，硕士学位论文，厦门大学，2009 年。

刘晓燕、郑维雄：《企业社会化媒体营销传播的效果分析——以微博扩散网络为例》，《新闻与传播研究》2015 年第 2 期。

李亦宁、杨琳：《大数据背景下广告产业生态的嬗变与重构》，《当代传播》2014 年第 2 期。

刘泽宇欣：《互联网广告怎么卖》，http：//www. yicai. com/news/901923. html，2016 年 4 月 15 日。

马澈：《关于计算广告的反思——互联网广告产业、学理和公众层面的问题》，《新闻与写作》2017 年第 5 期。

马二伟：《大数据与广告产业生态环境的变迁》，《当代传播》2016 年第 3 期。

马克·罗滕伯格、茱莉亚·霍维兹、杰拉米·斯科特主编：《无处安放的互联网隐私》，苗淼译，中国人民大学出版社 2017 年版。

麦德奇、保罗·B. 布朗：《大数据营销》，王维丹译，机械工业出版社 2015 年版。

梅仕鹏、蒋海波：《网络广告效果评价指标的评析与构建》，《江苏商论》2003 年第 12 期。

孟伟：《情境主义与计算主义难题的解决：读〈计算主义及其理论难题研究〉》，《科学文化评论》2017 年第 1 期。

尼古拉·尼葛洛庞帝：《数字化生存》，胡泳、范海燕译，电子工业出版社 2017 年版。

倪宁、金韶：《大数据时代的精准广告及其传播策略——基于场域理论视角》，《现代传播——中国传媒大学学报》2014 年第 2 期。

欧璐：《书媒广告的广告效果探析——实验法比较书媒广告与报纸广告的效果》，《青年记者》2010 年第 32 期。

品友互动，2015 年品友程序化购买人群洞察报告——P2P 行业，https：//fm. ipinyou. com/new3w/upload/file/admin/21249663901916193. pdf，2018 年 1 月 7 日。

品友互动，中国数字广告人群类目体系（DAAT）白皮书，https：//fm. ipinyou. com/new3w/upload/file/admin/21251911681646268. pdf，2018 年 1 月 7 日。

齐春媚：《地产平面广告的视觉表现形式对受众注意的影响》，《科技信息》2011 年第 13 期。

邱月：《个性定制：大数据时代的精准广告——以淘宝和腾讯的在线计算广告为例》，《北方传媒研究》2016 年第 3 期。

施芬：《基于 AISAS 模型的用户大数据时代商家精准营销效果评价指标体系的构建》，《鸡西大学学报》（综合版）2017 年第 8 期。

苏林森：《网络广告效果评估的现状、问题与修正》，《西南民族大学学报》（人文社会科学版）2011 年第 10 期。

苏林森、易伟芳：《大数据技术对传播研究方法的影响与挑战》，《现代传播——中国传媒大学学报》2014 年第 36 期。

宋磊：《大数据营销：新媒体环境下出版业营销新启示》，《编辑之友》2014 年第 10 期。

宋若涛：《广告效果分析》，郑州大学出版社 2008 年版。

史晓冰、赵旭东：《浅析大数据背景下广告创意变化趋势》，《新闻世界》2013 年第 8 期。

童清艳、钮鸣鸣：《“触媒”时代受众自治的“纸媒”社会化媒体特征——以城市生活类周报 iPhone 形态为中心的实证研究》，《新闻与传播研究》2012 年第 5 期。

汤轩：《大数据时代下保险营销模式变革》，《赤峰学院学报》（自然版）2016 年第 13 期。

Underhill，M. 、王青云：《说的越多，记住的会越少——益普索 asi 中国区总经理谈广告创意的实证研究》，《市场观察》2005 年第 9 期。

王菲：《互联网精准营销的隐私权保护：法律、市场、技术》，《国际新闻界》2011 年第 12 期。

吴国盛：《反思科学：名人演讲录》，新世界出版社 2004 年版。

吴国盛：《海德格尔与科学哲学》，《自然辩证法研究》1998 年第 9 期。

吴国盛：《技术哲学的基本问题》，北京大学演讲稿 2003 年版。

吴辉：《上海市民报纸广告诉求的主导性文化价值——基于对 1998—2007 年〈新民晚报〉广告的内容分析》，《新闻大学》2009 年第 3 期。

吴俊：《程序化广告实战》，机械工业出版社 2017 年版。

卫军英：《广告目标对广告运作的策略性指导》，《浙江大学学报》（人文社会科学版）2000 年第 4 期。

维克托·迈尔 - 舍恩伯格、肯尼思·库克耶：《大数据时代：生活、思维与工作的大变革》，盛杨燕、周涛译，浙江人民出版社 2013 年版。

王淼：《数据驱动的互联网广告效果监测研究》，《广告大观：理论版》2017 年第 4 期。

王婷：《大数据时代的精准网络广告投放——以爱奇艺“一搜百映”为例》，《现代视听》2014 年第 2 期。

汪天益：《广告目标与企业营销目标的关系》，《广告大观》2000 年第 5 期。

王晓华：《广告效果测定——效果评估理论与运用》，中南大学出版社2004 年版。

王昕：《基于移动端的新媒体广告效果分析》，《中国报业》2014 年第12 期。

魏雅雯：《对精准广告的冷思考及优化措施探索》，《产业与科技论坛》2015 年第 16 期。

吴哲：《基于漏斗模型的原生广告效果评估探究》，《视听》2016 年第3 期。

奚路阳、程明：《大数据营销视角下广告运作体系的嬗变》，《编辑之友》2016 年第 3 期。

新浪浙江，杭州发布电商发展指数，男性才是网购消费主力（组图），http：//zj. sina. com. cn/news/s/2015 - 10 - 30/detail-ifxkhcfq0973561. shtml，2017 年 12 月 21 日。

熊荣生：《目标市场定位刍议》，《商场现代化》2009 年第 10 期。

夏永红：《意义如何涌现于形式系统——评〈计算主义及其理论难题研究〉》，《科学技术哲学研究》2017 年第 6 期。

许正林、杨瑶：《基于大数据的移动互联网 RTB 广告精准投放模式及其营销策略探析》，《上海大学学报》（社会科学版）2015 年第 6 期。

徐智、杨莉明：《微信朋友圈信息流广告用户参与效果研究》，《国际新闻界》2016 年第 5 期。

喻国明、郭超凯：《轻应用："互联网发展下半场"消费场景的重构——试论小程序的生成逻辑与操作关键》，《青年记者》2017 年第 25 期。

喻国明：《"互联网发展下半场"：关于技术逻辑与操作路线的若干断想》，《教育传媒研究》2017 年第 6 期。

喻国明、李彪、丁汉青：《植入式广告效果的测定原理与方法——基于认知神经科学方法的研究》，《安徽大学学报》（哲学社会科学版）2012 年第 1 期。

易观国际，2016 中国网上超市消费者行为专题研究，https：//www.

analysys. cn/analysis/trade/detail/1000257/，2017 年 12 月 25 日。

易观，中国视频广告程序化购买市场发展专题分析，https：//www. analysys. cn/analysis/trade/detail/1000450/，2017 年 12 月 22 日。

易观智库，2017 中国程序化购买广告市场年度综合分析，https：//www. analysys. cn/analysis/trade/detail/1000735/，2017 年 12 月 21 日。

喻建良、罗长青：《网络横幅广告效果影响因素研究》，《湖南大学学报》（社会科学版）2006 年第 3 期。

杨莉明、徐智：《社交媒体广告效果研究综述：个性化、互动性和广告回避》，《新闻界》2016 年第 21 期。

叶玲：《“千人千面”：大数据时代广告创意新策略》，《广告大观：综合版》2014 年第 11 期。

严士健：《算法初步》，高等教育出版社 2005 年版。

姚曦、王佳：《国际品牌跨文化传播的影响因素模型与提升路径——一项基于扎根理论的探索性研究》，《新闻与传播研究》2014 年第 3 期。

杨英新：《节目类型对广告框架效果影响的实验研究》，《广告大观：理论版》2013 年第 3 期。

杨英新：《“有意味”的携带者：媒介语境对广告说服效果的影响》，《新闻知识》2012 年第 8 期。

杨一翁、孙国辉：《国家、公司和产品品牌形象对消费者态度与购买倾向的作用机制——基于运动品牌的数据》，《经济管理》2013 年第 1 期。

张宝明：《博客广告投放位置的社会网络分析与选择》，《商场现代化》2008 年第 31 期。

张超：《作为中介的算法：新闻生产中的算法偏见与应对》，《中国出版》2018 年第 1 期。

张芃：《搜索引擎广告效果影响因素研究》，硕士学位论文，山东大学，2010 年。

中国互联网络信息中心 CNNIC：《第 40 次中国互联网络发展状况统计报告》，2017 年 7 月。

朱郭奇、孙林岩、崔凯：《基于眼动行为分析方法的平面广告效果影响因素研究》，《管理评论》2012 年第 9 期。

张辉锋、金韶：《投放精准及理念转型——大数据时代互联网广告的传播逻辑重构》，《当代传播》2013 年第 6 期。

张红霞、张益：《国别属性重要吗？代言人与广告效果关系研究的新视角》，《心理学报》2010 年第 5 期。

张亮：《大数据和数据挖掘技术在烟草行业的应用》，《电脑知识与技术》2014 年第 8 期。

曾琼、张金海：《中国广告学知识生产研究方法检视——基于新闻传播学 CSSCI 期刊论文的实证分析》，《现代传播——中国传媒大学学报》2015 年第 10 期。

朱书琴：《定制程度对个性化广告效果的影响》，《郑州航空工业管理学院学报》2014 年第 5 期。

朱巍、何江涛：《定向广告来了》，《中国经济时报》2000 年 11 月 7 日。

张小美：《基于 Wi-Fi 的室内定位在美团总部的实践和应用》（上），https://tech.meituan.com/mt-wifi-locate-practicc-part1.html，2017 年 12 月 5 日。

周象贤：《名人广告效果的影响因素及其理论探讨》，《心理科学进展》2009 年第 4 期。

赵岩岩：《内容匹配度和品牌熟悉度对原生广告效果影响的实证研究》，硕士学位论文，深圳大学，2017 年。

郑真：《微信信息流广告效果影响因素的实证研究》，硕士学位论文，暨南大学，2016 年。

二 英文文献

Barry, T. E., The development of the hierarchy of effects: an historical perspective, *Current Issues & Research in Advertising*, 1987, 10 (1): 251 - 295.

Baumgartner, J., New model army pushes into TV battleground, *Broadcasting & Cable*, 2014, 144 (41): 13A - 15A.

Beltramini, R. F., DTC advertising's programmatic research and its effect on health communication, *Health Communication*, 2010, 25 (6/7): 574 - 575.

Briggs, R., Hollis, N., Advertising on the web: Is there response before click-through? *Journal of Advertising Research*, 1997, 37 (2): 33 - 45.

Broder, A. Z., *Computational advertising and recommender systems*, ACM Conference on Recommender Systems, 2008.

Brug, J., Steenhuis, I., Assema, P. V., Vries, H. D., The impact of a computer-tailored nutrition intervention, *Preventive Medicine*, 1996, 25 (3): 236 - 242.

Bucy, E., Lang, A., Potter, R. F., Grabe, M. E., *Formal features of cyberspace: A content analysis of the World Wide Web*, The International Communication Association Conference, San Francisco, 1999.

Cho, C. H., *How advertising works on the WWW: Modified Elaboration Likelihood Model*, 1998 Conference of the American Academy of Advertising, Lexington, KY, 1998.

Couldry, N., Turow, J., Advertising, Big Data, and the Clearance of the Public Realm: Marketers' New Approaches to the Content Subsidy, *International Journal of Communication*, 2014 (8): 1710 - 1726.

Coyle, R. J., Thorson, E., The Effects of Progressive Levels of Interactivity and Vividness in Web Marketing Sites, *Journal of Advertising*, 2001, 30 (3): 65 - 77.

Darwell, B., Facebook says impressions, reach and frequency matter more than clicks, http://www.adweek.com/socialtimes/facebook-says-impressions-reach-and-frequency-matter-more-than-clicks/285018? red = if, Retrieved on 2016 – 06 – 04.

Demac Media, Ecommerce Benchmark Report Q2 2016, http://info.demacmedia.com/q2-2016-ecommerce-benchmark-report, Retrieved on 2018 – 01 – 03.

Dorais, J., Creative Personalization with AdReady, https://site.adready.com/creative-personalization-with-adready/, Retrieved on 2018 – 01 – 03.

Eighmey, J., Sar, S., Harlow Gale and the origins of the psychology of advertising, *Journal of Advertising*, 2007, 36 (4): 147 – 158.

eMarketer, eMarketer Releases New US Programmatic Ad Spending Figures, https://www.emarketer.com/Article/eMarketer-Releases-New-US-Programmatic-Ad-Spending-Figures/1016698, Retrieved on 2017 – 12 – 21.

eMarketer, Programmatic Creative: Look to Existing Processes for Guidance, http://www.emarketer.com/Article/Programmatic-Creative-Look-Existing-Processes-Guidance/1012434, Retrieved on 2017 – 12 – 21.

eMarketer, The Ad Industry's Focus on Fraud Has Intensified, https://www.emarketer.com/Article/Ad-Industrys-Focus-on-Fraud-Has-Intensified/1014430, Retrieved on 2018 – 01 – 03.

Esnick, P., Varian, H. R., Recommender systems, *Communications of the ACM*, 1997, 40 (3): 56 – 58.

Gale, A. H., Psychological Studies by Harlow Gale, *Kessinger Publishing*, 1900/2009.

Gartner IT Glossary, Big data, http://www.gartner.com/it-glossary/big-data, Retrieved on 2016 – 12 – 20.

Glaser, B., *The Discovery of Grounded Theory: Strategies for Qualitative Research*, *Aldine Transaction*, 1999.

Gray, J., The Fourth Paradigm: Data-Intensive Scientific Discovery, Harvard Library Bibliographic Dataset.

Greco, A. N., Aiss, C. G., University presses in the twenty-first century: the potential impact of big data and predictive analytics on scholarly book marketing, *Journal Of Scholarly Publishing*, 2015, 46 (2): 105 – 140.

IBM Big Data and Analytics Hub, The four V's of big data, http://www.ibmbigdatahub.com/infographic/four-vs-big-data, Retrieved on 2017 – 11 – 08.

Internet Advertising Bureau, *IAB online advertising effectiveness study*, Internet Advertising Bureau, 1997.

Kalyanaraman, S., Sundar, S. S., The psychological appeal of personalized content in web portals: does customization affect attitudes and behavior? *Journal of Communication*, 2006, 56 (1): 110 – 132.

Kvitastein, O., Grønmo, S., Factors moderating advertising effectiveness as reflected in 333 tested advertisements, *Journal of Advertising Research*, 1991, 31 (5): 42 – 50.

Lavidge, R. J., Steiner, G. A., A model for predictive measurements of advertising effectiveness, *Journal of Marketing*, 1961, 25 (6): 59 – 62.

Lennon, R., The Essential Guide to Programmatic Creative Technologies, http://resources.makethunder.com/essential-guide-to-programmatic-tech/, Retrieved on 2018 – 01 – 03.

Li, H., Bukovac, J. L., Cognitive impact of banner ad characteristics: An experimental study, *Journalism and Mass Communication Quarterly*, 1999, 76 (2): 341 – 353.

Look At Me: Women's Aid interactive billboard, Retrieved from: https: //www. youtube. com/watch? v = wEybVOerb9Q, Retrieved on 2017 - 12 - 05.

Madrigal, A. , How Netflix Reverse Engineered Hollywood, Retrieved from: https: //www. theatlantic. com/technology/archive/2014/01/how-netflix-reverse-engineered-hollywood/282679/, Retrieved on 2018 - 01 - 02.

Marcus, G. , Davis, E. , Eight (No, Nine!) Problems With Big Data, http: //www. nytimes. com/2014/04/07/opinion/eight-no-nine-problems-with-big-data. html? _ r = 0, Retrieved on 2016 - 04 - 14.

Mashey, B. J. R. , *Big data and the next wave of infrastress*, USENIX meeting, 1998.

Maslowska, E. , Smit, E. G. , Putte, B. V. D. , Assessing the cross-cultural applicability of tailored advertising, *International Journal of Advertising*, 2013, 32 (4): 487 - 511.

McQuail, D. , Windahl, S. , *Communication models for the study of mass communications*, Longman Inc, Essex, UK and New York, 1981, Multi Media Education, 1988.

Meeker, M. , Internet Trends 2017, Code Conference, 2017.

Meyers-Levy, J. , Peracchio, L. A. , Moderators of the impact of self-reference on persuasion, *Journal of Consumer Research*, 1996, 22 (4): 408 - 423.

Michael L. Ray, Alan G. Sawyer, Michael L. Rothschild, Roger M. Heeler, Edward C. Strong, Jerome B. Reed, *Marketing communication and the hierarchy of effects*, New Models for Mass Communication Research, 1973.

Miranda, B. , Ju-Pak, K. H. , *A content analysis of banner advertisements: Potential motivating features*, 1998 Conference of the Association for

Education in Journalism and Mass Communciation, Baltimore, 1998.

Nesamoney, D., *Personalized digital advertising: How data and technology are transforming how we market*, Pearson FT Press, 2015.

Park, C. W., Young, S. M., Consumer response to television commercials: the impact of involvement and background music on brand attitude formation, *Journal of Marketing Research*, 1986, 23 (1): 11 - 24.

Pieters, R., Wedel, M., Attention capture and transfer in advertising: brand, pictorial and text size effects, *Journal of Marketing*, 2004, 68 (2): 36 - 50.

Rimer, Barbara K., Kreuter, Matthew, W., Advancing Tailored Health Communication: A Persuasion and Message Effects Perspective, *Journal of Communication*, 2006, 56 (Supplement S1): S184 - S201.

Rodgers, S., Thorson, E., *The interactive advertising model: how users perceive and process online ads*, Routledge, 2000.

Schultz, D. E., *Integrated Marketing Communications*, *Integrated marketing communications*, NTC Business Books, 1992.

Simpson, J., How Women's Aid used digital OOH ads to make 327m people stop & look, https://econsultancy.com/blog/67393-how-women-s-aid-used-digital-ooh-ads-to-make-327m-people-stop-look/, Retrieved on 2017. 12. 5.

Snyder, M., Cantor, N., Understanding personality and social behavior: A functionalist strategy: Vol. 1. In D. T. Gilbert, S. T. Fiske, G. Lindzey (Eds.), The handbook of social psychology: Vol. 1 (4th Edition ed., Vol. 1, 635 - 679), *Boston*, MA: McGraw-Hill.

Stewart, D., Pavlou, P., *The Effects of Media on Marketing Communications*, Media Effects: Advances in Theory and Research, 2009.

Stewart, D. W., Furse, D. H., Analysis of the impact of executional factors on advertising performance, *Journal of Advertising Research*, 1985, 24 (6): 23 – 26.

Thorson (Ed.), *Advertising and the World Wide Web*, Mahwah, NJ: Lawrence Erlbaum, 1996.

Trill, K., Mobile Tracking: How it works and why it's different, http://www.truste.com/developer/? p = 86, Retrieved on 2017 – 12 – 05.

Wijaya, B. S., The development of hierarchy of effects model in advertising, *International Research Journal of Business Studies*, 2012, 5 (1): 73 – 85.

Yaveroglu, I., Donthu, N., Advertising repetition and placement issues in on-line environments, *Journal of Advertising*, 2008, 37 (2): 31 – 44.

Zabin, J., Brebach, G., *Precision marketing: the new rules for attracting, retaining, and leveraging profitable customers*, John Wiley & Sons, 2004.

Zanjani, S. H. A., Chan, K., Does ad-context congruity help surfers and information seekers remember ads in cluttered e-magazines, *Journal of Advertisin*, 2011, 40 (4): 67 – 84.

附　　录

附录一　深度访谈—个性化广告从业人员结构

序号	代号	性别	年龄	工作单位	从事工作
1	Z	女	25	某跨国服装电商	数字营销
2	D	女	26	某全球化金融集团	数字营销
3	C	男	24	某985&211 高校	博士：从事电商广告效果预测模型研究
4	N	女	27	国内某知名视频网站	媒介策略
5	S	女	26	全球最大独立广告公司	数据分析与咨询
6	W	男	38	某重点高校	计算机系系主任
7	Z	女	40	某重点高校	广告系系主任
8	F	男	42	全球最大传播集团；国内某985&211 高校设计学院	设计师；外籍教授
9	W	女	26	国内某知名网络技术公司	广告产品研发
10	L	女	26	国内某知名网络数据服务商	新媒体营销分析
11	X	女	24	某985&211 高校	博士：从事计算机及信息检索研究
12	X	女	33	某985&211 高校	讲师：从事社交媒体广告效果研究
13	J	女	不愿透露	全球前30 强数字传播机构；某全球Top3 以内科技公司；某境外著名高校	前中国区董事总经理；大中华区市场营销及客户体验主管；客座教授
14	Z	男	不愿透露	国内某大数据公司（已完成B+轮融资）	首席执行官（CEO）
15	H	女	27	世界最大传播集团	程序化购买；数据分析
16	L	男	不愿透露	国内某大数据公司（正在进行B轮融资）	常务副经理

附录二　深度访谈—个性化广告用户人员结构

序号	代号	性别	年龄	专业	学历
1	Y	男	21	广告学	本科
2	H1	女	30	广播电视	研究生及以上
3	S	女	36	马克思主义	研究生及以上
4	L	女	27	法学	研究生及以上
5	W1	男	36	体育学	本科
6	Z	男	27	电子商务	本科
7	W2	女	34	环境工程	研究生及以上
8	C1	男	21	信息管理与信息系统	本科
9	C2	男	33	传播学	研究生及以上
10	W3	女	28	生物科学	本科
11	M1	女	37	电气工程及其自动化	本科
12	F	男	34	传播学	研究生及以上
13	H2	男	24	物流工程	本科
14	M2	男	25	新闻学	本科
15	Q	女	36	传媒经济	研究生及以上

附录三　深度访谈—个性化广告从业人员问题提纲

1. 大数据个性化广告效果怎么样？（有哪些影响因素？）

2. 大数据个性化广告的优势和劣势是什么？（目前的发展瓶颈是什么？）

3. 数据和技术在广告营销业扮演一个怎样的角色？（数据和技术是否已经足够指导大数据个性化广告实践了？哪些数据和技术在大数据个性化广告领域特别重要？）

4. 如何在大数据产业的创新发展与个人隐私保护两点之间寻求一个平衡？（大数据个性化广告是否侵犯用户隐私权？是否需要规制？）

5. 用户使用场景对大数据个性化广告有什么作用吗？

6. 大数据个性化广告内容怎么样？

7. 大数据个性化广告未来的发展趋势怎么样？

（备注：实际深度访谈中会根据从业人员回答的情况现场进行追问）

附录四　深度访谈—个性化广告用户问题提纲

1. 你在哪些情景一下见过大数据个性化广告？

2. 能否介绍一则你印象最深的大数据个性化广告？

3. 你怎么看待大数据个性化广告？你觉得大数据个性化广告对你的生活影响大吗？

4. 在什么情况下，你会参与大数据个性化广告（点赞、评论、分享、查看详情、关闭……）？

5. 你认为大数据个性化广告的创意怎么样？

6. 你认为大数据个性化广告的效果怎么样？

7. 大数据个性化广告是否更容易刺激你购买商品的欲望？哪些因素会促使你购买商品？

8. 你知道大数据个性化广告会挖掘、存储你的个人数据吗？（大数据个性化广告会引起你的恐慌或担忧吗？）

9. 不同的使用场景会影响你对大数据个性化广告的态度吗？

10. 你对大数据个性化广告未来的发展有什么期待？

（备注：实际深度访谈中会根据用户回答的情况现场进行追问）

附录五　问卷调查—问卷设计

关于基于大数据技术的个性化广告效果的调查

您好！本调查完全匿名，数据仅用于学术研究，绝不会泄露您的个人信息，问卷答案无所谓对错，约占您10—15分钟时间，衷心感谢您的支持与帮助！

概念界定：基于大数据技术的个性化广告指的是平台（包括微博、微信、淘宝、亚马逊、京东等）追踪用户数据，并针对用户的需求推送不同内容的广告，在本调查中选取微信、淘宝两个平台作为例子。

1. 您见过大数据个性化广告吗？[单选题][必答题]

○见过

○没见过（本次调查结束，谢谢您，请您退出页面）（请跳至第问卷末尾，提交答卷）

2. 您的性别？[单选题][必答题]

○女　　○男

3. 您的年龄［单选题］［必答题］

○20岁以下（本次调查结束，谢谢您，请您退出）（请跳至第问卷末尾，提交答卷）

○21—25岁　○26—30岁　○31—35岁　○36—40岁

○41—45岁　○46—50岁　○50岁以上

4. 您的月收入［单选题］［必答题］

○1000以下　○1001—3000　○3001—5000

○5001—8000　○8001—10000　○10001以上

5. 您的学历［单选题］［必答题］

○高中及以下　○专科　○本科　○硕士　○博士

6. 您从事的工作［单选题］［必答题］

○与大数据相关

○与广告行业相关

○与上述两者都无关

以下问题关于微信广告

7. 您认为微信上的广告与它的平台性质相符吗？［单选题］［必答题］

○完全不符合　○比较不符合　○一般

○比较符合　○特别符合

8. 您认为微信广告的内容与你使用微信 App 的动机相符吗？［单选题］［必答题］

○完全不符合　○比较不符合　○一般

○比较符合　○特别符合

9. 您认为微信广告的表现形式怎么样？［单选题］［必答题］

○特别不好　○比较不好　○一般　○比较好　○特别好

10. 您认为微信广告的视觉效果怎么样？［单选题］［必答题］

○特别不好　○比较不好　○一般

○比较好　○特别好

11. 您认为微信广告的故事性怎么样？［单选题］［必答题］

○特别不好　○比较不好　○一般

○比较好　○特别好

12. 您认为微信广告的创意怎么样？［单选题］［必答题］

○特别不好　○比较不好　○一般

○比较好　○特别好

13. 您是否给微信广告点过赞？［单选题］［必答题］

○是　○否

14. 您是否评论过微信广告？［单选题］［必答题］

○是　○否

15. 您是否转发过微信广告？［单选题］［必答题］

○是　　○否

16. 你是否关闭过微信广告？［单选题］［必答题］

○是　　○否

17. 您能接受同一则广告投放的频次［单选题］［必答题］

○2 次以下　　○3—5 次　　○5—7 次　　○8 次以上

18. 您能接受微信给你推送广告的频率是多少［单选题］［必答题］

○不接受任何推送　　○1 个月 1—3 次

○1 个星期 1—3 次　　○1 天 1—3 次

以下问题请按符合程度进行打分（1 分为最不符合，2 分为比较不符合，3 分为一般，4 分为比较符合，5 分为特别符合）

19. 我认为微信广告非常吸引我，与我的实际情况很像［单选题］［必答题］

○1　　○2　　○3　　○4　　○5

20. 我认为微信广告与我非常相似，我也经常有类似的需求［单选题］［必答题］

○1　　○2　　○3　　○4　　○5

21. 我认为微信广告内容很适合我［单选题］［必答题］

○1　　○2　　○3　　○4　　○5

22. 我认为微信广告内容就像是为我量身定做的［单选题］［必答题］

○1　　○2　　○3　　○4　　○5

23. 我希望能得到微信广告中更多的产品信息［单选题］［必答题］

○1　　○2　　○3　　○4　　○5

24. 我可以根据微信广告了解到实情［单选题］［必答题］

○1　　○2　　○3　　○4　　○5

25. 微信广告是我获得产品信息的可靠来源［单选题］［必答题］

○1　　○2　　○3　　○4　　○5

26. 我不担心微信广告追踪我的数据［单选题］［必答题］

○1 ○2 ○3 ○4 ○5

27. 我认为微信能够好好地保护我的数据［单选题］［必答题］

○1 ○2 ○3 ○4 ○5

28. 我认为微信广告传递的信息非常可信［单选题］［必答题］

○1 ○2 ○3 ○4 ○5

29. 我认为微信广告传递的信息很重要［单选题］［必答题］

○1 ○2 ○3 ○4 ○5

30. 我对微信广告很感兴趣［单选题］［必答题］

○1 ○2 ○3 ○4 ○5

31. 微信广告对我很有吸引力［单选题］［必答题］

○1 ○2 ○3 ○4 ○5

32. 通过微信广告，我对广告中的产品产生了积极的认知［单选题］［必答题］

○1 ○2 ○3 ○4 ○5

33. 通过微信广告，我渴望拥有广告中的产品［单选题］［必答题］

○1 ○2 ○3 ○4 ○5

以下问题关于淘宝广告

34. 您认为淘宝上的广告与它的平台性质相符吗？［单选题］［必答题］

○完全不符合 ○比较不符合 ○一般

○比较符合 ○特别符合

35. 您认为淘宝广告的内容与你使用淘宝 App 的动机相符吗？［单选题］［必答题］

○完全不符合 ○比较不符合 ○一般

○比较符合 ○特别符合

36. 您认为淘宝广告的表现形式怎么样？［单选题］［必答题］

○特别不好 ○比较不好 ○一般

○比较好 ○特别好

37. 您认为淘宝广告的视觉效果怎么样？［单选题］［必答题］

○特别不好　　○比较不好　　○一般

○比较好　　○特别好

38. 您认为淘宝广告的故事性怎么样？[单选题][必答题]

○特别不好　　○比较不好　　○一般

○比较好　　○特别好

39. 您认为淘宝广告的创意怎么样？[单选题][必答题]

○特别不好　　○比较不好　　○一般

○比较好　　○特别好

40. 您能接受同一则广告投放的频次［单选题］[必答题]

○2 次以下　　○3—5 次

○5—7 次　　○8 次以上

41. 你能接受淘宝给你推送广告的频率是多少［单选题］[必答题]

○不接受任何推送　　○1 个月 1—3 次

○1 个星期 1—3 次　　○1 天 1—3 次

以下问题请按符合程度进行打分（1 分为最不符合，2 分为比较不符合，3 分为一般，4 分为比较符合，5 分为特别符合）

42. 我认为淘宝广告非常吸引我，与我的实际情况很像［单选题］[必答题]

○1　　○2　　○3　　○4　　○5

43. 我认为淘宝广告与我非常相似，我也经常有类似的需求［单选题］[必答题]

○1　　○2　　○3　　○4　　○5

44. 我认为淘宝广告内容很适合我［单选题］[必答题]

○1　　○2　　○3　　○4　　○5

45. 我认为淘宝广告内容就像是为我量身定做的［单选题］[必答题]

○1　　○2　　○3　　○4　　○5

46. 我希望能得到淘宝广告中更多的产品信息［单选题］[必答题]

○1　　○2　　○3　　○4　　○5

47. 我可以根据淘宝广告了解到实情［单选题］［必答题］

○1　○2　○3　○4　○5

48. 淘宝广告是我获得产品信息的可靠来源［单选题］［必答题］

○1　○2　○3　○4　○5

49. 我不担心淘宝广告追踪我的数据［单选题］［必答题］

○1　○2　○3　○4　○5

50. 我认为淘宝能够好好地保护我的数据［单选题］［必答题］

○1　○2　○3　○4　○5

51. 我认为淘宝广告传递的信息非常可信［单选题］［必答题］

○1　○2　○3　○4　○5

52. 我认为淘宝广告传递的信息很重要［单选题］［必答题］

○1　○2　○3　○4　○5

53. 我对淘宝广告很感兴趣［单选题］［必答题］

○1　○2　○3　○4　○5

54. 淘宝广告对我很有吸引力［单选题］［必答题］

○1　○2　○3　○4　○5

55. 通过淘宝广告，我对广告中的产品产生了积极的认知［单选题］［必答题］

○1　○2　○3　○4　○5

56. 通过淘宝广告，我渴望拥有广告中的产品［单选题］［必答题］

○1　○2　○3　○4　○5

谢谢您的耐心回答！请抽取微信红包！（备注：微信红包将在问卷被审核有效通过后 48 小时以内发放）

后　记

自 2011 年年底国内出现第一个广告交易平台 TANX 以来，基于大数据技术的个性化广告已在中国发展了十年有余。随着相关研究的不断深入，广告传播领域这个充满技术话语和算法逻辑的新兴现象的“神秘面纱”被逐步揭开，引发了学界的反思和业界的调整。

自 2013 年起，我便开始进行大数据个性化广告的相关研究，至今已是接近 9 年，这才有了这本书的最终付梓。最初，“计算广告”在国内方兴未艾，可供参考的文献资料非常有限，而这一领域又充满着大量技术话语和算法知识。算法的“黑箱”、业界实践特点以及相关文献的有限，成为阻碍我研究的难点。在这期间，我搜集了大量相关文献，对不少大数据个性化广告市场主体进行调研，如谷歌旗下双击公司（Google DoubleClick）等，在脸书（Facebook）、巨量引擎、微博等大型广告平台上开展了数次大数据个性化广告投放实践，访问了来自广告业界不同主体的管理和从业人员、计算机领域专家与广告用户，以及发放了数百份问卷，获得了大量的案例、数据和材料，终于对这一领域涉及的数据采集与算法有了较为清晰的认知。我经历了从对大数据发展与变革感到惊叹，转向对大数据技术及其产生的效应有了更加科学、理性且客观的认识，这才有了“技术”作为广告效果控制主体之一的研究思路。我之所以没有选择“计算广告”“程序化广告”“RTB 广告”“精准广告”“智能广告”等术语，是基于彼时这个产业的发展阶段与特点：在实现精准投放后，精准广告的创意开始受到业界关注，由于彼时广告创意生产的智能化水平仍处于初始阶段——远谈不上“智能”，但网络用户已经可以接收到基于数据分析而生成的不同的个性化广告内容，这才促使我选择“个性化广告”这样一个既可以与传统广告时代对接，又可以突出这一类广告特点的概念来开展研究。

这本书得以最终出版，我要感谢广东外语外贸大学新闻与传播学院领导与同事们的支持与帮助。同时，我要感谢引领我学术成长的恩师们：中国人民大学新闻学院匡文波教授和中国政法大学光明新闻与传播学院鞠宏磊教授，以及中国人民大学新闻学院的每一位老师。正是这些老师的指导和宝贵意见，使我受益匪浅，这本书才得以不断完善和提升。还要感谢来自母校中国政法大学、香港中文大学以及中国人民大学的一众同窗好友的帮助、关心和支持。感谢所有接受参与调查访问的专家、从业人员和用户，他们竭尽所能、毫无保留地回答了我的所有问题，可以说，他们和我共同完成了这本书的写作。感谢中国社会科学出版社的陈肖静女士，在她的辛勤工作下，这本书才得以早日付梓。

当然，还要感谢我最亲爱的父母、家人们，感谢他们对我的养育、支持、理解、包容和无尽的爱！

如今，技术对传播效果的影响及其机制已逐渐受到学界的广泛关注。作为一个热爱广告研究的学者，我深知这本书仍有许多不足之处，对于探索大数据个性化广告效果的评估仅是一个开始，其中种种局限与遗憾皆于结语部分一一详述，这也将成为我未来研究的方向与动力所在。

黄琦翔
写于穗城
2022 年 2 月 22 日